《中华人民共和国监察官法》实用全解

本书编写组 / 编

法律出版社
LAW PRESS · CHINA
北京

图书在版编目(CIP)数据

《中华人民共和国监察官法》实用全解/《中华人民共和国监察官法》实用全解编写组编. --北京:法律出版社,2021
ISBN 978-7-5197-6047-2

Ⅰ. ①中… Ⅱ. ①中… Ⅲ. ①监察官法-法律解释-中国 Ⅳ. ①D922.114.5

中国版本图书馆CIP数据核字(2021)第207872号

《中华人民共和国监察官法》实用全解
《ZHONGHUA RENMIN GONGHEGUO JIANCHAGUANFA》SHIYONG QUANJIE

《中华人民共和国监察官法》实用全解 编写组 编

策划编辑 李争春 董 昱
责任编辑 李争春 董 昱
装帧设计 汪奇峰

出版发行 法律出版社
编辑统筹 法规出版分社
责任校对 王晓萍
责任印制 张建伟
经　　销 新华书店

开本 A5
印张 11　　**字数** 270千
版本 2021年11月第1版
印次 2021年11月第1次印刷
印刷 固安华明印业有限公司

地址:北京市丰台区莲花池西里7号(100073)
网址:www.lawpress.com.cn
投稿邮箱:info@lawpress.com.cn
举报盗版邮箱:jbwq@lawpress.com.cn
销售电话:010-83938349
客服电话:010-83938350
咨询电话:010-63939796

书号:ISBN 978-7-5197-6047-2　　**定价**:48.00元

凡购买本社图书,如有印装错误,我社负责退换。电话:010-83938349

出 版 说 明

《监察官法》[①]已于2021年8月20日由第十三届全国人大常委会第三十次会议通过，自2022年1月1日起施行。《监察官法》共计9章68条，包括总则，监察官的职责、义务和权利，监察官的条件和选用，监察官的任免，监察官的管理，监察官的考核和奖励，监察官的监督和惩戒，监察官的职业保障，附则等规定。

《监察官法》的制定是坚持和加强党对国家监察工作领导的必然要求，是深化国家监察体制改革的重要举措，是促进监察官依法履行职责的重要保障，是建设高素质专业化监察官队伍的现实需要。

《监察官法》体现了党管干部、从严管理的原则和改革创新的监察工作特色，通过法律将监察官的履职要求具体化、制度化、法律化，有利于进一步明确权力边界、严格内控机制，强化自我约束、加强外部监督，促进国家监察权得到规范正确行使，为建立一支忠诚干净担当的监察官队伍提供有力法律依据。学习、理解《监察官法》，应把握住关键词“从严管理”“专业化”。

本书对监察官的职责、义务和权利，监察官的条件和选用，监察官的任免，监察官的管理，监察官的考核和奖励，监察官的监督

① 为便于阅读，书中的法律法规名称使用简称。

和惩戒,监察官的职业保障等热点难点问题进行解读。为方便读者深入学习理解《监察官法》,本书还对《监察官法》进行图解,对《监察官法》规定的暂停履行职务、监察建议、回避、政务处分、对受到不实反映的纪检监察干部澄清正名、复审复核等提供了文书示例,同时编写了一套自测试题并附有参考答案。

监督调查处置,是监察官的职责。为提升纪检监察干部专业化水准,《白银马拉松事件调查报告》《临汾襄汾聚仙饭店"8·29"重大坍塌事故调查报告》作为优秀调查报告范文被选入本书,供读者学习借鉴。

为方便读者学习与监察有关的法规,本书收录了监察官常用核心法规,如《监察法》《监察法实施条例》《公职人员政务处分法》等法律法规。

本书还收录了纪检监察先进集体、先进个人的事迹介绍。如"全国五一劳动奖状"获得者中央纪委国家监委案件审理室先进事迹介绍,全国先进工作者、中央纪委国家监委机关干部李永红先进事迹介绍,全国先进工作者、贵州省纪委监委第十一审查调查室副主任韩锡才先进事迹介绍,天津市纪委监委宣传部原副部长梁有祥先进事迹介绍。此外,还收录了纪检监察干部严重违纪违法的处分处理情况。如辽宁省纪委原副书记、省监委副主任杨锡怀因严重违纪违法受到撤销党内职务、政务撤职处分,吉林省纪委原副书记、省监委原副主任邱大明严重违纪违法被开除党籍和公职,内蒙古纪委案件审理室原主任沈佳受贿逾2800万元一审被判无期徒刑。

作为监察官,对纪检监察基础知识要心中有数。为此,本书精心梳理了监察官应知应会知识,并以表格的形式立体化呈现。

编者能力水平有限,不妥之处,欢迎读者批评指正。

2021年8月20日

目　录

专题解读

监察官常用文书范本

优秀调查报告赏析

监察官楷模

监察干部违纪违法典型案例

监察官应知应会知识梳理

监察官常用核心法规

自测试题

中华人民共和国主席令

第九十二号

《中华人民共和国监察官法》已由中华人民共和国第十三届全国人民代表大会常务委员会第三十次会议于 2021 年 8 月 20 日通过，现予公布，自 2022 年 1 月 1 日起施行。

中华人民共和国主席　**习近平**

2021 年 8 月 20 日

中华人民共和国监察官法

（2021年8月20日第十三届全国人民代表大会常务委员会第三十次会议通过）

目　　录

第一章　总　　则

第一条　为了加强对监察官的管理和监督，保障监察官依法履行职责，维护监察官合法权益，推进高素质专业化监察官队伍建设，推进监察工作规范化、法治化，根据宪法和《中华人民共和国监察法》，制定本法。

第二条 监察官的管理和监督坚持中国共产党领导，坚持以马克思列宁主义、毛泽东思想、邓小平理论、“三个代表”重要思想、科学发展观、习近平新时代中国特色社会主义思想为指导，坚持党管干部原则，增强监察官的使命感、责任感、荣誉感，建设忠诚干净担当的监察官队伍。

第三条 监察官包括下列人员：

（一）各级监察委员会的主任、副主任、委员；

（二）各级监察委员会机关中的监察人员；

（三）各级监察委员会派驻或者派出到中国共产党机关、国家机关、法律法规授权或者委托管理公共事务的组织和单位以及所管辖的行政区域等的监察机构中的监察人员、监察专员；

（四）其他依法行使监察权的监察机构中的监察人员。

对各级监察委员会派驻到国有企业的监察机构工作人员、监察专员，以及国有企业中其他依法行使监察权的监察机构工作人员的监督管理，参照执行本法有关规定。

第四条 监察官应当忠诚坚定、担当尽责、清正廉洁，做严格自律、作风优良、拒腐防变的表率。

第五条 监察官应当维护宪法和法律的尊严和权威，以事实为根据，以法律为准绳，客观公正地履行职责，保障当事人的合法权益。

第六条 监察官应当严格按照规定的权限和程序履行职责，坚持民主集中制，重大事项集体研究。

第七条 监察机关应当建立健全对监察官的监督制度和机制，确保权力受到严格约束。

监察官应当自觉接受组织监督和民主监督、社会监督、舆论监督。

第八条 监察官依法履行职责受法律保护，不受行政机关、社会团体和个人的干涉。

第二章　监察官的职责、义务和权利

第九条　监察官依法履行下列职责：

（一）对公职人员开展廉政教育；

（二）对公职人员依法履职、秉公用权、廉洁从政从业以及道德操守情况进行监督检查；

（三）对法律规定由监察机关管辖的职务违法和职务犯罪进行调查；

（四）根据监督、调查的结果，对办理的监察事项提出处置意见；

（五）开展反腐败国际合作方面的工作；

（六）法律规定的其他职责。

监察官在职权范围内对所办理的监察事项负责。

第十条　监察官应当履行下列义务：

（一）自觉坚持中国共产党领导，严格执行中国共产党和国家的路线方针政策、重大决策部署；

（二）模范遵守宪法和法律；

（三）维护国家和人民利益，秉公执法，勇于担当、敢于监督，坚决同腐败现象作斗争；

（四）依法保障监察对象及有关人员的合法权益；

（五）忠于职守，勤勉尽责，努力提高工作质量和效率；

（六）保守国家秘密和监察工作秘密，对履行职责中知悉的商业秘密和个人隐私、个人信息予以保密；

（七）严守纪律，恪守职业道德，模范遵守社会公德、家庭美德；

（八）自觉接受监督；

（九）法律规定的其他义务。

第十一条 监察官享有下列权利：

（一）履行监察官职责应当具有的职权和工作条件；

（二）履行监察官职责应当享有的职业保障和福利待遇；

（三）人身、财产和住所安全受法律保护；

（四）提出申诉或者控告；

（五）《中华人民共和国公务员法》等法律规定的其他权利。

第三章 监察官的条件和选用

第十二条 担任监察官应当具备下列条件：

（一）具有中华人民共和国国籍；

（二）忠于宪法，坚持中国共产党领导和社会主义制度；

（三）具有良好的政治素质、道德品行和廉洁作风；

（四）熟悉法律、法规、政策，具有履行监督、调查、处置等职责的专业知识和能力；

（五）具有正常履行职责的身体条件和心理素质；

（六）具备高等学校本科及以上学历；

（七）法律规定的其他条件。

本法施行前的监察人员不具备前款第六项规定的学历条件的，应当接受培训和考核，具体办法由国家监察委员会制定。

第十三条 有下列情形之一的，不得担任监察官：

（一）因犯罪受过刑事处罚，以及因犯罪情节轻微被人民检察院依法作出不起诉决定或者被人民法院依法免予刑事处罚的；

（二）被撤销中国共产党党内职务、留党察看、开除党籍的；

（三）被撤职或者开除公职的；

（四）被依法列为失信联合惩戒对象的；

（五）配偶已移居国（境）外，或者没有配偶但是子女均已移居国（境）外的；

（六）法律规定的其他情形。

第十四条 监察官的选用，坚持德才兼备、以德为先，坚持五湖四海、任人唯贤，坚持事业为上、公道正派，突出政治标准，注重工作实绩。

第十五条 监察官采用考试、考核的办法，从符合监察官条件的人员中择优选用。

第十六条 录用监察官，应当依照法律和国家有关规定采取公开考试、严格考察、平等竞争、择优录取的办法。

第十七条 监察委员会可以根据监察工作需要，依照法律和国家有关规定从中国共产党机关、国家机关、事业单位、国有企业等机关、单位从事公务的人员中选择符合任职条件的人员担任监察官。

第十八条 监察委员会可以根据监察工作需要，依照法律和国家有关规定在从事与监察机关职能职责相关的职业或者教学、研究的人员中选拔或者聘任符合任职条件的人员担任监察官。

第四章 监察官的任免

第十九条 国家监察委员会主任由全国人民代表大会选举和罢免，副主任、委员由国家监察委员会主任提请全国人民代表大会常务委员会任免。

地方各级监察委员会主任由本级人民代表大会选举和罢免，副主任、委员由监察委员会主任提请本级人民代表大会常务委员会任免。

新疆生产建设兵团各级监察委员会主任、副主任、委员，由新疆维吾尔自治区监察委员会主任提请自治区人民代表大会常务委员会任免。

其他监察官的任免，按照管理权限和规定的程序办理。

第二十条 监察官就职时应当依照法律规定进行宪法宣誓。

第二十一条 监察官有下列情形之一的，应当免去其监察官职务：

（一）丧失中华人民共和国国籍的；

（二）职务变动不需要保留监察官职务的；

（三）退休的；

（四）辞职或者依法应当予以辞退的；

（五）因违纪违法被调离或者开除的；

（六）法律规定的其他情形。

第二十二条 监察官不得兼任人民代表大会常务委员会的组成人员，不得兼任行政机关、审判机关、检察机关的职务，不得兼任企业或者其他营利性组织、事业单位的职务，不得兼任人民陪审员、人民监督员、执业律师、仲裁员和公证员。

监察官因工作需要兼职的，应当按照管理权限批准，但是不得领取兼职报酬。

第二十三条 监察官担任县级、设区的市级监察委员会主任的，应当按照有关规定实行地域回避。

第二十四条 监察官之间有夫妻关系、直系血亲关系、三代以内旁系血亲以及近姻亲关系的，不得同时担任下列职务：

（一）同一监察委员会的主任、副主任、委员，上述人员和其他监察官；

（二）监察委员会机关同一部门的监察官；

（三）同一派驻机构、派出机构或者其他监察机构的监察官；

（四）上下相邻两级监察委员会的主任、副主任、委员。

第五章 监察官的管理

第二十五条 监察官等级分为十三级，依次为总监察官、一级副总监察官、二级副总监察官，一级高级监察官、二级高级监察官、三级高级监察官、四级高级监察官，一级监察官、二级监察官、三级监察官、四级监察官、五级监察官、六级监察官。

第二十六条 国家监察委员会主任为总监察官。

第二十七条 监察官等级的确定，以监察官担任的职务职级、德才表现、业务水平、工作实绩和工作年限等为依据。

监察官等级晋升采取按期晋升和择优选升相结合的方式，特别优秀或者作出特别贡献的，可以提前选升。

第二十八条 监察官的等级设置、确定和晋升的具体办法，由国家另行规定。

第二十九条 初任监察官实行职前培训制度。

第三十条 对监察官应当有计划地进行政治、理论和业务培训。

培训应当突出政治机关特色，坚持理论联系实际、按需施教、讲求实效，提高专业能力。

监察官培训情况，作为监察官考核的内容和任职、等级晋升的依据之一。

第三十一条 监察官培训机构按照有关规定承担培训监察官的任务。

第三十二条 国家加强监察学科建设，鼓励具备条件的普通高等学校设置监察专业或者开设监察课程，培养德才兼备的高素质监察官后备人才，提高监察官的专业能力。

第三十三条 监察官依照法律和国家有关规定实行任职交流。

第三十四条 监察官申请辞职，应当由本人书面提出，按照管理权限批准后，依照规定的程序免去其职务。

第三十五条 监察官有依法应当予以辞退情形的，依照规定的程序免去其职务。

辞退监察官应当按照管理权限决定。辞退决定应当以书面形式通知被辞退的监察官，并列明作出决定的理由和依据。

第六章　监察官的考核和奖励

第三十六条　对监察官的考核，应当全面、客观、公正，实行平时考核、专项考核和年度考核相结合。

第三十七条　监察官的考核应当按照管理权限，全面考核监察官的德、能、勤、绩、廉，重点考核政治素质、工作实绩和廉洁自律情况。

第三十八条　年度考核结果分为优秀、称职、基本称职和不称职四个等次。

考核结果作为调整监察官等级、工资以及监察官奖惩、免职、降职、辞退的依据。

第三十九条　年度考核结果以书面形式通知监察官本人。监察官对考核结果如果有异议，可以申请复核。

第四十条　对在监察工作中有显著成绩和贡献，或者有其他突出事迹的监察官、监察官集体，给予奖励。

第四十一条　监察官有下列表现之一的，给予奖励：

（一）履行监督职责，成效显著的；

（二）在调查、处置职务违法和职务犯罪工作中，做出显著成绩和贡献的；

（三）提出有价值的监察建议，对防止和消除重大风险隐患效果显著的；

（四）研究监察理论、总结监察实践经验成果突出，对监察工作有指导作用的；

（五）有其他功绩的。

监察官的奖励按照有关规定办理。

第七章　监察官的监督和惩戒

第四十二条　监察机关应当规范工作流程，加强内部监督制约机制建设，强化对监察官执行职务和遵守法律情况的监督。

第四十三条　任何单位和个人对监察官的违纪违法行为，有权检举、控告。受理检举、控告的机关应当及时调查处理，并将结果告知检举人、控告人。

对依法检举、控告的单位和个人，任何人不得压制和打击报复。

第四十四条　对于审判机关、检察机关、执法部门等移送的监察官违纪违法履行职责的问题线索，监察机关应当及时调查处理。

第四十五条　监察委员会根据工作需要，按照规定从各方面代表中聘请特约监察员等监督人员，对监察官履行职责情况进行监督，提出加强和改进监察工作的意见、建议。

第四十六条　监察官不得打听案情、过问案件、说情干预。对于上述行为，办理监察事项的监察官应当及时向上级报告。有关情况应当登记备案。

办理监察事项的监察官未经批准不得接触被调查人、涉案人员及其特定关系人，或者与其进行交往。对于上述行为，知悉情况的监察官应当及时向上级报告。有关情况应当登记备案。

第四十七条　办理监察事项的监察官有下列情形之一的，应当自行回避，监察对象、检举人、控告人及其他有关人员也有权要求其回避；没有主动申请回避的，监察机关应当依法决定其回避：

（一）是监察对象或者检举人、控告人的近亲属的；

（二）担任过本案的证人的；

（三）本人或者其近亲属与办理的监察事项有利害关系的；

（四）有可能影响监察事项公正处理的其他情形的。

第四十八条 监察官应当严格执行保密制度，控制监察事项知悉范围和时间，不得私自留存、隐匿、查阅、摘抄、复制、携带问题线索和涉案资料，严禁泄露监察工作秘密。

监察官离岗离职后，应当遵守脱密期管理规定，严格履行保密义务，不得泄露相关秘密。

第四十九条 监察官离任三年内，不得从事与监察和司法工作相关联且可能发生利益冲突的职业。

监察官离任后，不得担任原任职监察机关办理案件的诉讼代理人或者辩护人，但是作为当事人的监护人或者近亲属代理诉讼、进行辩护的除外。

监察官被开除后，不得担任诉讼代理人或者辩护人，但是作为当事人的监护人或者近亲属代理诉讼、进行辩护的除外。

第五十条 监察官应当遵守有关规范领导干部配偶、子女及其配偶经商办企业行为的规定。违反规定的，予以处理。

第五十一条 监察官的配偶、父母、子女及其配偶不得以律师身份担任该监察官所任职监察机关办理案件的诉讼代理人、辩护人，或者提供其他有偿法律服务。

第五十二条 监察官有下列行为之一的，依法给予处理；构成犯罪的，依法追究刑事责任：

（一）贪污贿赂的；

（二）不履行或者不正确履行监督职责，应当发现的问题没有发现，或者发现问题不报告、不处置，造成恶劣影响的；

（三）未经批准、授权处置问题线索，发现重大案情隐瞒不报，或者私自留存、处理涉案材料的；

（四）利用职权或者职务上的影响干预调查工作、以案谋私的；

（五）窃取、泄露调查工作信息，或者泄露举报事项、举报受理情况以及举报人信息的；

（六）隐瞒、伪造、变造、故意损毁证据、案件材料的；

（七）对被调查人或者涉案人员逼供、诱供，或者侮辱、打骂、虐待、体罚、变相体罚的；

（八）违反规定采取调查措施或者处置涉案财物的；

（九）违反规定发生办案安全事故，或者发生安全事故后隐瞒不报、报告失实、处置不当的；

（十）其他职务违法犯罪行为。

监察官有其他违纪违法行为，影响监察官队伍形象，损害国家和人民利益的，依法追究相应责任。

第五十三条 监察官涉嫌违纪违法，已经被立案审查、调查、侦查，不宜继续履行职责的，按照管理权限和规定的程序暂时停止其履行职务。

第五十四条 实行监察官责任追究制度，对滥用职权、失职失责造成严重后果的，终身追究责任或者进行问责。

监察官涉嫌严重职务违法、职务犯罪或者对案件处置出现重大失误的，应当追究负有责任的领导人员和直接责任人员的责任。

第八章 监察官的职业保障

第五十五条 除下列情形外，不得将监察官调离：

（一）按规定需要任职回避的；

（二）按规定实行任职交流的；

（三）因机构、编制调整需要调整工作的；

（四）因违纪违法不适合继续从事监察工作的；

（五）法律规定的其他情形。

第五十六条 任何单位或者个人不得要求监察官从事超出法定职责范围的事务。

对任何干涉监察官依法履职的行为，监察官有权拒绝并予以全面如实记录和报告；有违纪违法情形的，由有关机关根据情节轻重追究有关人员的责任。

第五十七条 监察官的职业尊严和人身安全受法律保护。

任何单位和个人不得对监察官及其近亲属打击报复。

对监察官及其近亲属实施报复陷害、侮辱诽谤、暴力侵害、威胁恐吓、滋事骚扰等违法犯罪行为的，应当依法从严惩治。

第五十八条 监察官因依法履行职责遭受不实举报、诬告陷害、侮辱诽谤，致使名誉受到损害的，监察机关应当会同有关部门及时澄清事实，消除不良影响，并依法追究相关单位或者个人的责任。

第五十九条 监察官因依法履行职责，本人及其近亲属人身安全面临危险的，监察机关、公安机关应当对监察官及其近亲属采取人身保护、禁止特定人员接触等必要保护措施。

第六十条 监察官实行国家规定的工资制度，享受监察官等级津贴和其他津贴、补贴、奖金、保险、福利待遇。监察官的工资及等级津贴制度，由国家另行规定。

第六十一条 监察官因公致残的，享受国家规定的伤残待遇。监察官因公牺牲或者病故的，其亲属享受国家规定的抚恤和优待。

第六十二条 监察官退休后，享受国家规定的养老金和其他待遇。

第六十三条 对于国家机关及其工作人员侵犯监察官权利的行为，监察官有权提出控告。

受理控告的机关应当依法调查处理，并将调查处理结果及时告知本人。

第六十四条 监察官对涉及本人的政务处分、处分和人事处理不服的，可以依照规定的程序申请复审、复核，提出申诉。

第六十五条 对监察官的政务处分、处分或者人事处理错误的，应当及时予以纠正；造成名誉损害的，应当恢复名誉、消除影响、赔礼道歉；造成经济损失的，应当赔偿。对打击报复的直接责任人员，应当依法追究其责任。

第九章 附 则

第六十六条 有关监察官的权利、义务和管理制度，本法已有规定的，适用本法的规定；本法未作规定的，适用《中华人民共和国公务员法》等法律法规的规定。

第六十七条 中国人民解放军和中国人民武装警察部队的监察官制度，按照国家和军队有关规定执行。

第六十八条 本法自 2022 年 1 月 1 日起施行。

专题解读

《中华人民共和国监察官法》解读

第一章 总 则

第一条 【立法目的和依据】为了加强对监察官的管理和监督,保障监察官依法履行职责,维护监察官合法权益,推进高素质专业化监察官队伍建设,推进监察工作规范化、法治化,根据宪法和《中华人民共和国监察法》,制定本法。

解读

本条规定了立法目的和制定依据。

立法目的有五个:

一是加强对监察官的管理和监督。加强对监察官的管理和监督是《监察官法》立法的第一个目的。监察官的职责是对所有行使公权力的公职人员进行监督。"打铁还需自身硬。"监察机关承担着维护宪法、法律的重要职责,干的就是"打铁"的活儿,自身更要过硬。2015 年,中央纪委网站发布《打铁还需自身硬》文章称,纪检监察系统也绝非净土,面临的形势同样严峻复杂。十八届中央纪委三次全会上提出要解决好"灯下黑"问题,十八届中央纪委五次全会上要求纪检机关"清理好门户"。纪检监察干部是党员干部中的一员,党内的一些不正之风在纪检监察干部身上也有表现。有的人作风漂浮、衙门习气,有的人不敢监督、失职失责,有的人违反审查纪律、以案谋私。赵乐际同志在中国共产党第十九届中央纪律检查委员会第五次全体会议上的工作报告中强调指出,2020 年全国共谈话函询纪检监察干部 8781 人,组织处理 9573 人,给予党纪政务处分 3117 人,移送检察机关 121 人。有的自我监督约束不严,违纪违法问题仍有发生,防止“灯下黑”任务依然繁重,等等。《监察官法》设专章加强对监察官的监督,比如司法执法监督,特约监察员的监督,规定事项报告备案,工作回避,保密规定,离任回避,规范亲属经商办企业,亲属从业回避。

二是保障监察官依法履行职责。《监察官法》设专章加强对监察官的职业保障。除本法第五十五条规定的五种情形外,不得将监察官调离;履职不受干涉;监察官的职业尊严和人身安全受法律保护;因依法履职遭受不实举报、诬告陷害、侮辱诽谤,致使名誉受到损害的,监察机关应当及时予以澄清正名;监察官因依法履职,本人及其近亲属人身安全面临危险的,监察机关、公安机关应当对监察官及其近亲属采取人身保护、禁止特定人员接触等必要保护措施。

三是维护监察官合法权益。为保护监察官的合法权益,明确规定了监察官的权利。非因本法第五十五条规定情形,不得将监察官调离。本法规定了监察官履职不受干涉,人身安全受保护等制度。

四是推进高素质专业化监察官队伍建设。《监察官法》设专章规定监察官的条件和选用。例如,担任监察官通常需要具备高等学校本科及以上学历,熟悉法律、法规、政策,具有履行监督、调查、处置等职责的专业知识和能力。监察官采用考试、考核的办法,从符合监察官条件的人员中择优选用。

五是推进监察工作规范化、法治化。

制定《监察官法》的依据有两个:一是《宪法》,二是《监察法》。

关联法规

《监察法》

第十四条　国家实行监察官制度，依法确定监察官的等级设置、任免、考评和晋升等制度。

第二条　【指导思想】监察官的管理和监督坚持中国共产党领导，坚持以马克思列宁主义、毛泽东思想、邓小平理论、“三个代表”重要思想、科学发展观、习近平新时代中国特色社会主义思想为指导，坚持党管干部原则，增强监察官的使命感、责任感、荣誉感，建设忠诚干净担当的监察官队伍。

解读

本法设专门的条文规定监察官应当履行的义务以此增强监察官的使命感。要求监察官做严格自律、改进作风、拒腐防变的表率以此增强监察官的荣誉感。实行监察官责任追究制度，对滥用职权、失职失责造成严重后果的，终身追究责任或者进行问责。监察官涉嫌严重职务违法、职务犯罪或者对案件处置出现重大失误的，应当追究负有责任的领导人员和直接责任人员的责任。这些规定可增强监察官的责任感。

关联法规

《公务员法》

第四条　公务员制度坚持中国共产党领导，坚持以马克思列宁主义、毛泽东思想、邓小平理论、“三个代表”重要思想、科学发展观、习近平新时代中国特色社会主义思想为指导，贯彻社会主义初级阶段的基本路线，贯彻新时代中国共产党的组织路线，坚持党管干部原则。

《中国共产党纪律检查机关监督执纪工作规则》

第二条　坚持以马克思列宁主义、毛泽东思想、邓小平理论、“三个代表”重要思想、科学发展观、习近平新时代中国特色社会主义思想为指导，全面贯彻纪律检查委员会和监察委员会合署办公要求，依规依纪依法严格监督执纪，坚持打铁必须自身硬，把权力关进制度笼子，建设忠诚干净担当的纪检监察干部队伍。

第三条　【监察官的范围】监察官包括下列人员：

（一）各级监察委员会的主任、副主任、委员；

（二）各级监察委员会机关中的监察人员；

（三）各级监察委员会派驻或者派出到中国共产党机关、国家机关、法律法规授权或者委托管理公共事务的组织和单位以及所管辖的行政区域等的监察机构中的监察人员、监察专员；

（四）其他依法行使监察权的监察机构中的监察人员。

对各级监察委员会派驻到国有企业的监察机构工作人员、监察专员，以及国有企业中其他依法行使监察权的监察机构工作人员的监督管理，参照执行本法有关规定。

解读

本条规定了监察官的人员范围。国家监委、省、市、县（区）各级监察委员会的主任、副主任、委员，均可以成为监察官。各级监察委员会机关中行使监察权的人员，派驻（派出）等监察机构中行使监察权的监察人员、监察专员，县（区）监委派出乡镇（街道）监察机构中行使监察权的监察人员、监察专员，均可以成为监察官。

2018 年党中央进一步深化派驻机构改革，赋予中央纪委国家监委派驻机构监察权，使之既能查违纪问题，又能查职务违法问题，还能查职务犯罪案件。这为派驻机构全方位履行监督执纪问责、监督调查处置职责，提高派驻监督质效提供了有力支撑。本条第二款，以立法的形式将此前的改革成果予以确认。明确了对各级监察委员会派驻到国有企业的监察机构工作人员、监察专员，以及国有企业中其他依法行使监察权的监察机构工作人员的监督管理，参照执行本法有关规定。

关联法规

《监察法》

第十二条　各级监察委员会可以向本级中国共产党机关、国家机关、法律法规授权或者委托管理公共事务的组织和单位以及所管辖的行政区域、国有企业等派驻或者派出监察机构、监察专员。

监察机构、监察专员对派驻或者派出它的监察委员会负责。

第四条　【严格自我约束】监察官应当忠诚坚定、担当尽责、清正廉洁，做严格自律、作风优良、拒腐防变的表率。

解读

监察官是专门对所有行使公权力的公职人员依法行使监察权的人员。执纪者必先守纪，律人者必先律己。

关联法规

《中国共产党纪律检查机关监督执纪工作规则》

第六十条第二款　纪检监察机关应当加强对监督执纪工作的领导，切实履行自身建设主体责任，严格教育、管理、监督，使纪检监察干部成为严守纪律、改进作风、拒腐防变的表率。

第五条　【工作要求】监察官应当维护宪法和法律的尊严和权威，以事实为根据，以法律为准绳，客观公正地履行职责，保障当事人的合法权益。

关联法规

《检察官法》

第五条第一款　检察官履行职责，应当以事实为根据，以法律为准绳，秉持客观公正的立场。

第六条　【集体研究】监察官应当严格按照规定的权限和程序履行职责，坚持民主集中制，重大事项集体研究。

关联法规

《中国共产党纪律检查机关监督执纪工作规则》

第十条第三款　纪检监察机关应当坚持民主集中制，对于线索处置、谈话函询、初步核实、立案审查调查、案件审理、处置执行中的重要问题，经集体研究后，报纪检监察机关相关负责人、主要负责人审批。

第五十三条第二款　纪律处理或者处分必须坚持民主集中制原则，集体讨论决定，不允许任何个人或者少数人决定和批准。

第七条　【国家监督】监察机关应当建立健全对监察官的监督制度和机制，确保权力受到严格约束。

监察官应当自觉接受组织监督和民主监督、社会监督、舆论监督。

解读

信任不能代替监督，权力要受到监督。国家监察体制改革后，纪委监委合署办公，监督范围扩大了，权限丰富了，加强了党对反腐败工作的集中统一领导，整合了反腐败工作力量，提升了反腐败工作效率。与此同时，谁来监督纪委监委，成为社会广泛关注的问题。对此,《监察法》回应广大人民群众和社会关切,专设第七章规定了“对监察机关和监察人员的监督”,主要有人大监督、内部监督、民主监督、司法监督、社会监督、舆论监督等,建立起了严格的监督机制。根据《宪法》《监察法》的规定,监察机关由人民代表大会产生,对它负责,受它监督。

关联法规

《宪法》

第三条　中华人民共和国的国家机构实行民主集中制的原则。

全国人民代表大会和地方各级人民代表大会都由民主选举产生,对人民负责,受人民监督。

国家行政机关、监察机关、审判机关、检察机关都由人民代表大会产生,对它负责,受它监督。

中央和地方的国家机构职权的划分,遵循在中央的统一领导下,充分发挥地方的主动性、积极性的原则。

第一百二十六条　国家监察委员会对全国人民代表大会和全国人民代表大会常务委员会负责。地方各级监察委员会对产生它的国家权力机关和上一级监察委员会负责。

《监察法》

第五十三条　各级监察委员会应当接受本级人民代表大会及其常务委员会的监督。

各级人民代表大会常务委员会听取和审议本级监察委员会的专项工作报告,组织执法检查。

县级以上各级人民代表大会及其常务委员会举行会议时,人民代表大会代表或者常务委员会组成人员可以依照法律规定的程序,就监察工作中的有关问题提出询问或者质询。

《中国共产党纪律检查机关监督执纪工作规则》

第六十条第一款　纪检监察机关应当严格依照党内法规和国家法律，在行使权力上慎之又慎，在自我约束上严之又严，强化自我监督，健全内控机制，自觉接受党内监督、社会监督、群众监督，确保权力受到严格约束，坚决防止“灯下黑”。

第八条　【履职保护】监察官依法履行职责受法律保护，不受行政机关、社会团体和个人的干涉。

解读

本条规定是对监察官依法独立行使职权的保护。实践中，监察官在履行职责时受到外界的不正常压力、干涉，在一定程度上存在；由于监察官公正处理案件触动了某些人的利益，受到停职、降职或者调离的情况也偶尔发生。为彻底消除这些形形色色的干涉现象，《监察官法》明确规定，监察官依法履行职责受法律保护，不受行政机关、社会团体和个人的干涉。

关联法规

《宪法》

第一百二十七条　监察委员会依照法律规定独立行使监察权，不受行政机关、社会团体和个人的干涉。

监察机关办理职务违法和职务犯罪案件，应当与审判机关、检察机关、执法部门互相配合，互相制约。

《监察法》

第四条　监察委员会依照法律规定独立行使监察权，不受行政机关、社会团体和个人的干涉。

监察机关办理职务违法和职务犯罪案件，应当与审判机关、检察机关、执法部门互相配合，互相制约。

监察机关在工作中需要协助的，有关机关和单位应当根据监察机关的要求依法予以协助。

《法官法》

第七条　法官依法履行职责，受法律保护，不受行政机关、社会团体和个人的干涉。

《检察官法》

第六条　检察官依法履行职责，受法律保护，不受行政机关、社会团体和个人的干涉。

第二章　监察官的职责、义务和权利

第九条　【监察官职责】监察官依法履行下列职责：

（一）对公职人员开展廉政教育；

（二）对公职人员依法履职、秉公用权、廉洁从政从业以及道德操守情况进行监督检查；

（三）对法律规定由监察机关管辖的职务违法和职务犯罪进行调查；

（四）根据监督、调查的结果，对办理的监察事项提出处置意见；

（五）开展反腐败国际合作方面的工作；

（六）法律规定的其他职责。

监察官在职权范围内对所办理的监察事项负责。

解读

本法将“对公职人员开展廉政教育”排在监察官职责的第一位，凸显立法者对监察官开展廉政教育的高度期待，通过廉政教育实现不敢腐、不想腐目标。

赵乐际在中国共产党第十九届中央纪律检查委员会第三次

全体会议上的工作报告中指出:“多措并举深化反腐败工作。加快构建不敢腐、不能腐、不想腐的体制机制,及时总结审查调查、巡视巡察中发现的体制机制问题和制度漏洞,提出纪检监察建议,推动以案促改、举一反三,禁止领导干部利用职权或者职务影响谋取私利,规范领导干部配偶、子女等经商办企业行为。发挥党性教育和政德教化功能,督促指导发生重大违纪违法案件的相关单位党委(党组)召开专题民主生活会,组织各地区各部门广泛开展警示教育,强化查处一案、警示一片、规范一方的治本作用。”

关联法规

《监察法》

第十一条　监察委员会依照本法和有关法律规定履行监督、调查、处置职责:

(一)对公职人员开展廉政教育,对其依法履职、秉公用权、廉洁从政从业以及道德操守情况进行监督检查;

(二)对涉嫌贪污贿赂、滥用职权、玩忽职守、权力寻租、利益输送、徇私舞弊以及浪费国家资财等职务违法和职务犯罪进行调查;

(三)对违法的公职人员依法作出政务处分决定;对履行职责不力、失职失责的领导人员进行问责;对涉嫌职务犯罪的,将调查结果移送人民检察院依法审查、提起公诉;向监察对象所在单位提出监察建议。

《检察官法》

第七条　检察官的职责:

(一)对法律规定由人民检察院直接受理的刑事案件进行侦查;

(二)对刑事案件进行审查逮捕、审查起诉,代表国家进行公诉;

（三）开展公益诉讼工作；

（四）开展对刑事、民事、行政诉讼活动的监督工作；

（五）法律规定的其他职责。

检察官对其职权范围内就案件作出的决定负责。

第十条 【监察官义务】监察官应当履行下列义务：

（一）自觉坚持中国共产党领导，严格执行中国共产党和国家的路线方针政策、重大决策部署；

（二）模范遵守宪法和法律；

（三）维护国家和人民利益，秉公执法，勇于担当、敢于监督，坚决同腐败现象作斗争；

（四）依法保障监察对象及有关人员的合法权益；

（五）忠于职守，勤勉尽责，努力提高工作质量和效率；

（六）保守国家秘密和监察工作秘密，对履行职责中知悉的商业秘密和个人隐私、个人信息予以保密；

（七）严守纪律，恪守职业道德，模范遵守社会公德、家庭美德；

（八）自觉接受监督；

（九）法律规定的其他义务。

解读

与《公务员法》第十四条规定的公务员义务相比，监察官应当勇于担当、敢于监督，坚决同腐败现象作斗争，依法保障监察对象及有关人员的合法权益，“自觉接受监督”被重点强调。

关联法规

《公务员法》

第十四条 公务员应当履行下列义务：

(一)忠于宪法,模范遵守、自觉维护宪法和法律,自觉接受中国共产党领导;

(二)忠于国家,维护国家的安全、荣誉和利益;

(三)忠于人民,全心全意为人民服务,接受人民监督;

(四)忠于职守,勤勉尽责,服从和执行上级依法作出的决定和命令,按照规定的权限和程序履行职责,努力提高工作质量和效率;

(五)保守国家秘密和工作秘密;

(六)带头践行社会主义核心价值观,坚守法治,遵守纪律,恪守职业道德,模范遵守社会公德、家庭美德;

(七)清正廉洁,公道正派;

(八)法律规定的其他义务。

《检察官法》

第十条　检察官应当履行下列义务:

(一)严格遵守宪法和法律;

(二)秉公办案,不得徇私枉法;

(三)依法保障当事人和其他诉讼参与人的诉讼权利;

(四)维护国家利益、社会公共利益,维护个人和组织的合法权益;

(五)保守国家秘密和检察工作秘密,对履行职责中知悉的商业秘密和个人隐私予以保密;

(六)依法接受法律监督和人民群众监督;

(七)通过依法办理案件以案释法,增强全民法治观念,推进法治社会建设;

(八)法律规定的其他义务。

第十一条　【监察官权利】监察官享有下列权利:

（一）履行监察官职责应当具有的职权和工作条件；

（二）履行监察官职责应当享有的职业保障和福利待遇；

（三）人身、财产和住所安全受法律保护；

（四）提出申诉或者控告；

（五）《中华人民共和国公务员法》等法律规定的其他权利。

解读

与《公务员法》第十五条规定的公务员权利相比，监察官享有履行监察官职责应当享有的职业保障和福利待遇，人身、财产和住所安全受法律保护的权利，此做法与《法官法》《检察官法》关于法官、检察官的人身、财产和住所安全保障规定一致。监察官因依法履行职责，本人及其近亲属人身安全面临危险的，监察机关、公安机关应当对监察官及其近亲属采取人身保护、禁止特定人员接触等必要保护措施。

关联法规

《公务员法》

第十五条　公务员享有下列权利：

（一）获得履行职责应当具有的工作条件；

（二）非因法定事由、非经法定程序，不被免职、降职、辞退或者处分；

（三）获得工资报酬，享受福利、保险待遇；

（四）参加培训；

（五）对机关工作和领导人员提出批评和建议；

（六）提出申诉和控告；

（七）申请辞职；

（八）法律规定的其他权利。

第三章　监察官的条件和选用

第十二条　【任职条件】担任监察官应当具备下列条件：

（一）具有中华人民共和国国籍；

（二）忠于宪法，坚持中国共产党领导和社会主义制度；

（三）具有良好的政治素质、道德品行和廉洁作风；

（四）熟悉法律、法规、政策，具有履行监督、调查、处置等职责的专业知识和能力；

（五）具有正常履行职责的身体条件和心理素质；

（六）具备高等学校本科及以上学历；

（七）法律规定的其他条件。

本法施行前的监察人员不具备前款第六项规定的学历条件的，应当接受培训和考核，具体办法由国家监察委员会制定。

解读

与法官、检察官任职条件相比，监察官突出强调熟悉法律、法规、政策，具有履行监督、调查、处置等职责的专业知识和能力。担任监察官，原则上须具备高等学校本科及以上学历，而担任法官、检察官，强调法律专业特性和实践特性（从事法律工作满5年）。

关联法规

《法官法》

第十二条　担任法官必须具备下列条件：

（一）具有中华人民共和国国籍；

（二）拥护中华人民共和国宪法，拥护中国共产党领导和社会主义制度；

（三）具有良好的政治、业务素质和道德品行；

（四）具有正常履行职责的身体条件；

（五）具备普通高等学校法学类本科学历并获得学士及以上学位；或者普通高等学校非法学类本科及以上学历并获得法律硕士、法学硕士及以上学位；或者普通高等学校非法学类本科及以上学历，获得其他相应学位，并具有法律专业知识；

（六）从事法律工作满五年。其中获得法律硕士、法学硕士学位，或者获得法学博士学位的，从事法律工作的年限可以分别放宽至四年、三年；

（七）初任法官应当通过国家统一法律职业资格考试取得法律职业资格。

适用前款第五项规定的学历条件确有困难的地方，经最高人民法院审核确定，在一定期限内，可以将担任法官的学历条件放宽为高等学校本科毕业。

《检察官法》

第十二条　担任检察官必须具备下列条件：

（一）具有中华人民共和国国籍；

（二）拥护中华人民共和国宪法，拥护中国共产党领导和社会主义制度；

（三）具有良好的政治、业务素质和道德品行；

（四）具有正常履行职责的身体条件；

（五）具备普通高等学校法学类本科学历并获得学士及以上学位；或者普通高等学校非法学类本科及以上学历并获得法律硕士、法学硕士及以上学位；或者普通高等学校非法学类本科及以上学历，获得其他相应学位，并具有法律专业知识；

（六）从事法律工作满五年。其中获得法律硕士、法学硕士学位，或者获得法学博士学位的，从事法律工作的年限可以分别放宽至四年、三年；

（七）初任检察官应当通过国家统一法律职业资格考试取得法律职业资格。

适用前款第五项规定的学历条件确有困难的地方，经最高人民检察院审核确定，在一定期限内，可以将担任检察官的学历条件放宽为高等学校本科毕业。

第十三条　【任职限制】有下列情形之一的，不得担任监察官：

（一）因犯罪受过刑事处罚，以及因犯罪情节轻微被人民检察院依法作出不起诉决定或者被人民法院依法免予刑事处罚的；

（二）被撤销中国共产党党内职务、留党察看、开除党籍的；

（三）被撤职或者开除公职的；

（四）被依法列为失信联合惩戒对象的；

（五）配偶已移居国（境）外，或者没有配偶但是子女均已移居国（境）外的；

（六）法律规定的其他情形。

解读

《公务员法》第二十六条规定了不得录用为公务员的五种情形。因犯罪受过刑事处罚，一般来说，无法通过政审，也就无法加入纪检监察队伍。如果有关人员被录用为公务员之后，有受到党纪政务重处分的情形或者被依法列为失信联合惩戒对象，配偶已移居国（境）外，或者没有配偶但是子女均已移居国（境）外情形，不得担任监察官。

上述规定是为保证监察官队伍的纯洁性而作出的规定，实践中应当注意，对于被给予党纪政务轻处分，影响期满后被认定积极改正错误，如果表现优秀，同时也符合监察官条件的人，他们仍然可以担任监察官。

关联法规

《公务员法》

第二十六条　下列人员不得录用为公务员：

（一）因犯罪受过刑事处罚的；

（二）被开除中国共产党党籍的；

（三）被开除公职的；

（四）被依法列为失信联合惩戒对象的；

（五）有法律规定不得录用为公务员的其他情形的。

《法官法》

第十三条　下列人员不得担任法官：

（一）因犯罪受过刑事处罚的；

（二）被开除公职的；

（三）被吊销律师、公证员执业证书或者被仲裁委员会除名的；

（四）有法律规定的其他情形的。

《检察官法》

第十三条　下列人员不得担任检察官：

（一）因犯罪受过刑事处罚的；

（二）被开除公职的；

（三）被吊销律师、公证员执业证书或者被仲裁委员会除名的；

（四）有法律规定的其他情形的。

第十四条　【选用标准】监察官的选用，坚持德才兼备、以德为先，坚持五湖四海、任人唯贤，坚持事业为上、公道正派，突出政治标准，注重工作实绩。

第十五条　【监察官选用】监察官采用考试、考核的办法，从符合监察官条件的人员中择优选用。

解读

打造一支高素质专业化监察官队伍,推进监察工作规范化、法治化,是《监察官法》立法的重要目的。推进监察官队伍专业化的一个有效的方法就是设立一定的门槛,学历上通常要求至少具有高等学校本科学历,同时,要求通过监察官考试或者通过考核。把好入口关、考试关、培训关和管理关,将政治素质好、业务能力强、职业操守正的人员选拔到监察官岗位,对依规依纪依法反腐、一体建设法治国家、法治政府、法治社会都具有十分重要的意义。

第十六条 【录用】录用监察官,应当依照法律和国家有关规定采取公开考试、严格考察、平等竞争、择优录取的办法。

第十七条 【选调】监察委员会可以根据监察工作需要,依照法律和国家有关规定从中国共产党机关、国家机关、事业单位、国有企业等机关、单位从事公务的人员中选择符合任职条件的人员担任监察官。

第十八条 【选拔、聘任】监察委员会可以根据监察工作需要,依照法律和国家有关规定在从事与监察机关职能职责相关的职业或者教学、研究的人员中选拔或者聘任符合任职条件的人员担任监察官。

解读

根据本条规定,监察官的来源或者获得方式,不仅有通过考试的方式取得,还可以通过选拔、聘任的方式取得。即依照法律和国家有关规定在从事与监察机关职能职责相关的职业或者教学、研究的人员中选拔或者聘任符合任职条件的人员担任监察官。比如在专门从事监察实务、监察理论研究,且造诣较深的高等院校教授、副教授或者研究员、副研究员中选拔或者聘任。

关联法规

《法官法》

第十五条　人民法院可以根据审判工作需要，从律师或者法学教学、研究人员等从事法律职业的人员中公开选拔法官。

除应当具备法官任职条件外，参加公开选拔的律师应当实际执业不少于五年，执业经验丰富，从业声誉良好，参加公开选拔的法学教学、研究人员应当具有中级以上职称，从事教学、研究工作五年以上，有突出研究能力和相应研究成果。

《检察官法》

第十五条　人民检察院可以根据检察工作需要，从律师或者法学教学、研究人员等从事法律职业的人员中公开选拔检察官。

除应当具备检察官任职条件外，参加公开选拔的律师应当实际执业不少于五年，执业经验丰富，从业声誉良好，参加公开选拔的法学教学、研究人员应当具有中级以上职称，从事教学、研究工作五年以上，有突出研究能力和相应研究成果。

第四章　监察官的任免

第十九条　【任免权限和程序】国家监察委员会主任由全国人民代表大会选举和罢免，副主任、委员由国家监察委员会主任提请全国人民代表大会常务委员会任免。

地方各级监察委员会主任由本级人民代表大会选举和罢免，副主任、委员由监察委员会主任提请本级人民代表大会常务委员会任免。

新疆生产建设兵团各级监察委员会主任、副主任、委员，由新疆维吾尔自治区监察委员会主任提请自治区人民代表大会常务委员会任免。

其他监察官的任免,按照管理权限和规定的程序办理。

解读

本条与《宪法》的规定一致。根据《宪法》第六十二条、六十三条的规定,国家监察委员会主任与最高人民法院院长、最高人民检察院检察长一样,均由全国人民代表大会选举和罢免。国家监委副主任、委员由国家监察委员会主任提请全国人民代表大会常务委员会任免。此外,地方各级副主任、委员由主任提请本级人民代表大会常务委员会任免。新疆生产建设兵团各级监察委员会主任、副主任、委员,由新疆维吾尔自治区监察委员会主任提请自治区人民代表大会常务委员会任免。

关联法规

《法官法》

第十八条　法官的任免,依照宪法和法律规定的任免权限和程序办理。

最高人民法院院长由全国人民代表大会选举和罢免,副院长、审判委员会委员、庭长、副庭长和审判员,由院长提请全国人民代表大会常务委员会任免。

最高人民法院巡回法庭庭长、副庭长,由院长提请全国人民代表大会常务委员会任免。

地方各级人民法院院长由本级人民代表大会选举和罢免,副院长、审判委员会委员、庭长、副庭长和审判员,由院长提请本级人民代表大会常务委员会任免。

在省、自治区内按地区设立的和在直辖市内设立的中级人民法院的院长,由省、自治区、直辖市人民代表大会常务委员会根据主任会议的提名决定任免,副院长、审判委员会委员、庭长、副庭长和审判员，由高级人民法院院长提请省、自治区、直辖市人民代表大会常务委员会任免。

新疆生产建设兵团各级人民法院、专门人民法院的院长、副院长、审判委员会委员、庭长、副庭长和审判员，依照全国人民代表大会常务委员会的有关规定任免。

《检察官法》

第十八条　检察官的任免，依照宪法和法律规定的任免权限和程序办理。

最高人民检察院检察长由全国人民代表大会选举和罢免，副检察长、检察委员会委员和检察员，由检察长提请全国人民代表大会常务委员会任免。

地方各级人民检察院检察长由本级人民代表大会选举和罢免，副检察长、检察委员会委员和检察员，由检察长提请本级人民代表大会常务委员会任免。

地方各级人民检察院检察长的任免，须报上一级人民检察院检察长提请本级人民代表大会常务委员会批准。

省、自治区、直辖市人民检察院分院检察长、副检察长、检察委员会委员和检察员，由省、自治区、直辖市人民检察院检察长提请本级人民代表大会常务委员会任免。

省级人民检察院和设区的市级人民检察院依法设立作为派出机构的人民检察院的检察长、副检察长、检察委员会委员和检察员，由派出的人民检察院检察长提请本级人民代表大会常务委员会任免。

新疆生产建设兵团各级人民检察院、专门人民检察院的检察长、副检察长、检察委员会委员和检察员，依照全国人民代表大会常务委员会的有关规定任免。

第二十条 【宪法宣誓】监察官就职时应当依照法律规定进行宪法宣誓。

解读

2015年7月1日十二届全国人大常委会第十五次会议通过《全国人民代表大会常务委员会关于实行宪法宣誓制度的决定》，确立了宪法宣誓制度。2018年2月24日十二届全国人大常委会第三十三次会议对宪法宣誓制度进行了修订。2018年3月，《宪法修正案》将宪法宣誓制度规定在国家的根本大法中。至此，《宪法》规定："国家工作人员就职时应当依照法律规定公开进行宪法宣誓。"《公务员法》《检察官法》《法官法》分别规定，公务员、检察官、法官就职时应当公开进行宪法宣誓。

《全国人民代表大会常务委员会关于实行宪法宣誓制度的决定》第二条规定，宣誓誓词是："我宣誓：忠于中华人民共和国宪法，维护宪法权威，履行法定职责，忠于祖国、忠于人民，恪尽职守、廉洁奉公，接受人民监督，为建设富强民主文明和谐美丽的社会主义现代化强国努力奋斗！"第八条规定："宣誓仪式根据情况，可以采取单独宣誓或者集体宣誓的形式。单独宣誓时，宣誓人应当左手抚按《中华人民共和国宪法》，右手举拳，诵读誓词。集体宣誓时，由一人领誓，领誓人左手抚按《中华人民共和国宪法》，右手举拳，领诵誓词；其他宣誓人整齐排列，右手举拳，跟诵誓词。宣誓场所应当庄重、严肃，悬挂中华人民共和国国旗或者国徽。宣誓仪式应当奏唱中华人民共和国国歌。负责组织宣誓仪式的机关，可以根据本决定并结合实际情况，对宣誓的具体事项作出规定。"

关联法规

《公务员法》

第九条　公务员就职时应当依照法律规定公开进行宪法宣誓。

第二十一条　【免职】监察官有下列情形之一的，应当免去其监察官职务：

（一）丧失中华人民共和国国籍的；

（二）职务变动不需要保留监察官职务的；

（三）退休的；

（四）辞职或者依法应当予以辞退的；

（五）因违纪违法被调离或者开除的；

（六）法律规定的其他情形。

解读

监察官的辞退与监察官的辞职不同，监察官的辞退是单位行为，单位根据某个人的具体情况决定。而监察官申请辞职则完全是个人的自愿行为，监察官根据自己的实际情况权衡利弊后决定，由监察官本人向所在单位提出辞职申请。个人提出辞职的，除具备不得辞职的情形外，有关单位根据申请辞职人的具体情况可以予以批准。而辞退则不同，辞退是单位根据国家的有关规定和某个人的具体情况决定辞退或不予辞退。

监察官都是由各级人民代表大会或者其常委会选举或者任命的，要辞退监察官，应先经选举或者任命机关批准。

关联法规

《法官法》

第二十条　法官有下列情形之一的，应当依法提请免除其法官职务：

（一）丧失中华人民共和国国籍的；

（二）调出所任职人民法院的；

（三）职务变动不需要保留法官职务的，或者本人申请免除法官职务经批准的；

（四）经考核不能胜任法官职务的；

（五）因健康原因长期不能履行职务的；

（六）退休的；

（七）辞职或者依法应当予以辞退的；

（八）因违纪违法不宜继续任职的。

《检察官法》

第二十条　检察官有下列情形之一的，应当依法提请免除其检察官职务：

（一）丧失中华人民共和国国籍的；

（二）调出所任职人民检察院的；

（三）职务变动不需要保留检察官职务的，或者本人申请免除检察官职务经批准的；

（四）经考核不能胜任检察官职务的；

（五）因健康原因长期不能履行职务的；

（六）退休的；

（七）辞职或者依法应当予以辞退的；

（八）因违纪违法不宜继续任职的。

第二十二条　【兼职限制】监察官不得兼任人民代表大会常务委员会的组成人员，不得兼任行政机关、审判机关、检察机关的职务，不得兼任企业或者其他营利性组织、事业单位的职务，不得兼任人民陪审员、人民监督员、执业律师、仲裁员和公证员。

监察官因工作需要兼职的，应当按照管理权限批准，但是不得领取兼职报酬。

解读

监察官、法官、检察官，均不得兼任人民代表大会常务委员会的组成人员，不得兼任行政机关、审判机关、检察机关的职务，不得兼任企业或者其他营利性组织、事业单位的职务，不得兼任执业律师、仲裁员和公证员。监察官还不得兼任人民陪审员，人民监督员。

法官、检察官因工作需要，经单位选派或者批准，可以在高等学校、科研院所协助开展实践性教学、研究工作，并遵守国家有关规定。相比之下，《监察官法》对监察官是否可以开展实践性教学、研究工作未作出明确规定。

关联法规

《法官法》

第二十二条　法官不得兼任人民代表大会常务委员会的组成人员，不得兼任行政机关、监察机关、检察机关的职务，不得兼任企业或者其他营利性组织、事业单位的职务，不得兼任律师、仲裁员和公证员。

《检察官法》

第二十三条　检察官不得兼任人民代表大会常务委员会的组成人员，不得兼任行政机关、监察机关、审判机关的职务，不得兼任企业或者其他营利性组织、事业单位的职务，不得兼任律师、仲裁员和公证员。

《公务员法》

第四十四条　公务员因工作需要在机关外兼职，应当经有关机关批准，并不得领取兼职报酬。

第二十三条 【地域回避】监察官担任县级、设区的市级监察委员会主任的,应当按照有关规定实行地域回避。

解读

本条规定与《公务员法》第七十五条规定精神一致。监察官地域回避,适用于县级或者设区的市级监委主任;省级监委主任,则不适用地域回避。同时,县级或者设区的市级监委副主任,也不适用地域回避。

关联法规

《公务员法》

第七十五条 公务员担任乡级机关、县级机关、设区的市级机关及其有关部门主要领导职务的,应当按照有关规定实行地域回避。

第二十四条 【任职回避】监察官之间有夫妻关系、直系血亲关系、三代以内旁系血亲以及近姻亲关系的,不得同时担任下列职务:

(一)同一监察委员会的主任、副主任、委员,上述人员和其他监察官;

(二)监察委员会机关同一部门的监察官;

(三)同一派驻机构、派出机构或者其他监察机构的监察官;

(四)上下相邻两级监察委员会的主任、副主任、委员。

解读

监察官的任职回避情形基本同法官、检察官的任职回避情形。所不同的是,监察官的任职回避也适用于同一派驻机构、派出机构或者其他监察机构的监察官。

关联法规

《法官法》

第二十三条　法官之间有夫妻关系、直系血亲关系、三代以内旁系血亲以及近姻亲关系的，不得同时担任下列职务：

（一）同一人民法院的院长、副院长、审判委员会委员、庭长、副庭长；

（二）同一人民法院的院长、副院长和审判员；

（三）同一审判庭的庭长、副庭长、审判员；

（四）上下相邻两级人民法院的院长、副院长。

《检察官法》

第二十四条　检察官之间有夫妻关系、直系血亲关系、三代以内旁系血亲以及近姻亲关系的，不得同时担任下列职务：

（一）同一人民检察院的检察长、副检察长、检察委员会委员；

（二）同一人民检察院的检察长、副检察长和检察员；

（三）同一业务部门的检察员；

（四）上下相邻两级人民检察院的检察长、副检察长。

第五章　监察官的管理

第二十五条　【等级设置】监察官等级分为十三级，依次为总监察官、一级副总监察官、二级副总监察官，一级高级监察官、二级高级监察官、三级高级监察官、四级高级监察官，一级监察官、二级监察官、三级监察官、四级监察官、五级监察官、六级监察官。

解读

《监察官法》借鉴各种衔级等级划分和称谓的规定，将监察官等级设置为十三级。这一制度设计既与现行公务员职务职级基本对应，又考虑了与事业单位人员岗位等级的对应衔接，体现精简、高效的队伍建设要求，并将资源适当向基层倾斜，为基层监察官拓展成长空间。

相比法官、检察官等级十二级，监察官等级多了一个等级，共有十三级。与《监察官法》不同的还有，《法官法》《检察官法》均明确规定实行单独职务序列管理。

关联法规

《法官法》

第二十六条　法官实行单独职务序列管理。

法官等级分为十二级，依次为首席大法官、一级大法官、二级大法官、一级高级法官、二级高级法官、三级高级法官、四级高级法官、一级法官、二级法官、三级法官、四级法官、五级法官。

《检察官法》

第二十七条　检察官实行单独职务序列管理。

检察官等级分为十二级，依次为首席大检察官、一级大检察官、二级大检察官、一级高级检察官、二级高级检察官、三级高级检察官、四级高级检察官、一级检察官、二级检察官、三级检察官、四级检察官、五级检察官。

第二十六条　【总监察官】国家监察委员会主任为总监察官。

关联法规

《法官法》

第二十七条　最高人民法院院长为首席大法官。

《检察官法》

第二十八条　最高人民检察院检察长为首席大检察官。

第二十七条 【等级评定】监察官等级的确定，以监察官担任的职务职级、德才表现、业务水平、工作实绩和工作年限等为依据。

监察官等级晋升采取按期晋升和择优选升相结合的方式，特别优秀或者作出特别贡献的，可以提前选升。

解读

法官、检察官等级的确定，以法官、检察官德才表现、业务水平、工作实绩和工作年限等为依据。相比之下，监察官等级的确定，以监察官担任的职务职级、德才表现、业务水平、工作实绩和工作年限等为依据。监察官的职务职级对监察官等级的确定有影响。

关联法规

《法官法》

第二十八条　法官等级的确定，以法官德才表现、业务水平、审判工作实绩和工作年限等为依据。

法官等级晋升采取按期晋升和择优选升相结合的方式，特别优秀或者工作特殊需要的一线办案岗位法官可以特别选升。

《检察官法》

第二十九条　检察官等级的确定，以检察官德才表现、业务水平、检察工作实绩和工作年限等为依据。

检察官等级晋升采取按期晋升和择优选升相结合的方式，特别优秀或者工作特殊需要的一线办案岗位检察官可以特别选升。

第二十八条 【配套规定】监察官的等级设置、确定和晋升的具体办法，由国家另行规定。

解读

监察官制度设立的初衷是确保监察官权责对等、促进履职尽责。监察官不仅是荣誉、待遇,更是责任、担当。对纪检监察干部来说,最重要的是提高政治站位,从讲政治的高度来看待这个问题,切不可把监察官制度简单地认为是明确地位、提高待遇、增加工资。建立监察官制度,是构建中国特色国家监察体系的重要举措,应当重点关注国家监察体制改革带来的纪检监察干部权力与责任的变化,始终把提高觉悟、忠诚履职、敢于担当、善于担当的精神融入监察官制度的荣誉感、责任感和使命感之中。所以,监察官等级是增加的职业称号,目的是加强监察官队伍的正规化、专业化,增强监察官的使命感、责任感、荣誉感。设置监察官等级,并不是要对监察官实行单独职务序列管理,纪检监察干部依然沿用现有干部管理序列。

关联法规

《法官法》

第二十九条　法官的等级设置、确定和晋升的具体办法,由国家另行规定。

《检察官法》

第三十条　检察官的等级设置、确定和晋升的具体办法,由国家另行规定。

第二十九条　【职前培训】初任监察官实行职前培训制度。

关联法规

《法官法》

第三十条　初任法官实行统一职前培训制度。

《检察官法》

第三十一条　初任检察官实行统一职前培训制度。

第三十条　【日常培训】对监察官应当有计划地进行政治、理论和业务培训。

培训应当突出政治机关特色，坚持理论联系实际、按需施教、讲求实效，提高专业能力。

监察官培训情况，作为监察官考核的内容和任职、等级晋升的依据之一。

解读

相比《法官法》《检察官法》关于法官、检察官的日常培训，监察官培训强调突出政治机关特色。比如，应将习近平总书记在中央纪委全会上的重要讲话、中央纪委主要负责人每年在中央纪委全会上的工作报告作为培训内容。

关联法规

《法官法》

第三十一条　对法官应当有计划地进行政治、理论和业务培训。

法官的培训应当理论联系实际、按需施教、讲求实效。

《检察官法》

第三十二条　对检察官应当有计划地进行政治、理论和业务培训。

检察官的培训应当理论联系实际、按需施教、讲求实效。

第三十一条　【培训机构】监察官培训机构按照有关规定承担培训监察官的任务。

解读

监察官培训机构有中国纪检监察学院、某些省级纪委监委宣教基地等。

关联法规

《法官法》

第三十三条　法官培训机构按照有关规定承担培训法官的任务。

《检察官法》

第三十四条　检察官培训机构按照有关规定承担培训检察官的任务。

第三十二条　【学科建设】国家加强监察学科建设，鼓励具备条件的普通高等学校设置监察专业或者开设监察课程，培养德才兼备的高素质监察官后备人才，提高监察官的专业能力。

解读

"提高监察官的专业能力"系《监察官法》立法强调的重心之一。实现新时代纪检监察工作高质量发展，关键是建设高素质专业化的纪检监察干部队伍。党的十八大以来，党中央高度重视纪检监察干部队伍建设，要求纪检监察干部加强思想淬炼、政治历练、实践锻炼、专业训练，增强法治意识、程序意识、证据意识，做到政治过硬、本领高强。《监察官法》要求强化对监察官的培训、提高专业化能力，有利于为建设高素质专业化监察官队伍提供更充分的法律保障。

第三十三条　【任职交流】监察官依照法律和国家有关规定

实行任职交流。

解读

《公务员法》第六十九条规定，国家实行公务员交流制度。本法也作出相应规定，监察官依照法律和国家规定实行任职交流。

关联法规

《公务员法》

第六十九条　国家实行公务员交流制度。

公务员可以在公务员和参照本法管理的工作人员队伍内部交流，也可以与国有企业和不参照本法管理的事业单位中从事公务的人员交流。

交流的方式包括调任、转任。

第七十条　国有企业、高等院校和科研院所以及其他不参照本法管理的事业单位中从事公务的人员，可以调入机关担任领导职务或者四级调研员以上及其他相当层次的职级。

调任人选应当具备本法第十三条规定的条件和拟任职位所要求的资格条件，并不得有本法第二十六条规定的情形。调任机关应当根据上述规定，对调任人选进行严格考察，并按照管理权限审批，必要时可以对调任人选进行考试。

第七十一条　公务员在不同职位之间转任应当具备拟任职位所要求的资格条件，在规定的编制限额和职数内进行。

对省部级正职以下的领导成员应当有计划、有重点地实行跨地区、跨部门转任。

对担任机关内设机构领导职务和其他工作性质特殊的公务员，应当有计划地在本机关内转任。

上级机关应当注重从基层机关公开遴选公务员。

第三十四条　【辞职】监察官申请辞职，应当由本人书面提出，按照管理权限批准后，依照规定的程序免去其职务。

解读

根据《公务员法》第八十五条的规定，辞职是作为公务员的监察官享有的权利。监察官辞职，要求其先提出书面申请，由监察机关按干部管理权限进行。

辞职未经批准，擅自离职的，根据《公务员辞去公职规定》第十一条的规定，公务员在辞去公职审批期间不得擅自离职。对擅自离职的，给予开除处分。

根据《公务员辞去公职规定》第九条的规定，经批准辞去公职的监察官办理公务交接手续，应当自批准之日起10个工作日内完成。对拒不办理公务交接手续的，撤销同意辞去公职的决定，给予开除处分。

关联法规

《公务员法》

第八十五条　公务员辞去公职，应当向任免机关提出书面申请。任免机关应当自接到申请之日起三十日内予以审批，其中对领导成员辞去公职的申请，应当自接到申请之日起九十日内予以审批。

《法官法》

第三十四条　法官申请辞职，应当由本人书面提出，经批准后，依照法律规定的程序免除其职务。

《检察官法》

第三十五条　检察官申请辞职，应当由本人书面提出，经批准后，依照法律规定的程序免除其职务。

第三十五条　【辞退】监察官有依法应当予以辞退情形的，依照规定的程序免去其职务。

辞退监察官应当按照管理权限决定。辞退决定应当以书面形式通知被辞退的监察官，并列明作出决定的理由和依据。

解读

监察官有《公务员法》第八十八条规定的五种情形之一的，予以辞退。

关联法规

《公务员法》

第八十八条　公务员有下列情形之一的，予以辞退：

（一）在年度考核中，连续两年被确定为不称职的；

（二）不胜任现职工作，又不接受其他安排的；

（三）因所在机关调整、撤销、合并或者缩减编制员额需要调整工作，本人拒绝合理安排的；

（四）不履行公务员义务，不遵守法律和公务员纪律，经教育仍无转变，不适合继续在机关工作，又不宜给予开除处分的；

（五）旷工或者因公外出、请假期满无正当理由逾期不归连续超过十五天，或者一年内累计超过三十天的。

《法官法》

第三十五条　辞退法官应当依照法律规定的程序免除其职务。

辞退法官应当按照管理权限决定。辞退决定应当以书面形式通知被辞退的法官，并列明作出决定的理由和依据。

《检察官法》

第三十六条　辞退检察官应当依照法律规定的程序免除其职务。

辞退检察官应当按照管理权限决定。辞退决定应当以书面形式通知被辞退的检察官,并列明作出决定的理由和依据。

第六章 监察官的考核和奖励

第三十六条 【考核要求和方式】对监察官的考核,应当全面、客观、公正,实行平时考核、专项考核和年度考核相结合。

解读

对监察官、法官、检察官的考核,法律均强调全面、客观、公正。相比法官、检察官的考核,监察官的考核存在专项考核。

关联法规

《公务员法》

第三十六条 公务员的考核分为平时考核、专项考核和定期考核等方式。定期考核以平时考核、专项考核为基础。

《法官法》

第四十条 对法官的考核,应当全面、客观、公正,实行平时考核和年度考核相结合。

《检察官法》

第四十一条 对检察官的考核,应当全面、客观、公正,实行平时考核和年度考核相结合。

第三十七条 【考核内容】监察官的考核应当按照管理权限,全面考核监察官的德、能、勤、绩、廉,重点考核政治素质、工作实绩和廉洁自律情况。

解读

相比法官、检察官的考核,监察官的考核,十分注重政治素质的特色，重点考核政治素质、工作实绩和廉洁自律情况。

关联法规

《法官法》

第四十一条　对法官的考核内容包括：审判工作实绩、职业道德、专业水平、工作能力、审判作风。重点考核审判工作实绩。

《检察官法》

第四十二条　对检察官的考核内容包括：检察工作实绩、职业道德、专业水平、工作能力、工作作风。重点考核检察工作实绩。

第三十八条　【考核结果】年度考核结果分为优秀、称职、基本称职和不称职四个等次。

考核结果作为调整监察官等级、工资以及监察官奖惩、免职、降职、辞退的依据。

关联法规

《法官法》

第四十二条　年度考核结果分为优秀、称职、基本称职和不称职四个等次。

考核结果作为调整法官等级、工资以及法官奖惩、免职、降职、辞退的依据。

《检察官法》

第四十三条　年度考核结果分为优秀、称职、基本称职和不称职四个等次。

考核结果作为调整检察官等级、工资以及检察官奖惩、免职、降职、辞退的依据。

第三十九条　【考核结果通知】年度考核结果以书面形式通

知监察官本人。监察官对考核结果如果有异议,可以申请复核。

解读

《公务员法》第三十八条要求定期考核的结果应当以书面形式通知公务员本人。《监察官法》要求年度考核结果以书面形式通知监察官本人。同时赋予监察官救济权——对考核结果如果有异议,可以申请复核。

关联法规

《公务员法》

第三十八条　定期考核的结果分为优秀、称职、基本称职和不称职四个等次。

定期考核的结果应当以书面形式通知公务员本人。

《法官法》

第四十三条　考核结果以书面形式通知法官本人。法官对考核结果如果有异议,可以申请复核。

《检察官法》

第四十四条　考核结果以书面形式通知检察官本人。检察官对考核结果如果有异议,可以申请复核。

第四十条　【奖励规定】对在监察工作中有显著成绩和贡献,或者有其他突出事迹的监察官、监察官集体,给予奖励。

解读

对监察官、监察官集体的奖励,应奉行精神奖励与物质奖励相结合、以精神奖励为主的原则。

关联法规

《公务员法》

第五十一条　对工作表现突出,有显著成绩和贡献,或者有其他突出事迹的公务员或者公务员集体,给予奖励。奖励坚持定期奖励与及时奖励相结合,精神奖励与物质奖励相结合、以精神奖励为主的原则。

公务员集体的奖励适用于按照编制序列设置的机构或者为完成专项任务组成的工作集体。

《法官法》

第四十四条　法官在审判工作中有显著成绩和贡献的,或者有其他突出事迹的,应当给予奖励。

《检察官法》

第四十五条　检察官在检察工作中有显著成绩和贡献的,或者有其他突出事迹的,应当给予奖励。

第四十一条　【奖励情形】监察官有下列表现之一的,给予奖励:

(一)履行监督职责,成效显著的;

(二)在调查、处置职务违法和职务犯罪工作中,做出显著成绩和贡献的;

(三)提出有价值的监察建议,对防止和消除重大风险隐患效果显著的;

(四)研究监察理论、总结监察实践经验成果突出,对监察工作有指导作用的;

(五)有其他功绩的。

监察官的奖励按照有关规定办理。

解读

对监察官的奖励，突出监督调查处置的监察工作职责，一体推进不敢腐不能腐不想腐。《公务员奖励规定》第三条规定，公务员奖励坚持“定期奖励与及时奖励相结合，精神奖励与物质奖励相结合、以精神奖励为主”的原则。

关联法规

《公务员法》

第五十二条　公务员或者公务员集体有下列情形之一的，给予奖励：

（一）忠于职守，积极工作，勇于担当，工作实绩显著的；

（二）遵纪守法，廉洁奉公，作风正派，办事公道，模范作用突出的；

（三）在工作中有发明创造或者提出合理化建议，取得显著经济效益或者社会效益的；

（四）为增进民族团结，维护社会稳定做出突出贡献的；

（五）爱护公共财产，节约国家资财有突出成绩的；

（六）防止或者消除事故有功，使国家和人民群众利益免受或者减少损失的；

（七）在抢险、救灾等特定环境中做出突出贡献的；

（八）同违纪违法行为作斗争有功绩的；

（九）在对外交往中为国家争得荣誉和利益的；

（十）有其他突出功绩的。

第七章　监察官的监督和惩戒

第四十二条　【内部监督】监察机关应当规范工作流程，加强内部监督制约机制建设,强化对监察官执行职务和遵守法律情况的监督。

解读

请读者注意结合《中国共产党纪律检查机关监督执纪工作规则》第九章"监督管理"来理解对监察官"执行职务"的监督。

关联法规

《监察法》

第五十四条　监察机关应当依法公开监察工作信息,接受民主监督、社会监督、舆论监督。

第五十五条　监察机关通过设立内部专门的监督机构等方式,加强对监察人员执行职务和遵守法律情况的监督,建设忠诚、干净、担当的监察队伍。

《中国共产党党内监督条例》

第三十四条　加强对纪律检查机关的监督。发现纪律检查机关及其工作人员有违反纪律问题的,必须严肃处理。各级纪律检查机关必须加强自身建设,健全内控机制,自觉接受党内监督、社会监督、群众监督,确保权力受到严格约束。

第四十三条　【对监察官的检举控告】任何单位和个人对监察官的违纪违法行为,有权检举、控告。受理检举、控告的机关应当及时调查处理,并将结果告知检举人、控告人。

对依法检举、控告的单位和个人,任何人不得压制和打击报复。

解读

请结合《纪检监察机关处理检举控告工作规则》第二十七条

理解本条。对监察官涉嫌违纪违法的,纪检监察机关干部监督部门应当经审批后按程序调查处理,将实名检举控告的处理结果在办结之日起15个工作日内向检举控告人反馈,并记录反馈情况。

关联法规

《纪检监察机关处理检举控告工作规则》

第四条 任何组织和个人对以下行为,有权向纪检监察机关提出检举控告:

(一)党组织、党员违反政治纪律、组织纪律、廉洁纪律、群众纪律、工作纪律、生活纪律等党的纪律行为;

(二)监察对象不依法履职,违反秉公用权、廉洁从政从业以及道德操守等规定,涉嫌贪污贿赂、滥用职权、玩忽职守、权力寻租、利益输送、徇私舞弊以及浪费国家资财等职务违法、职务犯罪行为;

(三)其他依照规定应当由纪检监察机关处理的违纪违法行为。

第十条第二款 各级纪委监委按照管理权限受理反映本机关干部涉嫌违纪或者职务违法、职务犯罪问题的检举控告。

第二十七条 承办的监督检查、审查调查部门应当将实名检举控告的处理结果在办结之日起15个工作日内向检举控告人反馈,并记录反馈情况。检举控告人提出异议的,承办部门应当如实记录,并予以说明;提供新的证据材料的,承办部门应当核查处理。

第四十四条 【司法执法监督】对于审判机关、检察机关、执法部门等移送的监察官违纪违法履行职责的问题线索,监察机关应当及时调查处理。

解读

本条规定是对《监察法》第三十四条规定的细化。审判机关、检察机关、执法部门在工作中发现监察官涉嫌违纪违法的，应当移送监察机关，由监察机关依法调查处置。

关联法规

《监察法》

第三十四条　人民法院、人民检察院、公安机关、审计机关等国家机关在工作中发现公职人员涉嫌贪污贿赂、失职渎职等职务违法或者职务犯罪的问题线索，应当移送监察机关，由监察机关依法调查处置。

被调查人既涉嫌严重职务违法或者职务犯罪，又涉嫌其他违法犯罪的，一般应当由监察机关为主调查，其他机关予以协助。

《中国共产党党内监督条例》

第三十七条　各级党委应当支持和保证同级人大、政府、监察机关、司法机关等对国家机关及公职人员依法进行监督，人民政协依章程进行民主监督，审计机关依法进行审计监督。有关国家机关发现党的领导干部违反党规党纪、需要党组织处理的，应当及时向有关党组织报告。审计机关发现党的领导干部涉嫌违纪的问题线索，应当向同级党组织报告，必要时向上级党组织报告，并按照规定将问题线索移送相关纪律检查机关处理。

在纪律审查中发现党的领导干部严重违纪涉嫌违法犯罪的，应当先作出党纪处分决定，再移送行政机关、司法机关处理。执法机关和司法机关依法立案查处涉及党的领导干部案件，应当向同级党委、纪委通报；该干部所在党组织应当根据有关规定，中止其相关党员权利；依法受到刑事责任追究，或者虽不构成犯罪但涉嫌违纪的，应当移送纪委依纪处理。

第四十五条　【特约监察员的监督】监察委员会根据工作需

要，按照规定从各方面代表中聘请特约监察员等监督人员，对监察官履行职责情况进行监督，提出加强和改进监察工作的意见、建议。

解读

为推动监察机关依法接受民主监督、社会监督、舆论监督，规范特约监察员的工作，2018年8月24日国家监委根据《监察法》，制定了《国家监察委员会特约监察员工作办法》。《监察官法》将特约监察员的监督上升到立法高度。

第四十六条　【规定事项报告备案】监察官不得打听案情、过问案件、说情干预。对于上述行为，办理监察事项的监察官应当及时向上级报告。有关情况应当登记备案。

办理监察事项的监察官未经批准不得接触被调查人、涉案人员及其特定关系人，或者与其进行交往。对于上述行为，知悉情况的监察官应当及时向上级报告。有关情况应当登记备案。

解读

监察官打听案情、过问案件、说情干预的情形可分为多种，一是来自上级监委的监察官，二是本监委的监察官，三是下级监委或者外地监委的监察官。无论来自哪里的监察官打听案情、过问案件、说情干预，办理监察事项的监察官都应当及时向上级报告。

关联法规

《中国共产党纪律检查机关监督执纪工作规则》

第六十四条　对纪检监察干部打听案情、过问案件、说情干预的，受请托人应当向审查调查组组长和监督检查、审查调查部门主要负责人报告并登记备案。

发现审查调查组成员未经批准接触被审查调查人、涉案人员及其特定关系人，或者存在交往情形的，应当及时向审查调查组组长和监督检查、审查调查部门主要负责人直至纪检监察机关主要负责人报告并登记备案。

第四十七条 【工作回避】办理监察事项的监察官有下列情形之一的，应当自行回避，监察对象、检举人、控告人及其他有关人员也有权要求其回避；没有主动申请回避的，监察机关应当依法决定其回避：

（一）是监察对象或者检举人、控告人的近亲属的；

（二）担任过本案的证人的；

（三）本人或者其近亲属与办理的监察事项有利害关系的；

（四）有可能影响监察事项公正处理的其他情形的。

解读

本条规定了监察官工作回避制度。办理监察事项的监察官应当回避的事由是：(1)是监察对象或者检举人、控告人的近亲属的；(2)担任过本案的证人的；(3)本人或者其近亲属与办理的监察事项有利害关系的；(4)有可能影响监察事项公正处理的其他情形的。

回避的种类有三种：一是自行回避，即办理监察事项的监察官有回避事由的，其应当自行回避。二是申请回避，即监察对象、检举人、控告人及其他有关人员发现办理监察事项的监察官有回避事由的，有权要求其回避。三是指令回避，即办理监察事项的监察官有回避事由却没有主动申请回避的，监察机关应当依法决定其回避。

上述规定与《监察法》第五十八条的规定基本一致。《监察官法》新增表述：没有主动申请回避的，监察机关应当依法决定其回避。

关联法规

《监察法》

第五十八条　办理监察事项的监察人员有下列情形之一的，应当自行回避，监察对象、检举人及其他有关人员也有权要求其回避：

（一）是监察对象或者检举人的近亲属的；

（二）担任过本案的证人的；

（三）本人或者其近亲属与办理的监察事项有利害关系的；

（四）有可能影响监察事项公正处理的其他情形的。

《中国共产党纪律检查机关监督执纪工作规则》

第六十五条　严格执行回避制度。审查调查审理人员是被审查调查人或者检举人近亲属、本案证人、利害关系人，或者存在其他可能影响公正审查调查审理情形的，不得参与相关审查调查审理工作，应当主动申请回避，被审查调查人、检举人以及其他有关人员也有权要求其回避。选用借调人员、看护人员、审查场所，应当严格执行回避制度。

第四十八条　【保密规定】监察官应当严格执行保密制度，控制监察事项知悉范围和时间，不得私自留存、隐匿、查阅、摘抄、复制、携带问题线索和涉案资料，严禁泄露监察工作秘密。

监察官离岗离职后，应当遵守脱密期管理规定，严格履行保密义务，不得泄露相关秘密。

关联法规

《中国共产党纪律检查机关监督执纪工作规则》

第六十七条　监督执纪人员应当严格执行保密制度，控制审查调查工作事项知悉范围和时间，不准私自留存、隐匿、查阅、摘抄、复制、携带问题线索和涉案资料,严禁泄露审查调查工作情况。

审查调查组成员工作期间,应当使用专用手机、电脑、电子设备和存储介质,实行编号管理,审查调查工作结束后收回检查。

汇报案情、传递审查调查材料应当使用加密设施,携带案卷材料应当专人专车、卷不离身。

第六十八条　纪检监察机关相关涉密人员离岗离职后,应当遵守脱密期管理规定,严格履行保密义务,不得泄露相关秘密。

监督执纪人员辞职、退休3年内,不得从事与纪检监察和司法工作相关联、可能发生利益冲突的职业。

第四十九条　【离任回避】监察官离任三年内,不得从事与监察和司法工作相关联且可能发生利益冲突的职业。

监察官离任后,不得担任原任职监察机关办理案件的诉讼代理人或者辩护人,但是作为当事人的监护人或者近亲属代理诉讼、进行辩护的除外。

监察官被开除后,不得担任诉讼代理人或者辩护人,但是作为当事人的监护人或者近亲属代理诉讼、进行辩护的除外。

解读

本条第一款对监察官离任3年内不得从事的工作作出明确规定,即不得从事与监察和司法工作相关联且可能发生利益冲突的职业。该规定与《中国共产党纪律检查机关监督执纪工作规则》第六十八条第二款的规定“监督执纪人员辞职、退休3年内,不得从事与纪检监察和司法工作相关联、可能发生利益冲突的职业”高度一致。

本条第二款借鉴了《法官法》《检察官法》关于法官、检察官离任后职业禁止的做法。

关联法规

《监察法》

第五十九条　监察机关涉密人员离岗离职后，应当遵守脱密期管理规定，严格履行保密义务，不得泄露相关秘密。

监察人员辞职、退休三年内，不得从事与监察和司法工作相关联且可能发生利益冲突的职业。

《法官法》

第三十六条　法官从人民法院离任后两年内，不得以律师身份担任诉讼代理人或者辩护人。

法官从人民法院离任后，不得担任原任职法院办理案件的诉讼代理人或者辩护人，但是作为当事人的监护人或者近亲属代理诉讼或者进行辩护的除外。

法官被开除后，不得担任诉讼代理人或者辩护人，但是作为当事人的监护人或者近亲属代理诉讼或者进行辩护的除外。

《检察官法》

第三十七条　检察官从人民检察院离任后两年内，不得以律师身份担任诉讼代理人或者辩护人。

检察官从人民检察院离任后，不得担任原任职检察院办理案件的诉讼代理人或者辩护人，但是作为当事人的监护人或者近亲属代理诉讼或者进行辩护的除外。

检察官被开除后，不得担任诉讼代理人或者辩护人，但是作为当事人的监护人或者近亲属代理诉讼或者进行辩护的除外。

第五十条　【规范亲属经商办企业】监察官应当遵守有关规范领导干部配偶、子女及其配偶经商办企业行为的规定。违反规定的，予以处理。

解读

规范领导干部配偶、子女及其配偶经商办企业行为，是贯彻全面从严治党要求的一个重要举措。中央决定在上海先行开展试点的基础上，继续在北京、广东、重庆、新疆开展试点，以规范领导干部配偶子女经商办企业。按照规范对象范围，从严规范、率先规范、以上率下。严格界定经商办企业行为，细化规范程序，明确操作依据，确保规范工作有序进行。把集中规范和日常监管有机结合起来，规范工作基本完成后，要转入常态化管理，推动形成常态化、长效化的制度安排。

第五十一条　【亲属从业回避】监察官的配偶、父母、子女及其配偶不得以律师身份担任该监察官所任职监察机关办理案件的诉讼代理人、辩护人，或者提供其他有偿法律服务。

解读

实践中，个别监察官的配偶、父母、子女及其配偶从事律师工作，可能会担任监察机关办理职务犯罪案件的辩护人，一度成为法律上的真空地带。此次立法填补了空白、堵塞了漏洞。

关联法规

《法官法》

第二十四条　法官的配偶、父母、子女有下列情形之一的，法官应当实行任职回避：

（一）担任该法官所任职人民法院辖区内律师事务所的合伙人或者设立人的；

（二）在该法官所任职人民法院辖区内以律师身份担任诉讼代理人、辩护人，或者为诉讼案件当事人提供其他有偿法律服务的。

《检察官法》

第二十五条　检察官的配偶、父母、子女有下列情形之一的，检察官应当实行任职回避：

（一）担任该检察官所任职人民检察院辖区内律师事务所的合伙人或者设立人的；

（二）在该检察官所任职人民检察院辖区内以律师身份担任诉讼代理人、辩护人，或者为诉讼案件当事人提供其他有偿法律服务的。

第五十二条　【法律责任】监察官有下列行为之一的，依法给予处理；构成犯罪的，依法追究刑事责任：

（一）贪污贿赂的；

（二）不履行或者不正确履行监督职责，应当发现的问题没有发现，或者发现问题不报告、不处置，造成恶劣影响的；

（三）未经批准、授权处置问题线索，发现重大案情隐瞒不报，或者私自留存、处理涉案材料的；

（四）利用职权或者职务上的影响干预调查工作、以案谋私的；

（五）窃取、泄露调查工作信息，或者泄露举报事项、举报受理情况以及举报人信息的；

（六）隐瞒、伪造、变造、故意损毁证据、案件材料的；

（七）对被调查人或者涉案人员逼供、诱供，或者侮辱、打骂、虐待、体罚、变相体罚的；

（八）违反规定采取调查措施或者处置涉案财物的；

（九）违反规定发生办案安全事故，或者发生安全事故后隐瞒不报、报告失实、处置不当的；

（十）其他职务违法犯罪行为。

监察官有其他违纪违法行为，影响监察官队伍形象，损害国家和人民利益的，依法追究相应责任。

解读

第二款是兜底条款，监察官的其他违纪违法行为，有可能是非职务违法行为，比如监察官在网络上发布不实消息，甚至辱骂他人，影响监察官队伍形象，损害国家和人民利益的，也可以给予处分。

关联法规

《公职人员政务处分法》

第六十三条　监察机关及其工作人员有下列情形之一的，对负有责任的领导人员和直接责任人员依法给予处理：

（一）违反规定处置问题线索的；

（二）窃取、泄露调查工作信息，或者泄露检举事项、检举受理情况以及检举人信息的；

（三）对被调查人或者涉案人员逼供、诱供，或者侮辱、打骂、虐待、体罚或者变相体罚的；

（四）收受被调查人或者涉案人员的财物以及其他利益的；

（五）违反规定处置涉案财物的；

（六）违反规定采取调查措施的；

（七）利用职权或者职务上的影响干预调查工作、以案谋私的；

（八）违反规定发生办案安全事故，或者发生安全事故后隐瞒不报、报告失实、处置不当的；

（九）违反回避等程序规定，造成不良影响的；

（十）不依法受理和处理公职人员复审、复核的；

（十一）其他滥用职权、玩忽职守、徇私舞弊的行为。

《检察官法》

第四十七条　检察官有下列行为之一的，应当给予处分；构成犯罪的，依法追究刑事责任：

（一）贪污受贿、徇私枉法、刑讯逼供的；

（二）隐瞒、伪造、变造、故意损毁证据、案件材料的；

（三）泄露国家秘密、检察工作秘密、商业秘密或者个人隐私的；

（四）故意违反法律法规办理案件的；

（五）因重大过失导致案件错误并造成严重后果的；

（六）拖延办案，贻误工作的；

（七）利用职权为自己或者他人谋取私利的；

（八）接受当事人及其代理人利益输送，或者违反有关规定会见当事人及其代理人的；

（九）违反有关规定从事或者参与营利性活动，在企业或者其他营利性组织中兼任职务的；

（十）有其他违纪违法行为的。

检察官的处分按照有关规定办理。

第五十三条　【停职】监察官涉嫌违纪违法，已经被立案审查、调查、侦查，不宜继续履行职责的，按照管理权限和规定的程序暂时停止其履行职务。

解读

相比法官、检察官被暂时停止履行职务的事由与情形，《监察官法》立法表述更加周延，增加了“立案审查”，规定：监察官涉嫌违纪被立案审查，不宜继续履行职责的，可按照管理权限和规定的程序暂时停止其履行职务。“不宜继续履行职责”，实践中可能有两种情形：一是此前的不当行为对监察官履行职责的公信力产生负面评价，二是继续履行职责可能会有碍对其违纪违法行为的审查调查。

关联法规

《法官法》

第四十七条　法官涉嫌违纪违法，已经被立案调查、侦查，不宜继续履行职责的，按照管理权限和规定的程序暂时停止其履行职务。

《检察官法》

第四十八条　检察官涉嫌违纪违法，已经被立案调查、侦查，不宜继续履行职责的，按照管理权限和规定的程序暂时停止其履行职务。

第五十四条　【履职责任制】实行监察官责任追究制度，对滥用职权、失职失责造成严重后果的，终身追究责任或者进行问责。

监察官涉嫌严重职务违法、职务犯罪或者对案件处置出现重大失误的，应当追究负有责任的领导人员和直接责任人员的责任。

关联法规

《中国共产党纪律检查机关监督执纪工作规则》

第七十二条　纪检监察机关在维护监督执纪工作纪律方面失职失责的，予以严肃问责。

第七十三条　对案件处置出现重大失误，纪检监察干部涉嫌严重违纪或者职务违法、职务犯罪的，开展“一案双查”，既追究直接责任，还应当严肃追究有关领导人员责任。

建立办案质量责任制，对滥用职权、失职失责造成严重后果的，实行终身问责。

《中国共产党问责条例》

第十六条　实行终身问责，对失职失责性质恶劣、后果严重的，不论其责任人是否调离转岗、提拔或者退休等，都应当严肃问责。

第十七条　有下列情形之一的，可以不予问责或者免予问责：

（一）在推进改革中因缺乏经验、先行先试出现的失误，尚无明确限制的探索性试验中的失误，为推动发展的无意过失；

（二）在集体决策中对错误决策提出明确反对意见或者保留意见的；

（三）在决策实施中已经履职尽责，但因不可抗力、难以预见等因素造成损失的。

对上级错误决定提出改正或者撤销意见未被采纳，而出现本条例第七条所列问责情形的，依照前款规定处理。上级错误决定明显违法违规的，应当承担相应的责任。

第八章　监察官的职业保障

第五十五条　【调离事由】除下列情形外，不得将监察官调离：

（一）按规定需要任职回避的；

（二）按规定实行任职交流的；

（三）因机构、编制调整需要调整工作的；

（四）因违纪违法不适合继续从事监察工作的；

（五）法律规定的其他情形。

关联法规

《法官法》

第五十三条　除下列情形外,不得将法官调离审判岗位:

(一)按规定需要任职回避的;

(二)按规定实行任职交流的;

(三)因机构调整、撤销、合并或者缩减编制员额需要调整工作的;

(四)因违纪违法不适合在审判岗位工作的;

(五)法律规定的其他情形。

《检察官法》

第五十四条　除下列情形外,不得将检察官调离检察业务岗位:

(一)按规定需要任职回避的;

(二)按规定实行任职交流的;

(三)因机构调整、撤销、合并或者缩减编制员额需要调整工作的;

(四)因违纪违法不适合在检察业务岗位工作的;

(五)法律规定的其他情形。

第五十六条　【履职不受干涉】任何单位或者个人不得要求监察官从事超出法定职责范围的事务。

对任何干涉监察官依法履职的行为,监察官有权拒绝并予以全面如实记录和报告;有违纪违法情形的,由有关机关根据情节轻重追究有关人员的责任。

解读

对任何干涉监察官依法履职的行为,监察官有权拒绝并予以全面如实记录和报告。干涉监察官依法履职的行为，可能来自纪检监察机关外部，也可能来自纪检监察机关内部。

关联法规

《法官法》

第五十四条　任何单位或者个人不得要求法官从事超出法定职责范围的事务。

对任何干涉法官办理案件的行为，法官有权拒绝并予以全面如实记录和报告；有违纪违法情形的，由有关机关根据情节轻重追究有关责任人员、行为人的责任。

《检察官法》

第五十五条　任何单位或者个人不得要求检察官从事超出法定职责范围的事务。

对任何干涉检察官办理案件的行为，检察官有权拒绝并予以全面如实记录和报告；有违纪违法情形的，由有关机关根据情节轻重追究有关责任人员、行为人的责任。

第五十七条　【人身安全受保护】监察官的职业尊严和人身安全受法律保护。

任何单位和个人不得对监察官及其近亲属打击报复。

对监察官及其近亲属实施报复陷害、侮辱诽谤、暴力侵害、威胁恐吓、滋事骚扰等违法犯罪行为的，应当依法从严惩治。

解读

针对近年来屡有发生的司法人员因履行法定职责受到报复伤害等情形，中央政法委、最高人民法院、最高人民检察院制定了对司法人员人身保护和对报复伤害行为人依法惩处的具体措施，2016 年 7 月 21 日中共中央办公厅、国务院办公厅印发了《保护司法人员依法履行法定职责规定》的通知。

【案例索引】

湖南省纪委通报一起蓄意报复纪检监察干部典型案①

衡阳市公安机关严肃查处了常宁市法院原书记员何朝庭蓄意报复纪检监察干部一案。衡阳市纪委对该案背后涉及的常宁市监察委员会委员刘峰(常宁市检察院原反渎局局长)、常宁市法院正科级审判员陈奇(常宁市法院纪检组原组长)等人严重违反执纪审查纪律等问题严肃查处。

2018年1月24日15时许,常宁市法院原书记员何朝庭酒后无证驾车冲进常宁市委大院,猛力踹开常宁市委常委、市纪委书记、市监委主任邹雄杰办公室房门后,殴打邹雄杰,并砸烂办公用品。公安机关以涉嫌扰乱国家机关工作秩序罪和寻衅滋事罪对何朝庭实施刑事拘留,并移送检察机关起诉。对其之前强制隔离戒毒提前评估出所依法纠正,重新收戒。经查发现,何朝庭因吸毒于2010年、2016年两次被公安机关查获,并强制戒毒2年。常宁市纪委给予何朝庭开除党籍处分,并建议开除其公职。强戒1年评估出所后,何朝庭认为其被开除党籍和公职,是因常宁市委常委、市纪委书记邹雄杰坚持依纪依规处理的缘故,遂于1月24日借酒壮胆恶意报复、殴打邹雄杰同志(另据公安机关查实,2011年6月至2014年12月,何朝庭还曾3次调戏妇女、寻衅滋事、恶意殴打他人,影响恶劣)。在对何朝庭进行纪律审查期间,常宁市监委委员刘峰(系何朝庭妹夫)多次向常宁市纪委、常宁市法院相关人员打探案情、打招呼说情,干预纪律审查,并将有关消息转达

① 《湖南通报党员干部蓄意报复纪检监察干部典型案例:多人被查处》,载澎湃网2018年3月7日,https://www.thepaper.cn/newsDetail_forward_2020952。

给何朝庭。刘峰还违反廉洁纪律,会同常宁市人社局正科级干部吴一匡(系何朝庭姐夫)送给衡阳市第一强制隔离戒毒所副所长王良韬礼品礼金,获取何朝庭提前1年评估出强戒所。时任常宁市人民法院纪检组长陈奇,收受吴一匡赠送的烟酒后,多次向刘峰泄露对何朝庭实施纪律审查的工作秘密。

衡阳市纪委对刘峰立案审查,给予其党内严重警告处分,并将其调离纪检监察队伍;对陈奇给予党内严重警告处分,并将其调离政法队伍。鉴于吴一匡积极配合调查,认错态度较好,衡阳市纪委责成常宁市纪委对其批评教育。指定派驻衡阳市公安局纪检组对王良韬另行立案处理。同时,鉴于常宁市法院党组存在履行全面从严治党主体责任不到位、执行党组织决议不力、对干部职工疏于教育管理等问题,衡阳市纪委责令常宁市法院党组向衡阳市纪委、常宁市委作出书面检查,切实加以整改,并予以通报。

关联法规

《法官法》

第五十五条　法官的职业尊严和人身安全受法律保护。

任何单位和个人不得对法官及其近亲属打击报复。

对法官及其近亲属实施报复陷害、侮辱诽谤、暴力侵害、威胁恐吓、滋事骚扰等违法犯罪行为的,应当依法从严惩治。

《检察官法》

第五十六条　检察官的职业尊严和人身安全受法律保护。

任何单位和个人不得对检察官及其近亲属打击报复。

对检察官及其近亲属实施报复陷害、侮辱诽谤、暴力侵害、威胁恐吓、滋事骚扰等违法犯罪行为的,应当依法从严惩治。

第五十八条 【澄清正名】监察官因依法履行职责遭受不实举报、诬告陷害、侮辱诽谤，致使名誉受到损害的，监察机关应当会同有关部门及时澄清事实，消除不良影响，并依法追究相关单位或者个人的责任。

关联法规

《法官法》

第五十六条　法官因依法履行职责遭受不实举报、诬告陷害、侮辱诽谤，致使名誉受到损害的，人民法院应当会同有关部门及时澄清事实，消除不良影响，并依法追究相关单位或者个人的责任。

《检察官法》

第五十七条　检察官因依法履行职责遭受不实举报、诬告陷害、侮辱诽谤，致使名誉受到损害的，人民检察院应当会同有关部门及时澄清事实，消除不良影响，并依法追究相关单位或者个人的责任。

第五十九条 【保护措施】监察官因依法履行职责，本人及其近亲属人身安全面临危险的，监察机关、公安机关应当对监察官及其近亲属采取人身保护、禁止特定人员接触等必要保护措施。

关联法规

《法官法》

第五十七条　法官因依法履行职责，本人及其近亲属人身安全面临危险的，人民法院、公安机关应当对法官及其近亲属采取人身保护、禁止特定人员接触等必要保护措施。

《检察官法》

第五十八条　检察官因依法履行职责，本人及其近亲属人身安全面临危险的,人民检察院、公安机关应当对检察官及其近亲属采取人身保护、禁止特定人员接触等必要保护措施。

第六十条 【工资福利待遇】监察官实行国家规定的工资制度,享受监察官等级津贴和其他津贴、补贴、奖金、保险、福利待遇。监察官的工资及等级津贴制度,由国家另行规定。

关联法规

《法官法》

第五十八条 法官实行与其职责相适应的工资制度,按照法官等级享有国家规定的工资待遇,并建立与公务员工资同步调整机制。

法官的工资制度,根据审判工作特点,由国家另行规定。

第六十条 法官享受国家规定的津贴、补贴、奖金、保险和福利待遇。

《检察官法》

第五十九条 检察官实行与其职责相适应的工资制度,按照检察官等级享有国家规定的工资待遇,并建立与公务员工资同步调整机制。

检察官的工资制度,根据检察工作特点,由国家另行规定。

第六十条 检察官实行定期增资制度。

经年度考核确定为优秀、称职的,可以按照规定晋升工资档次。

第六十一条 检察官享受国家规定的津贴、补贴、奖金、保险和福利待遇。

第六十一条 【抚恤优待】监察官因公致残的,享受国家规定的伤残待遇。监察官因公牺牲或者病故的,其亲属享受国家规定的抚恤和优待。

关联法规

《法官法》

第六十一条　法官因公致残的，享受国家规定的伤残待遇。法官因公牺牲、因公死亡或者病故的，其亲属享受国家规定的抚恤和优待。

《检察官法》

第六十二条　检察官因公致残的，享受国家规定的伤残待遇。检察官因公牺牲、因公死亡或者病故的，其亲属享受国家规定的抚恤和优待。

第六十二条　【退休待遇】监察官退休后，享受国家规定的养老金和其他待遇。

关联法规

《法官法》

第六十三条　法官退休后，享受国家规定的养老金和其他待遇。

《检察官法》

第六十四条　检察官退休后，享受国家规定的养老金和其他待遇。

第六十三条　【监察官的控告权】对于国家机关及其工作人员侵犯监察官权利的行为，监察官有权提出控告。

受理控告的机关应当依法调查处理，并将调查处理结果及时告知本人。

关联法规

《法官法》

第六十四条　对于国家机关及其工作人员侵犯本法第十一条规定的法官权利的行为，法官有权提出控告。

《检察官法》

第六十五条　对于国家机关及其工作人员侵犯本法第十一条规定的检察官权利的行为，检察官有权提出控告。

第六十四条　【复审复核】监察官对涉及本人的政务处分、处分和人事处理不服的，可以依照规定的程序申请复审、复核，提出申诉。

解读

监察官对涉及本人的政务处分、处分和人事处理不服的，可以依照《公职人员政务处分法》第五十五条等有关规定提出申诉。

关联法规

《公职人员政务处分法》

第五十五条　公职人员对监察机关作出的涉及本人的政务处分决定不服的，可以依法向作出决定的监察机关申请复审；公职人员对复审决定仍不服的，可以向上一级监察机关申请复核。

监察机关发现本机关或者下级监察机关作出的政务处分决定确有错误的，应当及时予以纠正或者责令下级监察机关及时予以纠正。

第五十六条　复审、复核期间，不停止原政务处分决定的执行。

公职人员不因提出复审、复核而被加重政务处分。

第五十七条　有下列情形之一的，复审、复核机关应当撤销原政务处分决定，重新作出决定或者责令原作出决定的监察机关重新作出决定：

（一）政务处分所依据的违法事实不清或者证据不足的；

（二）违反法定程序，影响案件公正处理的；

（三）超越职权或者滥用职权作出政务处分决定的。

第五十八条　有下列情形之一的，复审、复核机关应当变更原政务处分决定，或者责令原作出决定的监察机关予以变更：

（一）适用法律、法规确有错误的；

（二）对违法行为的情节认定确有错误的；

（三）政务处分不当的。

第六十五条　【权利救济】对监察官的政务处分、处分或者人事处理错误的，应当及时予以纠正；造成名誉损害的，应当恢复名誉、消除影响、赔礼道歉；造成经济损失的，应当赔偿。对打击报复的直接责任人员，应当依法追究其责任。

关联法规

《法官法》

第六十五条　对法官处分或者人事处理错误的，应当及时予以纠正；造成名誉损害的，应当恢复名誉、消除影响、赔礼道歉；造成经济损失的，应当赔偿。对打击报复的直接责任人员，应当依法追究其责任。

《检察官法》

第六十六条　对检察官处分或者人事处理错误的，应当及时予以纠正；造成名誉损害的，应当恢复名誉、消除影响、赔礼道歉；造成经济损失的，应当赔偿。对打击报复的直接责任人员，应当依法追究其责任。

第九章　附　　则

第六十六条　【法律适用】有关监察官的权利、义务和管理制度，本法已有规定的，适用本法的规定；本法未作规定的，适用《中华人民共和国公务员法》等法律法规的规定。

解读

《监察官法》与《公务员法》的关系是特别法与一般法的关系，两者若有不一致，应遵循特别法优先的适用原则。只有《监察官法》未作出规定的，才适用《公务员法》等法律法规。

第六十七条　【授权规定】中国人民解放军和中国人民武装警察部队的监察官制度，按照国家和军队有关规定执行。

第六十八条　【生效时间】本法自 2022 年 1 月 1 日起施行。

图解《中华人民共和国监察官法》

立法目的

- 加强对监察官的管理和监督
- 保障监察官依法履行职责
- 维护监察官合法权益
- 推进高素质专业化监察官队伍建设
- 推进监察工作规范化、法治化

指导思想

- 马克思列宁主义
- 毛泽东思想
- 邓小平理论
- “三个代表”重要思想
- 科学发展观
- 习近平新时代中国特色社会主义思想

监察官的范围

- 各级监察委员会的主任、副主任、委员
- 各级监察委员会机关中的监察人员
- 各级监察委员会派驻或者派出到中国共产党机关、国家机关、法律法规授权或者委托管理公共事务的组织和单位以及所管辖的行政区域等的监察机构中的监察人员、监察专员
- 其他依法行使监察权的监察机构中的监察人员
- 以下非监察官参照执行本法:各级监察委员会派驻到国有企业的监察机构工作人员、监察专员，以及国有企业中其他依法行使监察权的监察机构工作人员

给予监察官奖励的情形

- 履行监督职责，成效显著的
- 在调查、处置职务违法和职务犯罪工作中，做出显著成绩和贡献的
- 提出有价值的监察建议，对防止和消除重大风险隐患效果显著的
- 研究监察理论、总结监察实践经验成果突出，对监察工作有指导作用的
- 有其他功绩的

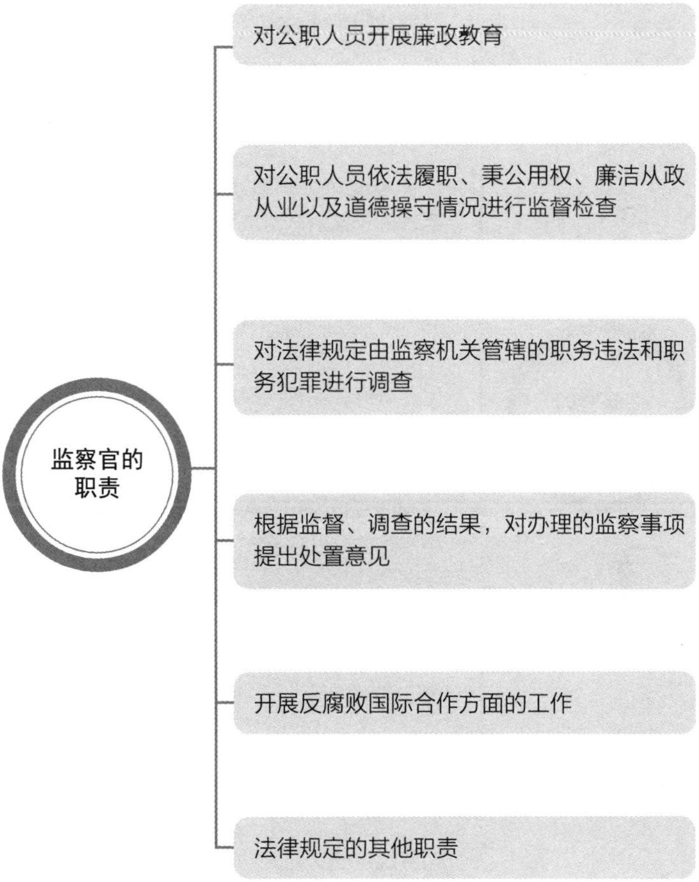
监察官的职责
对公职人员开展廉政教育
对公职人员依法履职、秉公用权、廉洁从政从业以及道德操守情况进行监督检查
对法律规定由监察机关管辖的职务违法和职务犯罪进行调查
根据监督、调查的结果，对办理的监察事项提出处置意见
开展反腐败国际合作方面的工作
法律规定的其他职责

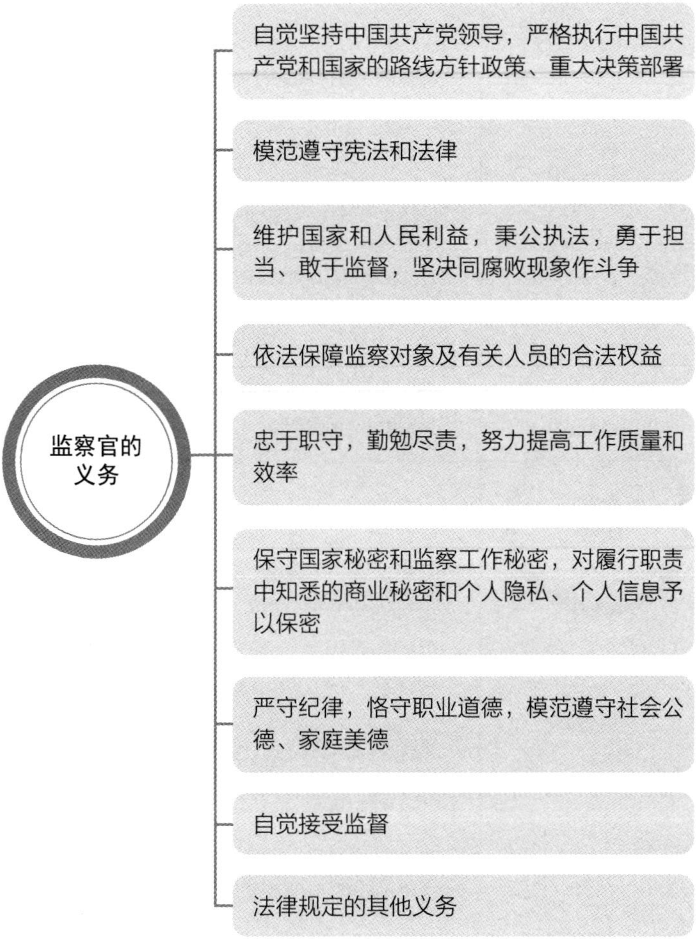
监察官的义务
自觉坚持中国共产党领导，严格执行中国共产党和国家的路线方针政策、重大决策部署
模范遵守宪法和法律
维护国家和人民利益，秉公执法，勇于担当、敢于监督，坚决同腐败现象作斗争
依法保障监察对象及有关人员的合法权益
忠于职守，勤勉尽责，努力提高工作质量和效率
保守国家秘密和监察工作秘密，对履行职责中知悉的商业秘密和个人隐私、个人信息予以保密
严守纪律，恪守职业道德，模范遵守社会公德、家庭美德
自觉接受监督
法律规定的其他义务

监察官的权利

- 履行监察官职责应当具有的职权和工作条件
- 履行监察官职责应当享有的职业保障和福利待遇
- 人身、财产和住所安全受法律保护
- 提出申诉或者控告
- 《公务员法》等法律规定的其他权利

监察官任职条件

- 具有中华人民共和国国籍
- 忠于宪法，坚持中国共产党领导和社会主义制度
- 具有良好的政治素质、道德品行和廉洁作风
- 熟悉法律、法规、政策，具有履行监督、调查、处置等职责的专业知识和能力
- 具有正常履行职责的身体条件和心理素质
- 具备高等学校本科及以上学历(不具备该学历条件的，应接受国家监察委员会规定的培训和考核)
- 法律规定的其他条件

不得担任监察官的情形

- 因犯罪受过刑事处罚，以及因犯罪情节轻微被人民检察院依法作出不起诉决定或者被人民法院依法免予刑事处罚的
- 被撤销中国共产党党内职务、留党察看、开除党籍的
- 被撤职或者开除公职的
- 被依法列为失信联合惩戒对象的
- 配偶已移居国（境）外，或者没有配偶但是子女均已移居国（境）外的
- 法律规定的其他情形

监察官选用条件

具备监察官任职条件

↓

通过考试、考核

↓

择优选用

监察官的选调

- **监察委员会职责**
  - 选调要根据监察工作需要
  - 依照法律和国家有关规定选调
- **被选调人条件**
  - 从在中国共产党机关、国家机关、事业单位、国有企业等机关、单位从事公务的人员中任职的人中选调
  - 被选调人符合监察官任职条件

选拔、聘任监察官

- **监察委员会职责**
  - 选拔、聘任要根据监察工作需要
  - 依照法律和国家有关规定选拔、聘任
- **被选拔、聘任人条件**
  - 在从事与监察机关职能职责相关的职业或者从事教学、研究的人中选拔、聘任
  - 被选拔、聘任人符合监察官任职条件

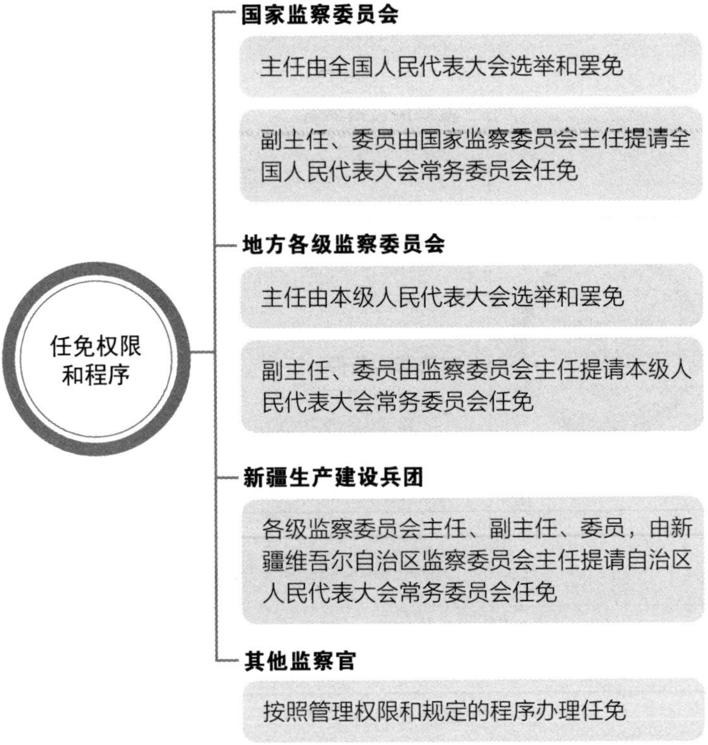
任免权限和程序
国家监察委员会
主任由全国人民代表大会选举和罢免
副主任、委员由国家监察委员会主任提请全国人民代表大会常务委员会任免
地方各级监察委员会
主任由本级人民代表大会选举和罢免
副主任、委员由监察委员会主任提请本级人民代表大会常务委员会任免
新疆生产建设兵团
各级监察委员会主任、副主任、委员，由新疆维吾尔自治区监察委员会主任提请自治区人民代表大会常务委员会任免
其他监察官
按照管理权限和规定的程序办理任免

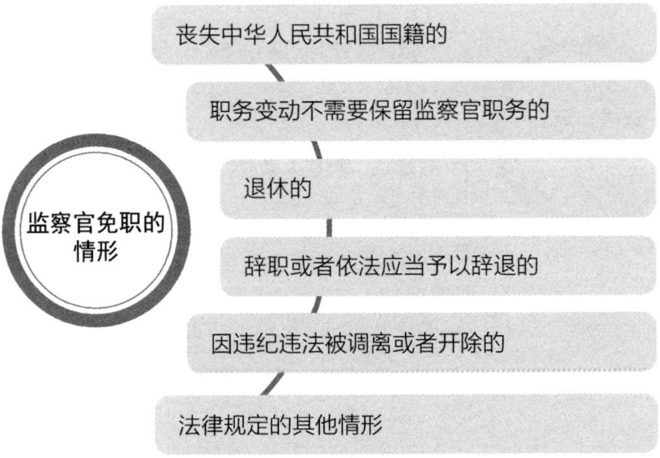
监察官免职的情形
丧失中华人民共和国国籍的
职务变动不需要保留监察官职务的
退休的
辞职或者依法应当予以辞退的
因违纪违法被调离或者开除的
法律规定的其他情形

监察官兼职限制

- 不得兼任人民代表大会常务委员会的组成人员
- 不得兼任行政机关、审判机关、检察机关的职务
- 不得兼任企业或者其他营利性组织、事业单位的职务
- 不得兼任人民陪审员、人民监督员、执业律师、仲裁员和公证员
- 因工作需要兼职的，应按管理权限批准，但是不得领取兼职报酬

监察官任职回避

监察官之间有夫妻关系、直系血亲关系、三代以内旁系血亲以及近姻亲关系的，不得同时担任下列职务

- 同一监察委员会的主任、副主任、委员，上述人员和其他监察官
- 监察委员会机关同一部门的监察官
- 同一派驻机构、派出机构或者其他监察机构的监察官
- 上下相邻两级监察委员会的主任、副主任、委员

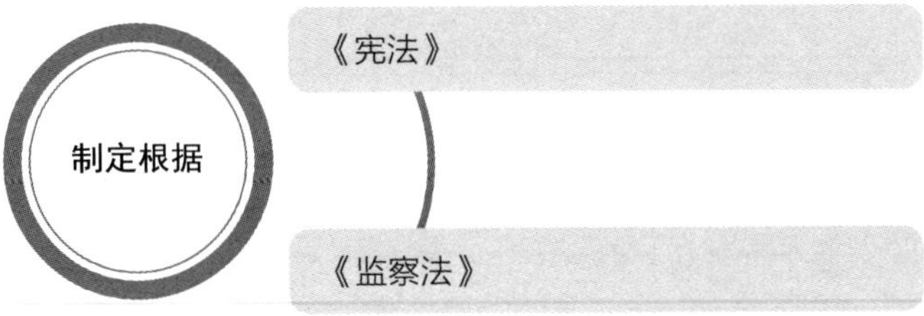
制定根据
《宪法》
《监察法》

监察官分为十三等级
总监察官
一级副总监察官
二级副总监察官
一级高级监察官
二级高级监察官
三级高级监察官
四级高级监察官
一级监察官
二级监察官
三级监察官
四级监察官
五级监察官
六级监察官

对监察官的监督和惩戒

- **内部监督：**加强内部监督制约机制建设，强化对监察官执行职务和遵守法律情况的监督
- **检举控告：**对监察官的违纪违法行为，任何单位和个人有权检举、控告；受理检举、控告的机关应当及时调查处理，并将结果告知检举人、控告人
- **司法执法监督：**对于审判机关、检察机关、执法部门等移送的监察官违纪违法履行职责的问题线索，监察机关应当及时调查处理
- **特约监察员的监督：**监察委员会聘请特约监察员等监督人员，对监察官履行职责情况进行监督，提出加强和改进监察工作的意见、建议
- **负面清单：**不得打听案情、过问案件、说情干预
- **工作回避制度**
- **严格执行保密制度**
- **离任回避**
- **亲属从业回避：**监察官的配偶、父母、子女及其配偶不得以律师身份担任该监察官所任职监察机关办理案件的诉讼代理人、辩护人，或者提供其他有偿法律服务
- **规范亲属经商办企业**
- **履职责任制：**实行监察官责任追究制度，对滥用职权、失职失责造成严重后果的，终身追究责任或者进行问责

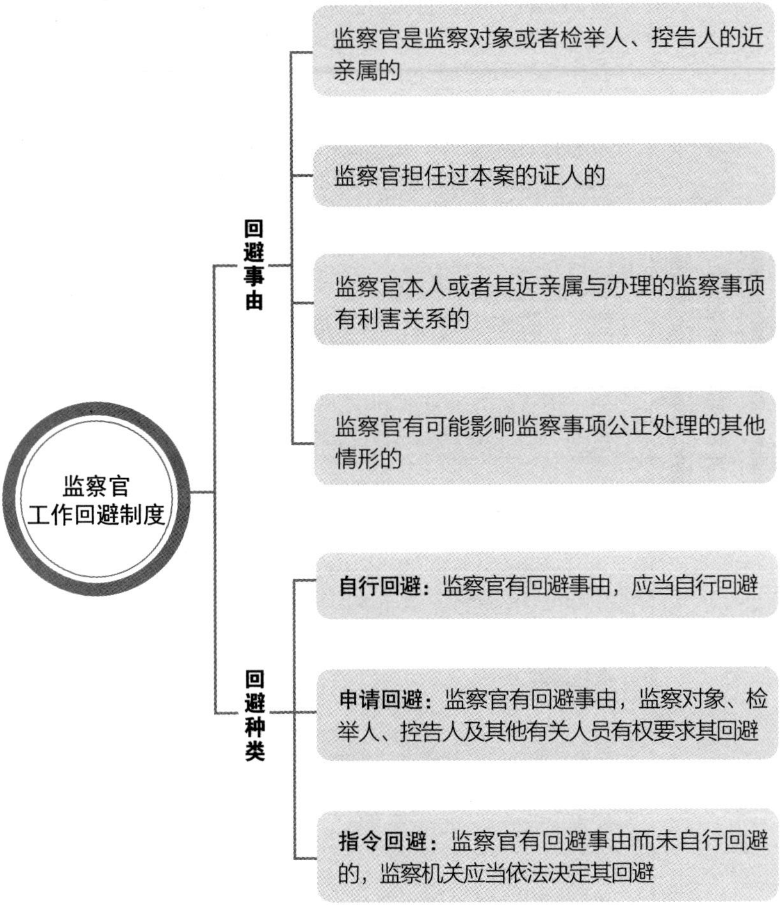
监察官
工作回避制度
回避事由
监察官是监察对象或者检举人、控告人的近亲属的
监察官担任过本案的证人的
监察官本人或者其近亲属与办理的监察事项有利害关系的
监察官有可能影响监察事项公正处理的其他情形的
回避种类
自行回避：监察官有回避事由，应当自行回避
申请回避：监察官有回避事由，监察对象、检举人、控告人及其他有关人员有权要求其回避
指令回避：监察官有回避事由而未自行回避的，监察机关应当依法决定其回避

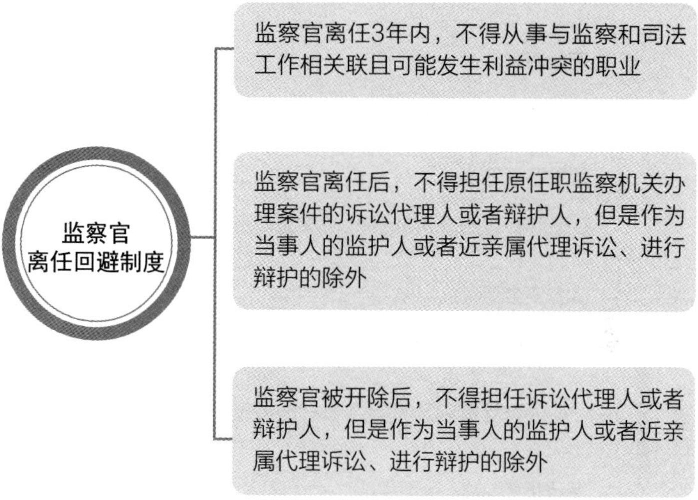
监察官
离任回避制度
监察官离任3年内，不得从事与监察和司法工作相关联且可能发生利益冲突的职业
监察官离任后，不得担任原任职监察机关办理案件的诉讼代理人或者辩护人，但是作为当事人的监护人或者近亲属代理诉讼、进行辩护的除外
监察官被开除后，不得担任诉讼代理人或者辩护人，但是作为当事人的监护人或者近亲属代理诉讼、进行辩护的除外

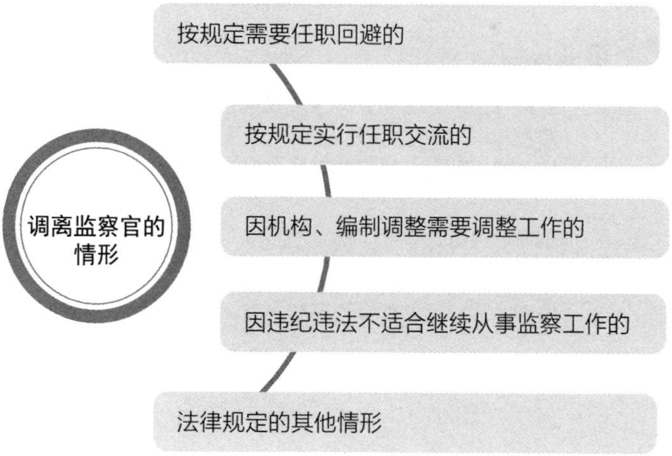
调离监察官的
情形
按规定需要任职回避的
按规定实行任职交流的
因机构、编制调整需要调整工作的
因违纪违法不适合继续从事监察工作的
法律规定的其他情形

监察官的职业保障①

不被调离

- 除法定的5种事由外，不得将监察官调离

履职不受干涉

- 不得要求监察官从事超出法定职责范围的事务

人身安全受保护

- 监察官的职业尊严和人身安全受法律保护
- 不得对监察官及其近亲属打击报复

澄清正名制度

- 监察官因依法履职遭受不实举报、诬告陷害、侮辱诽谤，致使名誉受到损害的，监察机关应当会同有关部门及时澄清事实，消除不良影响，并依法追究相关责任

保护措施

- 监察官因依法履职，本人及其近亲属人身安全面临危险的，监察机关、公安机关应当对监察官及其近亲属采取人身保护、禁止特定人员接触等必要保护措施

工资福利待遇

- 监察官实行国家规定的工资制度，享受监察官等级津贴和其他津贴、补贴、奖金、保险、福利待遇

监察官的职业保障②

抚恤优待

- 监察官因公致残的，享受国家规定的伤残待遇
- 监察官因公牺牲或者病故的，其亲属享受国家规定的抚恤和优待

退休待遇

- 监察官退休后，享受国家规定的养老金和其他待遇

监察官的控告权

- 国家机关及其工作人员侵犯监察官权利的，监察官有权控告

复审复核

- 监察官对涉及本人的政务处分、处分和人事处理不服的，可以申请复审、复核，提出申诉

权利救济

- 对监察官的政务处分、处分或者人事处理错误的，应当及时予以纠正
- 造成名誉损害的，应当恢复名誉、消除影响、赔礼道歉
- 造成经济损失的，应当赔偿
- 对打击报复的直接责任人员，应当依法追究其责任

监察官常用文书范本

信访举报分办呈批表(模板)

×××监察委员会
信访举报分办呈批表

信访编号：

<table>
<tr><td>信访方式</td><td></td><td>来源</td><td colspan="3"></td></tr>
<tr><td rowspan="2">被反映人</td><td rowspan="2"></td><td>单位</td><td colspan="3"></td></tr>
<tr><td>职务</td><td></td><td>职级</td><td></td></tr>
<tr><td rowspan="2">反映人</td><td rowspan="2"></td><td>单位</td><td colspan="3"></td></tr>
<tr><td>职务</td><td></td><td>联系方式</td><td></td></tr>
<tr><td>反映的
主要内容</td><td colspan="5"></td></tr>
<tr><td>拟办意见</td><td colspan="5">承办人：</td></tr>
<tr><td>承办部门
意　　见</td><td colspan="5"></td></tr>
</table>

协管领导意　　见	
分管领导意　　见	
附件	信访举报材料共　份　页

移送人：　　　　　　　　　　接收人：

日　期：　年　月　日　　　　日　期：　年　月　日

暂停职务决定书(模板)

中共×××纪律检查委员会
×××监察委员会

×纪(监)建停〔20××〕×号

暂停职务决定书

________________:

鉴于×××(同志)涉嫌违纪(违法),已不适宜担任现任职务,根据《中国共产党纪律检查机关监督执纪工作规则》《中华人民共和国监察法》之规定,经×××纪委研究决定,决定暂停×××(同志)担任的×××职务。

中共××纪律检查委员会
××监察委员会
年 月 日
(委印)

报:×××。
抄:×××。

回避决定书(模板)

×××监察委员会

回避决定书

(正　本)

××监避〔20××〕×号

________________:

根据《中国共产党纪律检查机关监督执纪工作规则》第____条和《中华人民共和国监察法》第____条规定,经________________决定,对____________________案予以回避。

年　月　日

(委印)

此决定于____年____月____日向我宣布。

申请人:

宣告人:

谈话通知书(模板)

中共×××纪律检查委员会

×××监察委员会

谈 话 通 知 书

×纪(监)谈通〔20××〕××号

____________________:

根据《中国共产党纪律检查机关监督执纪工作规则》第四十条、《中华人民共和国监察法》第十九条之规定,现通知你于________年____月____日____时持此件及有效身份证件到达______________接受谈话。

年　　月　　日

(委印)

本通知书已于____年____月____日____时收到。

被谈话人:

谈话笔录(模板)

中共×××纪律检查委员会

×××监察委员会

谈 话 笔 录

谈话时间：____年__月__日__时__分至____年__月__日__时__分

谈话地点：________________________________

谈话人：________________ 记录人：________________

被谈话人姓名：________ 性别：________ 年龄：________

工作单位、职务：________________________________

政治面貌：________________________________

是否党代表、人大代表、政协委员：________________

住址：________________________________

联系方式：________________________________

审理谈话笔录应载明以下内容：

一、向被谈话人表明审理人员的身份(采取留置措施的案件，应告知被谈话人谈话将同步录音录像)。

二、告知被谈话人审理谈话的依据：根据《中国共产党章程》《中华人民共和国监察法》《中国共产党党员权利保障条例》《中国共产党纪律检查机关监督执纪工作规则》等有关规定。

三、告知被谈话人与其进行审理谈话的主要目的：核对违纪违法事实，听取本人意见，了解有关情况。

四、告知被谈话人在案件审理阶段的权利义务，强调党员有对党忠诚的义务，不如实供述需要承担的法律责任。

五、询问被谈话人是否需要申请审理人员回避，如要求回避应说明理由。

六、核对被谈话人基本情况。

七、在审查调查阶段审查调查人员是否存在侵犯其个人人身、财产等合法权利的情况。

八、审查调查组是否将违纪违法事实材料与被谈话人见面。

九、与被谈话人核对违纪违法事实，对审查调查认定的违纪违法事实有无异议，听取被谈话人的意见以及有无从轻、减轻或免予处分的请求及理由。

十、听取被谈话人对自己的违纪违法行为的认识。根据党章党规党纪和国家法律法规规定，对被谈话人进行必要的思想政治和纪律法律教育。

十一、鉴于被谈话人的行为已违纪违法，将被追究党纪政务责任，被谈话人对此有何意见、想法和要求。

十二、其他需要了解的情况或被谈话人补充说明的问题。

[被谈话人亲笔书写“以上笔录共×页，我已看过（或者向我宣读过），和我说的相符”，并逐页签名、按指印]

谈话人：（亲笔签名） 记录人：（亲笔签名）

年 月 日

被谈话人（签名、按指印）： 第 页 共 页

澄清正文示例

关于对反映××县纪委监委××有关问题的澄清正名

举报人反映××县纪委监委××收受贿赂、拖延办案等问题。

××县纪委监委收到匿名举报后，第一时间由干部监督室成立核查组，围绕举报事项展开全面核查，寻找相关人员了解情况，收集相关资料。经过多方调查核实，查明纪检监察机关办案过程符合法律规定，没有发现办案人员××收受贿赂、拖延办案等问题，信访件反映内容失实，遂对该案件予以了结。

××县纪委监委干部监督室经主要领导批准，于×年×月×日在××会议上，对反映××同志有关问题予以澄清。

开除党籍处分决定(模板)

中共×××纪律检查委员会

×纪〔20××〕×号

★

关于给予×××开除党籍处分的决定

×××,性别,×族,×年×月生,××人,××文化程度,×年×月参加工作,×年×月加入中国共产党。×年×月任××,×年×月任××,×年×月辞去(被罢免、免去、撤销)××职务(资格)。系××(任党委委员、党代表、人大代表、政协委员等党内外其他职务情况)。

经审查,×××存在以下违纪违法和涉嫌犯罪的问题。

一、违反政治纪律和政治规矩

(主要事实。)

二、违反中央八项规定精神

(主要事实。)

三、违反组织纪律

(主要事实。)

四、违反廉洁纪律

(主要事实。)

五、违反群众纪律

(主要事实。)

六、违反工作纪律

(主要事实。)

七、违反生活纪律

（主要事实。）

八、涉嫌××犯罪

（主要事实。）

×××身为党员领导干部，×××××（对其违纪违法行为的本质和特点进行概括描述和评价）。依据《中国共产党纪律处分条例》第××条之规定，经×××纪委常委会会议研究并报×××批准，决定给予×××开除党籍处分；收缴其违纪所得。

本处分决定自×年×月×日起生效。如不服本处分决定，可向×××纪委、中央纪委直至中共中央提出申诉。

×××纪委

年　月　日

开除公职处分决定(模板)

×××监察委员会

×监〔20××〕×号

★

关于给予×××开除公职处分的决定

×××,性别,×族,×年×月生,××人,××文化程度,×年×月参加工作,×年×月加入中国共产党。×年×月任××,×年×月任××,×年×月辞去(被罢免、免去、撤销)××职务(资格)。系××(任党委委员、党代表、人大代表、政协委员等党内外其他职务情况)。

经调查,×××存在以下违纪违法和涉嫌犯罪的问题。

一、违反政治纪律和政治规矩

(主要事实。)

二、违反中央八项规定精神

(主要事实。)

三、违反组织要求

(主要事实。)

四、违反廉洁要求

(主要事实。)

五、违反群众要求

(主要事实。)

六、违反工作要求

(主要事实。)

七、违反生活要求

（主要事实。）

八、违反国家法律法规

（主要事实。）

九、涉嫌××犯罪

（主要事实。）

×××身为领导干部，×××××（对其违纪违法行为的本质和特点进行概括描述和评价）。依据《中华人民共和国监察法》第××条和《中华人民共和国公职人员政务处分法》第××条、第××条之规定，经报×××批准，决定给予×××开除公职处分；收缴其违法所得。

本决定自×年×月×日起生效。如不服本决定，可自收到本决定之日起一个月内向本委申请复审。

×××纪委

年　月　日

送：××（单位）（×份）。

抄送：×××组织部（×份），××纪委监委。

发：×××（被处分人）。

×××监委办公室　　　　××年×月×日印发

纪律检查/监察建议书(模板)

中共×××纪律检查委员会
×××监察委员会

×纪/监建议〔20××〕×号

纪律检查/监察建议书

一、主送单位的全称

二、问题来源或提出建议的起因

(写明本委在办理案件过程中发现该单位在管理等方面存在的漏洞以及需要提出有关纪律检查/监察建议的问题。)

三、应当消除的隐患及违纪现象

(写明本委在办理案件过程中发现的违纪违法隐患,工作不规范、需要加强改进或者建章立制的方面。)

四、提出纪律检查/监察建议的事实和依据

(对事实的叙述要求客观、准确、概括性强,要归纳成几条反映问题实质的事实要件,然后加以叙述。)

五、整改建议

(建议的内容应当具体明确,切实可行,要与以上列举的事实紧密联系。)

六、要求事项

（可提出具体要求以及回复时间等。）

中共×××纪律检查委员会/×××监察委员会

年　月　日

（委印）

受理申诉通知书(模板)

×××监察委员会

受理申诉通知书

×监申〔20××〕×号

________________：

根据《中国共产党纪律检查机关监督执纪工作规则》第五十九条和《中华人民共和国监察法》第四十九条的规定,关于你不服____________________申诉,经审查决定受理。

年　月　日

(委印)

复审(复核)决定书(模板)

×××监察委员会

×监复决〔20××〕×号

关于对×××申诉的复审(复核)决定书

第一部分:申诉人的基本情况;

第二部分:原处分决定认定的违纪事实、证据、定性量纪的法规依据;

第三部分:申诉的主要请求和理由;

第四部分:复审/复核后认定的事实、证据、法规依据及复审/复核决定。

年　月　日

(委印)

主送:原作出决定的机关、申诉人所在单位党组织。

抄送:组织人事及相关部门。

送:申诉人。

年　　月　日印

优秀调查报告赏析

白银马拉松事件调查报告[①]

——监察官履行监督调查处置职责示例

【基本情况】

2021年6月11日下午,甘肃白银景泰“5·22”黄河石林百公里越野赛公共安全责任事件调查和处理结果新闻发布召开。

会上通报称:5月22日,2021年(第四届)黄河石林山地马拉松百公里越野赛暨乡村振兴健康跑在白银市景泰县黄河石林大景区内举行,在百公里越野赛进行中,遭遇大风、降水、降温的高影响天气,造成21名参赛选手死亡,8人受伤。[②]

事件发生后,中央领导同志作出重要指示批示,要求做好应急救援、伤员救治、善后处理、事件调查等工作,深刻汲取教训,加强风险防范,完善体育赛事组织管理,依法依规严肃追究责任。

甘肃省委省政府高度重视,省委书记尹弘同志、省长任振鹤同志亲自部署安排,统筹指挥,开展人员搜救、善后处置、伤员救治、事件调查等工作。[③] 截至6月4日,21名遇难者遗体全部得到妥善安置,8名受伤人员中7名已于5月25日前出院,1名重伤人

---

① 《白银马拉松事件调查结果公布:27名相关人员被追责》,载中央纪委国家监委网站2021年6月11日,https://www.ccdi.gov.cn/yaowen/202106/t20210611_243732.html。该案事实表述全面精准,语言简练,严格按时间顺序表述,且突出有关责任人知悉事件发生的时间;责任划分客观、精准,量纪恰当;不仅对人的处分处理到位,还对堵塞漏洞、防范类似事件发生提出了六点要求。

② 首先,高度概括事件概况,尤其是发生的结果。

③ 报告注重讲政治,突出主要领导高度重视。

员继续在白银市第一人民医院接受治疗。

活动于2021年5月22日举办，包括5公里乡村振兴健康跑、21公里越野赛、100公里越野赛三个组别。实际参赛选手1960名左右（不含游客），其中乡村振兴健康跑参加1700人左右，21公里越野赛实际参赛93人，100公里越野赛实际参赛172人。上午9时三个组别在同一起点鸣枪开跑，5公里乡村振兴健康跑于10时30分左右顺利结束，21公里越野赛于12时30分左右顺利结束。

上午10时30分左右，百公里越野赛赛事区域开始降水；2号打卡点至4号打卡点气温从8时开始持续下降，5小时降温5~7℃；2号打卡点至3号打卡点高海拔赛段，8时至13时平均风力可达6~7级，最大阵风8~9级。百公里越野赛进行到12时左右，131名参赛选手通过2号打卡点。

12时17分左右，赛事相关组织人员和工作微信群先后收到参赛选手、蓝天救援队人员求救信息，12时20分，接到有参赛选手退赛的报告，12时56分，景泰县110指挥中心接到参赛选手求救报警电话，石林派出所出警前往救援。期间，赛事运营单位安排车辆陆续收容退赛人员，在现场驻守的蓝天救援队组织对部分参赛选手开展救助。

14时10分左右，由于大批参赛选手退赛，赛事被迫中止，赛事组织机构开始实施救援但未宣布停赛。[①] 先后派出人员，携带保暖物资赶赴现场开展救援。15时左右，景泰县委主要负责人接到黄河石林大景区管委会关于赛事发生问题的情况报告。[②] 15时10分左右，赛事相关组织人员接到常生村村民朱克铭电话报告，称发现有2名参赛选手倒地，可能死亡。

---

① 为追究赛事组织机构责任留下空间。

② 景泰县委主要负责人接到报告的时间以及此后采取的措施，需要重点关注。

15 时 34 分，白银市消防救援支队接到群众报警，调派景泰县条山消防救援站车辆和人员前往救援。16 时 30 分左右，景泰县委县政府主要负责人赶到现场，安排开展相关救援工作。17 时左右，搜救人员在 2 号打卡点向 3 号打卡点方向，发现 1 名无生命体征参赛选手。

17 时，白银市政府有关负责人到达现场，17 时 10 分左右，景泰县委主要负责人向白银市委主要负责人电话报告了有关情况。① 19 时许，赛事组织机构经过摸排，确认 139 人安全或已返回，33 人失联。

19 时 10 分，白银市委主要负责同志向省委报告有关情况，② 省委书记尹弘同志迅即主持召开专题会议，安排部署救援工作。省长任振鹤同志带领相关人员紧急赶赴现场，成立现场指挥部，统筹指挥各方面力量开展搜救及处置工作。

19 时始，白银市公安局、白银市消防救援和白银公司、靖远煤业救护队等市级救援力量相继投入救援，20 时 45 分始，省消防救援、森林消防等省级救援力量相继投入救援。

5 月 23 日 2 时 30 分左右，搜救人员发现一名受伤参赛选手，并立即送往医院进行救治，至此，33 名失联人员中 20 人确认死亡，12 人获救，1 人仍然失联。

9 时 10 分，最后一名失联人员被找到，已无生命体征，最终确认 172 名参赛选手中，151 人被接回或搜救转移至安全地带（8 名伤员在医院接受治疗），21 人遇难。11 时 50 分，最后一批 7 名遇难者遗体转移下山。

12 时，现场指挥部宣布应急救援行动结束。

---

① 市委主要负责人接到报告的时间以及此后采取的措施，需要重点关注。

② 白银市委向省委报告的时间，请留心。

调查认定,这是一起由于极限运动项目百公里越野赛在强度难度最高赛段遭遇大风、降水、降温的高影响天气,赛事组织管理不规范、运营执行不专业,导致重大人员伤亡的公共安全责任事件。

造成这起事件的天气方面的直接原因是:百公里越野赛参赛选手在强度、难度最高赛段,遭遇当日最大风力、降水、降温以及由此造成的最低体感温度,导致部分参赛选手因急性失温死亡。5 月 22 日上午 9 时赛事开始后,大多数参赛选手穿着短袖短裤,未随身携带冲锋衣等保暖装备。12 时左右,131 名参赛选手通过 2 号打卡点,进入 2 号打卡点至 4 号打卡点之间赛段,该赛段全长 14 公里,海拔高度最高为 2230 米。13 时前后,3 号打卡点附近气温降至 4℃左右,平均风力可达 6~7 级,最大阵风 8~9 级,伴有累计降水量 3~5 毫米,受大风、降水影响,体感温度下降到-5~-3℃,至 15 时前大部分时段体感温度低于 0℃。参赛选手经历了持续最低体感温度时段,加之野外高原环境和衣着单薄多种因素,导致部分参赛选手因急性失温死亡。工作方面的直接原因是:赛事举办机构风险防范意识不强,赛前收到气象部门气象信息专报和大风蓝色预警后,未采取有效应对措施,未按照高海拔赛事要求将防风保暖装备列入强制装备清单;百公里越野赛赛道补给点设置不合理,在最难、最险的高海拔赛段(2230 米)未设置医疗救助和补给点;未采取加强和改善通讯条件的措施,导致最危险时刻通讯联络不畅;赛事承办单位和执行运营单位组织、管理、运营水平低,未按照规定标准制定针对赛事的专项应急预案和安全保障措施,应急救援力量准备严重不足;在收到请求救援、大范围退赛信息后,前期救援统筹不够、组织不力。

事件发生还有以下几方面的间接原因:一是赛事组织管理不规范。白银市、景泰县对此次重大活动,未专题研究决策,未认真安排部署,仓促下发工作方案,致使相关部门单位准备不足,未能针对赛事活动采取有效安全措施。赛事执行单位、运营单位未制定专项安保方案和应急预案,赛事具体运行机构专业人员力量和专业能力严重不足。二是安全监管措施不落实。白银市、景泰县体育赛事管理部门未认真落实行业安全监管责任,未严格落实事中事后监管措施。市县两级相关职能部门未按照大型群众性活动要求,对赛事执行运营单位制定的安保方案、采取的安保措施等实施有效监管。三是救援力量准备不到位。赛事相关单位在工作方案和相关预案中,没有作出应急救援力量部署,应急救援人员、物资装备准备不足。四是安全保障条件不充分。赛事相关单位未落实通讯保障措施,在赛事区域内无线通讯信号覆盖不全的情况下,未在3号打卡点架设对讲机中级信号站,造成事发初期救援指挥通讯不畅,影响救援效率。2号打卡点至4号打卡点区域内的医疗、安保力量明显不足。

调查认定,甘肃晟景体育文化发展有限公司对事件的发生负有直接责任,公司负责人张小燕等5人已正式批准逮捕,由司法机关依法追究其刑事责任。赛事主办方、承办方、协办方、执行运营方16家单位及其27名相关人员对事件的发生负有责任,应依法依纪追究责任,追责意见将由省纪委监委负责同志向大家通报。

调查报告对加强公共安全风险防范提出了工作建议①:一是坚持人民至上、生命至上,增强忧患意识,树牢底线思维,切实强化安全发展的思想自觉和行动自觉。二是完善公共安全应急体系,及时消除各类风险隐患,切实增强应对突发公共安全事件的能力和水平。三是健全完善体育赛事法规标准体系,强化体育赛事的主办、承办、运营各方的安全保障责任,切实推动体育赛事活

① 这七点建议,体现出较高的社会治理能力、文字水平。

动健康发展。四是加强体育赛事安全风险评估，加强事中事后监管，促进赛事活动专业化，切实提升体育赛事监管服务水平。五是建立健全纵向到底、横向到边的大型群众性活动安全责任管控和落实体系，切实提高大型群众性活动的安全管理水平。六是制定完善各类突发事件应急预案，规范应急联动机制和响应程序，强化指挥协同，切实提升应急预案管理和救援处置水平。七是坚持不懈加强作风建设，坚决克服形式主义、官僚主义，层层抓落实，人人抓落实，事事能落实，以优良的工作作风保人民安全，促地方发展。

【追责问责情况】

经报省委批准，对事件中违纪、职务违法、涉嫌职务犯罪的 27 名公职人员严肃追责问责。其中包括 5 名省管干部和 22 名非省管干部。党纪政务处分和组织处理按照干部管理权限由有关机关依程序办理。5 月 22 日，甘肃白银市一山地马拉松赛遭遇极端天气，21 人遇难。

景泰县委原书记李作壁负有主要领导责任，因其在事发后已死亡，不再给予处分。

【通报全文】

白银市景泰县“5.22”公共安全责任事件发生后，根据省委工作部署，在省委省政府联合调查组下设追责组，负责开展调查工作。追责问责[①]坚持依规依纪进行。我们按照国家规定的法定职责和白银市、景泰县两级方案赋予的职责任务，根据省委省政府联合调查组认定的事件原因，遵循实事求是、全面客观的原则，在调查组认定责任单位、责任人和责任事实的基础上，对相关人员

① 追责与问责，在这起事件的处理中得到充分体现。问责，问的是领导责任；追责，追的是当事人的直接责任。

的履职尽责情况进行了审查调查，并依据《中国共产党问责条例》《中国共产党纪律处分条例》《公职人员政务处分法》等规定，对相关领导干部分别认定责任、作出处理。

经报省委批准，对事件中违纪、职务违法、涉嫌职务犯罪的27名公职人员严肃追责问责。其中包括5名省管干部和22名非省管干部。党纪政务处分和组织处理按照干部管理权限由有关机关依程序办理。

一、主办单位及其责任人员

白银市委、市政府作为赛事主办单位，负责赛事组织领导和统筹谋划，未履行主办单位职责，未对赛事活动的各项具体任务落实情况进行组织协调、督促检查，只挂名、不落实，官僚主义、形式主义问题突出。责令白银市委、市政府分别向省委、省政府作出深刻检查，并对相关领导追责。

1. 对白银市委书记苏君给予政务警告处分。

2. 对白银市委副书记、市长张旭晨给予政务记过处分。[①]

3. 对白银市政府党组成员、副市长高云翔给予党内严重警告处分。

二、承办单位及其责任人员

景泰县委、县政府、白银市体育局作为赛事承办单位，负有赛事承办和实施职责，落实体育赛事活动安全责任不到位，公共安全风险防控意识不强，工作不深不细，对赛事组织统筹、运营实施研究谋划不够，未制定有针对性的实施方案，相关部门职责任务不清，对赛事各项工作检查督导不够，致使各责任单位未能有序

---

① 之所以给予市委书记、市长政务处分，原因有二：一是两人的行为均系职务违法（失职），可以给予政务处分；二是在书记和市长之间，政务警告、政务记过拉开处分档次。如果给予书记、市长都是党内警告处分，不方便拉开处分档次。

有效落实赛事各项职责任务，导致赛事管理不规范，出现突发情况时应对不足，救援不力，造成重大人员伤亡的严重后果。

责令景泰县委、县政府分别向白银市委、市政府作出深刻检查，并对相关领导追责。

4. 白银市政协原副主席、景泰县委原书记李作壁对事件负有主要领导责任，因李作壁在事件发生后已死亡，依据《中国共产党纪律处分条例》第三十六条之规定，对其违纪问题作出书面结论，不再给予处分。

5. 对景泰县委副书记、县长张文玲予以免职，并给予党内严重警告处分。

6. 对景泰县委副书记周杨给予党内严重警告处分。

7. 对景泰县政府副县长张文慧给予政务记大过处分。

8. 对白银市体育局党组书记、局长李全杰给予党内严重警告、政务记大过处分。

9. 对白银市体育局党组副书记、副局长万应聪给予党内警告、政务记过处分。

三、具体承办单位及责任人员

黄河石林大景区管委会（以下简称景区管委会）作为赛事组委会办公室，具体负责赛事承办工作，在组织协调、监督检查县委县政府实施方案、县委协调会议确定的任务落实上严重失职失责；违规招投标，致使办赛能力严重不足的公司负责赛事运营服务；赛事组织管理不规范，对赛事安全保障、医疗救护、应急救援措施落实情况监督检查不力；未对赛事活动进行风险评估，对高影响天气气象预警不重视、不研判，未采取有效应对措施；未建立赛事熔断机制，应急救援力量和物资保障严重不足，严重影响救援工作。

10. 景泰县委常委、宣传部部长、景区管委会主任丁柯涯严重违纪违法并涉嫌职务犯罪，已被采取留置措施，待审查调查终结后，依法依规处理。

11. 景区管委会副主任罗文涛严重违纪违法并涉嫌职务犯罪，已被采取留置措施，待审查调查终结后，依法依规处理。

12. 对景区管委会规划科副科长、黄河石林文化旅游开发有限公司总经理蒙彭森给予留党察看二年、政务撤职处分，降为事业单位管理岗位十级。

13. 对景区管委会副主任马斌给予政务警告处分。

14. 对景区管委会党委委员、综合执法局局长金国舜给予党内严重警告、政务记大过处分。

15. 对景区管委会工程管理和生产安全科科长田文新给予党内严重警告、政务记大过处分。

16. 对景区管委会宣传信息科副科长陶延红给予党内警告、政务记过处分。

17. 对景区管委会综合办公室副主任王同遥给予党内警告处分。

四、协办单位责任人员

18. 对白银市公安局党委副书记、常务副局长姚立群给予党内警告、政务记过处分。

19. 对白银市卫健委党组书记、主任达春和给予党内警告、政务记过处分。

20. 对白银市应急管理局副局长蔡景珂给予政务记过处分。

21. 对景泰县工信局局长马峰给予政务撤职处分，降为三级主任科员。

22. 对景泰县文体广电和旅游局党组书记、局长王洪安给予党内严重警告、政务记大过处分。

23. 对景泰县体育中心主任卢秀蓉给予党内警告处分。

24. 对景泰县委常委、政法委书记,副县长、县公安局局长李昭军给予党内严重警告、政务记大过处分。

25. 对景泰县应急管理局党组书记、局长张相祖给予留党察看一年、政务撤职处分,降为二级科员。

26. 对景泰县卫健局党组书记、局长董萍给予党内警告、政务记过处分。

27. 对景泰县卫健局党组成员、副局长卢有润给予党内警告处分。

临汾襄汾聚仙饭店“8·29”重大坍塌事故调查报告[①]

2021年8月16日,山西省公布临汾市襄汾县聚仙饭店“8·29”重大坍塌事故调查报告。经调查认定,该起事故是一起因违法违规占地建设,且在无专业设计、无资质施工的情形下,多次盲目改造扩建,建筑物工程质量存在严重缺陷,导致在经营活动中部分建筑物坍塌的生产安全责任事故。[②]

2020年8月29日9时40分许,临汾市襄汾县陶寺乡陈庄村聚仙饭店发生坍塌事故,造成29人死亡、28人受伤,直接经济损失1164.35万元。

事故发生后,党中央、国务院高度重视。习近平、李克强等党和国家领导人作出重要指示批示,提出明确要求。应急管理部会同住房和城乡建设部派出工作组立即赶赴现场,指导抢险救援和善后处置工作,国家卫生健康委派出医疗专家组,指导伤员救治工作。省委省政府有关领导同志立即赶赴现场,指挥抢险救援,看望慰问受伤人员,对善后工作提出要求。

依据有关法律法规,省政府成立了由省应急厅牵头,省公安厅、省住建厅、省自然资源厅、省农业农村厅、省市场监管局、省消

---

① 《临汾襄汾聚仙饭店“8·29”重大坍塌事故调查报告公布》,载国家纪委监委网站2021年8月16日,https://www.ccdi.gov.cn/yaowen/202108/t20210816_248409.html。

② 事故类调查报告,首先要高度概括事故发生的原因及定性(生产安全责任事故)。

防救援总队、省总工会和临汾市政府为成员单位的事故调查组。同时，由省纪委监委成立责任追究审查调查组，[①]对有关地方党委政府、相关部门和人员涉嫌违法违纪及失职渎职问题开展审查调查。国务院安委会对事故调查工作进行挂牌督办。

经过现场勘察测绘、取样检测、分析计算、专家论证和问询谈话、调阅资料、走访群众等方式，[②]查明了事故发生经过、原因、人员伤亡情况和直接经济损失，认定了事故性质和涉事饭店责任，查明了有关地方党委政府和相关部门及有关人员在管理方面存在的问题，分析了事故暴露出的突出问题和教训，提出了防范和改进工作的措施建议。

经调查，事故的直接原因是，聚仙饭店建筑结构整体性差，经多次违规加建后，承重砖柱及北楼二层屋面荷载严重超载，同时不排除强降雨影响，最终导致整体坍塌。

对聚仙饭店经营者，公安机关依法采取刑事强制措施，并依照有关规定，对聚仙饭店处以罚款，责令其退还非法占用的土地，限期拆除在非法占用的土地上建设的房屋；对事故涉及的41名有关公职人员，给予了党纪政务处分或诫勉、批评教育、责令检查等

① 纪委监委不直接参与事故的调查，审查调查组不包括纪委监委工作人员。请读者注意学习2021年年初印发的《中央纪委国家监委开展特别重大生产安全责任事故追责问责审查调查工作规定（试行）》。该规定明确，中央纪委国家监委负责对特别重大生产安全责任事故涉及的党组织和党员、干部以及监察对象涉嫌违纪或者职务违法、职务犯罪开展审查调查；对违纪或者职务违法的党组织和党员、干部以及监察对象依纪依法作出党纪政务处分决定或者提出处理处置建议；对涉嫌职务犯罪的，依法移送检察机关审查起诉；对地方党委和政府、各级职能部门、相关单位及领导人员贯彻落实党中央关于安全生产的决策部署以及安全生产法律法规不力，履行管理、监督职责不力等情况进行问责；对参与事故调查的有关单位及人员依规依法履行职责、秉公用权等情况进行监督；对责任事故追责问责审查调查中发现的突出问题，向有关党组织、单位提出纪律检查建议或者监察建议，督促完善制度，提高治理水平。

② 写明调查组调查采取的方式方法。

处理措施。

事故调查组认定，聚仙饭店经营者违法占用土地建设房屋；两次通过不正当手段取得未经审批的《集体土地建设用地使用证》；拒不执行原襄汾县国土资源局下达的违法占地建饭店处罚决定和襄汾县人民法院下达的《行政裁定书》；将未经专业设计与施工、未经过竣工验收的农房用于经营活动。① 同时认定，临汾市和襄汾县地方党委政府以及村"两委"和土地管理部门、住房城乡建设部门、原工商行政管理部门未认真履行工作职责及安全监管责任，对长期存在的违法违规建设未有效监督、制止和查处，对无证经营行为查处打击不力，农村住房安全隐患排查整治工作不严不实不细。②

报告指出，临汾市和襄汾县没有树牢安全发展理念，防范化解重大安全风险意识不强，抓安全生产工作重部署轻落实；对安全生产工作的极端重要性认识不足，在落实"三管三必须"上压力传导不够，安全监管层层失守；未认真履行职责，行政审批和监管执法不严；农村自建房安全排查整治不力；对农村自建房缺乏有效指导监督，违法占地建房现象较为严重；对农房建设和农房经营活动场所管控缺失。

同时，调查组提出了事故防范和整改措施建议，要求各级党委政府及有关部门深刻汲取事故教训，牢固树立人民至上、生命至上的理念，正确处理好安全与发展的关系，自觉强化使命担当，认真落实责任，加大执法检查力度，扎实开展城乡建筑领域安全隐患专项排查整治和安全生产专项整治三年行动，建立健全保障

---

① 此处重点写明事故发生的直接原因。

② 此处写明监管者的失职渎职行为及与事故发生的因果关系，为精准问责追责奠定基础。

农村建房质量安全的长效机制。要提高依法行政能力，对监管执法中的不作为、乱作为、慢作为等突出问题要坚决纠正，对滥用职权、徇私枉法的人员要严肃查处。[①]

---

① 调查组着眼于防患于未然，提出了事故防范和整改措施建议，以实现以案促改、以案促治。

监察官楷模

“全国五一劳动奖状”获得者
中央纪委国家监委案件审理室先进事迹介绍[①]

五一前夕，中华全国总工会隆重表彰了2021年全国五一劳动奖，中央纪委国家监委案件审理室荣获“全国五一劳动奖状”，系中央和国家机关获此殊荣的4家单位之一，也是全国纪检监察系统唯一获此殊荣的先进集体。

连续两次荣获“全国纪检监察系统先进集体”，多次荣获“中直机关五一劳动奖状”“中直机关文明单位”“中央纪委国家监委机关先进基层党组织”，多名同志获评全国先进工作者、全国纪检监察系统嘉奖、中央和国家机关优秀共产党员……这些都向我们昭示：这是一个团结奋进、创先争优的集体，一个拥有光荣传统和优良作风的集体，一个堪当重任、忠诚担当的集体。

政治过硬，对党忠诚，以铁案工程践行“两个维护”重大政治责任

今年是中国共产党成立100周年。站在“两个一百年”的历史交汇点，回溯党史和纪检监察史可以体会到，纪检监察机关作为管党治党的政治机关、党内监督和国家监察的专责机关，自诞生之日起就肩负着维护党中央权威和集中统一领导的重大使命，

---

① 周根山：《铁军担重任　铁案铸忠诚　记“全国五一劳动奖状”获得者中央纪委国家监委案件审理室》，载中央纪委国家监委网站2021年6月15日，https://www.ccdi.gov.cn/bangyang/202106/t20210615_243835.html。

是党进行自我革命的重要力量;案件审理部门所肩负的审核把关和监督制约职责,是纪检监察机关自我监督、自我革命的应有之义,为守护党的初心使命和纪检监察机关的初心使命发挥了重要作用。

1979 年中央纪委恢复重建时,就设立了案件审理室,明确了案件审理制度,以加强对案件事实和证据的审查,完善内部审核把关和监督制约机制,这些重大职责被形象地称为"关口"、"出口"和"窗口",成为了审理人始终恪守的初心和使命。

"要把初心使命像'钉钉子'一样牢牢钉在心上,不管遇到多大的困难挑战都不动摇……"这是在"初心·传承"主题座谈会上,退休老同志的谆谆告诫。"要时时回味初心、常常对照初心、久久铭记初心,做到无论身在何处、行至何方,都不忘初心、继续前进……"这是在"不忘初心·重温入党志愿书"主题党日活动中,年轻同志的铮铮誓言。"要把学习贯彻习近平新时代中国特色社会主义思想作为政治任务、首要任务、长期任务,增强'四个意识',坚定'四个自信',做到'两个维护',继承发扬审理铁军的优良传统,切实肩负起特殊历史使命和重大政治责任……"这是该室负责同志在党支部政治理论学习后的明确要求。

知行合一,行胜于言。该室始终坚持以习近平新时代中国特色社会主义思想为指导,以党的政治建设为统领,深入贯彻落实党中央重大决策部署和习近平总书记重要指示批示精神,在中央纪委常委会坚强领导下,以高度的政治责任感和历史使命感忠诚履职尽责,高质量审理了赵正永、秦光荣、努尔·白克力、赖小民等一系列重大案件,得到了党中央和中央纪委常委会的充分肯定。针对每一起案件,该室都自觉做到"首先从政治上看",坚持从政治和全局高度准确深刻地揭示案件本质,确保案件处理取得良好的政治效果、纪法效果和社会效果,以经得起实践、历史和人民检验的“铁案工程”彰显了案件审理部门的使命担当。

仅在2020年,该室就审结各类案件100余件,审核办理指定管辖、从宽处罚建议、申诉事项等140余件。面对工作时间紧、任务重、难度大的考验,全室同志不断增强政治判断力、政治领悟力、政治执行力,以精益求精的严谨作风、只争朝夕的精神状态、严把质量关的责任担当,确保审核处理的每一起案件都经得起检验。

精研业务,勤勉履职,全力助推纪检监察工作高质量发展

纪检监察证据适用问题,是根据中央纪委国家监委领导同志指示,由案件审理室牵头开展的一项开创性研究课题。在历时近两年的研究过程中,课题组先后赴北京、山西、江西、四川、驻最高人民法院纪检监察组等地区和单位进行实地调研,委托16家单位开展书面调研,召开座谈会200余场次,参阅案卷400余册,撰写了14万余字的调研报告,为探索构建一套具有中国特色、符合纪检监察工作实践需要的证据标准体系作出了贡献。

2018年下半年,国家监委立案调查的王晓光、张少春、蒲波、白向群等一批大案要案相继移送该室审理。全室同志立即投入战斗,同步组建多个审理组,针对国家监委成立后在职务犯罪案件证据标准、法规适用、文书规范、工作流程等方面的一系列新情况新要求,坚持协同作战,加强集体研究,紧密结合实践发展提出了意见建议,不仅优质高效地完成了审理工作,也为职务犯罪案件调查处置工作的不断规范提供了有益参考。

该室坚持以党的理论创新为指引,大兴调查研究之风,仅2020年就围绕领导干部利用“影子公司”贪腐谋利、涉案文物艺术品的认定处理、申诉复查工作现状等问题开展了14项专题调研,取得了积极成效。近年来,该室为建立健全制度机制、解决影响案件质量的突出问题,先后针对党组讨论和决定党员处分事项工作程序、职务犯罪案件调查取证等作出规范要求，构建了贯通纪法、衔接司法、顺畅高效的体制机制，有效解决了执纪执法工作中的大量实际问题，有力推进了纪检监察工作的规范化、法治化进程。2020 年 12 月 28 日，国家监察委员会、最高人民法院、最高人民检察院、公安部联合印发了《关于加强和完善监察执法与刑事司法衔接机制的意见（试行）》。该意见的起草工作由案件审理室牵头，多家单位共同参与，先后征求了 122 家单位和部门的意见建议，数易其稿、反复斟酌，最终达成共识。意见出台后，有效促进了监察机关与司法机关、执法部门在办理职务犯罪案件过程中的协作配合与监督制约，成为了指导法法衔接工作的重要规范。

敢打敢拼，作风顽强，以实际行动彰显纪检监察干部的忠诚干净担当

2020 年春节期间，一部名为《审理新兵》的 MV 为众多纪检监察干部津津乐道。“谁不爱鲜花电影加上旅游休闲，只是不愿把今天拖到明天……我也渴望悠闲，但时代使命不容松懈。”这部 MV 由案件审理室青年同志自编自导自演，绝大部分“演员”是刚大学毕业的“审理新兵”。MV 不仅展现了新时代纪检监察干部朝气蓬勃的形象，道出了审理人的心声，也侧面反映了该室积极培育审理文化的成效。

近年来，案件审理室秉持“严字当头、廉字断后、爱在其中”的队伍建设理念，持续加强内部监督管理，不断夯实工作高质量发展的组织基础。全室同志时刻提醒自己，既是纪律的执行者和监督者，又要接受最严格的约束和监督。室党支部做实做细日常监督，经常性开展以案释纪说法，组织旁听案件庭审，用身边人身边事开展警示教育和保密教育，警醒全室同志心存敬畏、行有所止。

国家监察体制改革后，办案要求和难度大幅提高，每逢时限紧迫、敏感复杂的大案要案，该室同志都能自觉以事业为重，舍小我顾大局,通宵达旦审案件、任劳任怨干工作。特别是努力克服新冠肺炎疫情带来的不利影响,一手抓防疫、一手抓办案,面对留置期限“硬约束”,宵衣旰食、以室为家,在春节返岗后2个多月内即审结自办案件7件,确保在规定期限内按要求完成提请中央审议、宣布处分决定、移送检察机关等一系列工作程序,生动诠释了敢打硬仗、能打硬仗、打赢硬仗的铁军风范。

在坚守本职岗位、认真履职尽责的同时,案件审理室多名同志主动报名参加援藏、援疆和扶贫工作,彰显了新时代审理人的社会责任和人生价值。2019年10月,该室胡泽宇同志到中央纪委国家监委机关定点扶贫县、四川省雷波县挂职锻炼,担任村党支部书记助理。其间,胡泽宇全身心投入脱贫攻坚工作,推动发起“铜心暖餐”等活动。2020年6月,该室党支部积极响应中央纪委国家监委机关号召,与雷波县2名学生“结对子”,将持续资助他们直至完成高中学业。

荣誉属于过去,奋斗成就未来。站在新起点上,中央纪委国家监委案件审理室将赓续传统、勠力同心、接续奋斗,以高质量的案件审理工作助推纪检监察事业高质量发展,以更加优异的成绩为党的百岁生日献礼。

评析:中央纪委国家监委案件审理室政治过硬,对党忠诚,以铁案工程践行“两个维护”重大政治责任,精研业务,勤勉履职,全力助推纪检监察工作高质量发展,敢打敢拼,作风顽强,以实际行动彰显纪检监察干部的忠诚干净担当,是一个团结奋进、创先争优的集体,一个拥有光荣传统和优良作风的集体,一个堪当重任、忠诚担当的集体。

全国先进工作者、中央纪委国家监委机关干部李永红先进事迹介绍[①]

初春的北京，乍暖还寒。已是子夜时分，中央纪委国家监委第十二审查调查室处长李永红结束了与被留置对象的谈话工作后，又走向会议室，将一天的工作进展情况向领导汇报。像这样忙碌紧张的工作节奏，李永红和同事们早已习以为常。

从 2004 年进入中央纪委机关以来，李永红 16 年如一日奋战在反腐一线，兢兢业业、攻坚克难，先后参加了几十起中央及中央纪委大要案的查处工作，作出了卓越贡献。2014 年李永红荣获“中直机关五一劳动奖章”，2019 年荣获全国“人民满意的公务员”称号，2020 年，他又荣获“全国先进工作者”称号。

“纪检监察干部干的就是得罪人的活”

审查调查工作，是一场正邪对抗、以正压邪的斗争。对于办案人员来说，如果没有坚定的信仰、浩然的正气，是难以征服对手、取得胜利的。16 年来，李永红一直用行动践行着对党的忠诚，坚守着“组织的信任比生命更重要”的人生信条，在大是大非面前，旗帜鲜明，立场坚定，意志顽强，竭忠尽智。他说：“我所取得的一切不是因为我能干，而是组织把这份信任给了我，让我在这

---

① 陆丽环：《战斗在反腐一线的尖兵——记全国先进工作者、中央纪委国家监委机关干部李永红》，载中央纪委国家监委网站 2021 年 2 月 22 日，https://www.ccdi.gov.cn/bangyang/202102/t20210222_236267.html。

么重要的岗位工作,我不能辜负这份信任。”

办案工作是没有硝烟的战争,作为办案人既要敢于斗争,又要善于斗争,具有无坚不摧的意志。面对涉案对象或深度串供,或毁灭证据,或远逃海外,或威胁利诱,李永红始终立场坚定、意志顽强,善作善成、无私无畏,突破一个又一个难关,赢得一场又一场胜利。某被审查调查对象在审查中多次公开叫嚣:“将来出来一定要干掉李永红。”李永红听说后只淡定回应了一声:“怕死,我早就不干这份工作了!”

腐败分子的嚣张,李永红坦然面对:“对于这些威胁我没有压力,也无需思考,纪检监察干部干的就是得罪人的活。”

审查调查中的谈话工作犹如博弈,有的时候,被谈话人的表情、肢体和语言上的细微变化,就可能意味着一个机会,需要敏锐而迅速地抓住。这是李永红在反腐一线奋战多年的工作体会。

“惟其艰难,方显勇毅。我觉得很多时候我更像是一个战士,因为审查调查过程就是一个战斗的过程,要敢于斗争、善于斗争。”李永红说。

很多行业、领域的人,跟李永红聊天,都会觉得他对这个行业很精通。对此,李永红这样说,一个出色的办案人员首先必须是个通才,然后才是专家。虽然工作异常忙碌,但他总能在繁重的工作之余挤出时间加强学习,不断更新知识储备,与时俱进。“功夫在诗外。谈话人的深厚功底,不是靠临时抱佛脚实现的,而要靠日复一日不断的学习、思考和积累。”李永红说。

“以心换心,终得人心”

纪法无情人有情。深入细致的思想政治工作是审查调查谈话工作有序推进的关键环节之一。李永红始终立足于启发人、教育人、挽救人的目的,通过耐心的疏导、入情入理的分析、同志式的关怀,逐渐消除与被审查调查人的隔阂,触动其反思反省,悔错认错。

“动人心者莫先乎情。只有设身处地地考虑审查调查对象的情感所在,才能让他敞开心扉,痛思己过。”李永红说。

世界上没有两片相同的树叶,每个案件也都有它自身的特点。这句话李永红经常挂在嘴边,也时刻提醒着组里的同志们,要突破案件,就必须深入研究,了解被谈话人背后的成长规律、工作经历、行为动机等,并灵活运用到审查调查工作中。

实践中,李永红还时不时变换角色,换位思考,切实站在被审查调查对象的位置上,从不同地区的自然禀赋、人文背景、风俗习惯中进行观察、分析和思考,真正了解他们,逐步走进他们的内心。

“以心换心,终得人心。”李永红说,“很多案件结束的时候,被审查调查对象都把我当朋友了。”

走进了被审查调查对象的内心,就更能让他们敞开心扉。李永红经手的案子,不仅仅局限于引导被谈话对象深刻反省自身问题。在此基础上,他还会和被谈话对象推心置腹交流,一道深入剖析地区、部门的政治生态,推动建章立制,堵塞漏洞风险,做到为党和国家的事业负责、为老百姓的利益考虑。

“苦是苦一点,但也乐在其中”

这些年来,一年365天,李永红平均每年有200多天在办案点上,2018年甚至达到330天。

“孩子们还小的时候,对出差没有概念,但每次我回家他们都能看到行李箱上坐飞机时贴的标签,他们就问‘爸爸你怎么老坐飞机’?”李永红回忆起孩子们的点滴,幸福洋溢在脸上。

谈起家人,李永红觉得很过意不去。距离上次回家已经是两个月前。这么多年,家里的大事小情,都是妻子一手操持。父亲患癌做手术期间,恰逢李永红负责的专案对象生病住院,来不及等到父亲从手术中醒来，他就匆匆赶回医院陪护专案对象。两个孩子生病住院，他在广西出差无法赶回，幸亏有妻子和岳母日夜照顾，他才可以安心工作。

从 2004 年进入中央纪委机关以来，加班加点是李永红工作的常态。“家里人也都习惯了。”李永红说，妻子虽然偶有怨言，但却对他很理解。他开玩笑说，这是对爱情的巨大考验。

“我取得的成绩离不开家人的鼎力支持。”去年 11 月，李永红被评为“全国先进工作者”，他第一时间给妻子打电话：“军功章上还有你的一半。”

“苦是苦一点，但也乐在其中。”李永红说，在这个工作岗位上有投入，有付出，更多的是收获。“16 年来，我们见证了国家反腐败工作的深入和推进，自己身处其中也发挥了一些作用，感到非常自豪。”

被表彰为“全国先进工作者”后，李永红表示，将持之以恒组织好每一场谈话，扎扎实实取好每一份证据，认认真真写好每一份调查报告，以实际行动回报组织的培养和认可。

评析：李永红作为中央纪委国家监委机关纪检监察干部的优秀代表，给大家最深的印象就是特别能吃苦、特别能战斗、特别能攻关、特别能奉献。

全国先进工作者、贵州省纪委监委第十一审查调查室副主任韩锡才先进事迹介绍[①]

“选择了纪检监察事业,就是选择了奉献。”这是贵州省纪委监委第十一审查调查室副主任韩锡才笔记本扉页上的一句话。

从事纪检监察工作 14 年,韩锡才经历了多个岗位,但他对纪检监察工作的执着与热爱却始终如一。他先后从事审理、案件检查、派驻纪检监察、审查调查等工作,无论在哪个岗位,他都兢兢业业、冲锋在前。2017 年 9 月,韩锡才被评为全国纪检监察系统先进工作者;2020 年 11 月,他被评为全国先进工作者。

学以致用　纪法双施

韩锡才常说:“纪检监察工作是一门科学,纪检监察干部要善于运用法治思维、法治方式开展工作。”为提升办案技能,多年来,他养成了每天读书学习的习惯,对党纪法规,更是逐条研学,力求学以致用。

2018 年 1 月 7 日,黔西南州监委挂牌当天,该州望谟县国土资源局原党组成员、副局长万某被立案审查调查并采取留置措施。作为贵州省留置第一案,万某违纪违法案从立案到移送司法机关,再到法院判决,仅用了两个月时间。

---

① 尹琦琦、邹彬:《品正行端　无所畏惧——记全国先进工作者、贵州省纪委监委第十一审查调查室副主任韩锡才》,载中央纪委国家监委网站 2021 年 2 月 1 日,https://www.ccdi.gov.cn/bangyang/202102/t20210201_235100.html。

然而,该案在查办初期,却遇到了不少困难。早在 2016 年年初,望谟县纪委就根据群众举报,对万某进行了两次函询谈话,希望他能主动把违纪违法问题交代清楚。但万某一边信誓旦旦向组织保证自己不存在任何违纪违法问题,一边暗中向商人老板"退款"。他心存侥幸,认为商人老板是自己的"铁哥们儿",不会"出卖"自己。

面对执迷不悟的万某,韩锡才始终秉持"惩前毖后、治病救人"的原则,他带领调查组的同志一起认真分析万某的成长经历和家庭情况,对其开展深入细致的思想政治工作。

韩锡才耐心地向万某宣讲党纪国法,重温入党誓词,唤醒其党员意识和纪律规矩意识,同时,用身边人、身边事告诉他,只有相信组织、依靠组织,积极主动向组织交代清楚自己的问题,才能争取宽大处理。谈话期间,韩锡才认真听万某谈自己的工作成绩、工作体会,适时引导其认识错误、正视问题。终于,万某开始交代问题了。

可是,调查取证并非一帆风顺。据调查组掌握,2015 年初,万某通过其前妻收受土地复垦项目工程老板 15 万元。当时,万某已经和妻子办理了离婚手续,这 15 万元能不能定性为万某的受贿所得?难题摆到了调查组面前。

"围绕司法解释收集证据,纪法双施。"毕业于西南政法大学刑事司法专业又在纪检监察机关历练多年的韩锡才,对相关纪法规定了然于胸,"他们虽然在形式上离了婚,但这 15 万元的定性问题还要看他们是不是共同生活,经济上是否互相独立。"调查组按照韩锡才的指引,及时调整外围调查方向,很快查清了万某与前妻离婚后仍然共同生活并共同拥有财产的真相。连同其他涉嫌受贿问题,万某被移送司法机关。

2018 年 3 月,万某因受贿罪被判处有期徒刑三年零两个月,并处罚金人民币 22 万元，万某当庭表示认罪、悔罪。该案成为贵州省深化监察体制改革中的标志性案例。

不枉不纵　一丝不苟

有一次，在分析讨论一名干部违纪行为定性问题时，对该行为到底属于违反纪律，还是严重违法，韩锡才与调查组、审理室的同事们产生了分歧。

“当时，部分同事都认为可以适用违纪行为的兜底条款，但韩主任坚持认为该行为性质恶劣、影响极坏，必须严格按照法律规定从重处分。”同事罗磊对当时的讨论记忆犹新。

“当事人明明是利用和商家签订运输合同的形式，变相贪污国家财产，如果这种行为都能兜底处理，那我们执纪执法的公平公正公义何在？”韩锡才坚持向上级机关汇报，他的意见得到了上级机关的认同，后来法院也以贪污罪作出判决。

也正是因为这种不枉不纵、一丝不苟、严格依纪依法开展工作的认真劲儿，韩锡才参与审查审理的 120 余件案件至今没有一件申诉。

身处反腐一线，常会面对很多人情干扰甚至威胁利诱，对此，韩锡才始终坚守原则、秉公执纪。

在查办某县县委委员、发改局局长欧某涉嫌受贿案时，欧某亲属托了不少人找韩锡才说情，并以“必有重谢”进行利诱，见他不买账，便扬言要报复韩锡才的家人。对于这些，韩锡才不为所动，软硬不吃，依规依纪依法办结案件并将欧某移送司法机关。

事后，有人问他：“你这样做，不怕被报复吗？”韩锡才理直气壮地说：“我行得正、走得直，对得起群众，对得起组织，我怕啥！”

韩锡才以“拿人一文则不值半文”的古训来告诫自己和家属。他对家里人说，来说情的，能不见就不见。久而久之，很多老朋友都说他不通人情，一些人也慢慢不再往来了。

对此，韩锡才也曾有过困惑，但在情感与法纪的天平上，他毅然决然地选择了坚守正道："这些年，朋友确实少了，但真正理解你的亲人、朋友，会始终坚定地支持你。"

深挖细查　扩大战果

办案工作中，韩锡才总是努力探索省人力、出效率的最优方案。他提出了"线索经营"的理念，就是立足一个有价值、易突破的问题线索，从中挖出案中案、带出窝案串案，扩大反腐败战果。

有一次，韩锡才受命查办兴义市政协原副主席谢某有关违纪违法问题。经初步了解，谢某确如举报信所称，以低于市场价购买了一套房产。韩锡才认为，这是一个值得"经营"的问题线索。谢某曾在街道党工委书记位置上干了十几年，他任职期间，正是城市开发建设的高峰期，他管辖内的土地开发经营项目多、价值高，作为具有决策权的党工委书记，其低价房的背后有无插手土地开发项目？

抓住这个关键人物，韩锡才带领同志们仅用40多天就将谢某涉嫌受贿近200万元的问题查了个水落石出。同时，他又立足此案深挖细查，查处了州地质公园管理处原处长、兴义市国土局原局长刁某收受他人300多万元的涉嫌受贿问题，并顺藤摸瓜一举掀开了黔西南州国土系统领导干部系列腐败窝案串案，相继查处了州国土局原局长杨某等5名县处级干部。

敢想敢干、善作善成。面对组织安排，即使有再大的困难，韩锡才也从未说"不"，他总是全身心投入。

2019年年初，贵州省纪委监委第十审查调查室受命查办贵安新区公安局原党委书记、局长高某违纪违法问题。由于问题线索复杂，加之办理时限紧，贵州省纪委监委便抽调时任省纪委监委派驻省司法厅纪检监察组副组长的韩锡才参与此案查办。

接到借调通知的时候，韩锡才正在对监狱系统某领导干部周某违纪违法问题进行调查,已经近两个月没有回过家了。同事们都劝他先回家休息几天,但他却说时间紧任务重,应该以工作为先。

那段时间,他白天参与高某案件的审查调查,指挥核查组开展外围初核、证据收集,晚上又与派驻纪检监察组的同志一起分析周某案件的查办情况,对证据材料审核把关。

为确保案件质量,韩锡才不分昼夜、连续作战。针对高某可能存在反调查意识强、调查取证难度大的情况,他与专案组同志精心拟定审查调查方案,留置涉嫌违法的相关涉案人员,确定了谈话策略,迅速突破涉案人员心理防线,实现了专案由证到供和由供到证之间的相互转换。在调查周某案件过程中,针对监狱系统长期处于封闭运行、人际关系复杂等情况,他组织派驻纪检监察组的同志系统收集该单位管理规章制度、财务报支凭证等客观证据资料,以党的纪律规定和单位行政管理规章制度为标尺,耐心细致固定言词证据,使得案件迅速办结。

执纪不畏难,担当铸忠诚。“没有什么人是全能的,但我们能在不断挑战自我的过程中,不断收获新知、收获成长。”韩锡才说。

评析:韩锡才酷爱学习,理论功底深厚,兢兢业业、冲锋在前,不怕吃苦,善于攻克难关,不畏威逼利诱,始终坚守原则、秉公执纪,是新时代纪检监察干部楷模。

天津市纪委监委宣传部原副部长梁有祥先进事迹介绍[①]

2021年5月6日至14日,第七届天津市道德模范候选人在全市公示,天津市纪委监委宣传部原副部长梁有祥入围“敬业奉献道德模范候选人”。

2021年2月19日,梁有祥突发心脏病,倒在了工作岗位上,生命永远定格在41岁。3月30日,天津市委追授梁有祥“天津市优秀共产党员”和天津市“人民满意的公务员”称号。

“有祥好样的!”这是记者在采访时大家对他的评价。

“这么多年在办公室习惯了睡沙发”

在宣传部门工作,写各类文稿是常事。

“生活污水治理攻坚有力、‘厕所革命’成效显著……这得益于天津市纪委监委派出干部的辛勤工作与示范带动。”这是梁有祥主笔的长篇通讯《困难村的蝶变》,刊发在2021年1月19日的《中国纪检监察报》上,讲述的是天津纪检监察干部驻村帮扶的故事。如今,这份报纸仍放在他办公桌的一侧,却再也不会被他翻阅。

“梁有祥在采访中总能发现一些人和事的闪光点。”“他写的材料有新意。”……

扎实的文字功底,非一日能成。梁有祥有个陪伴他多年的习

---

① 王鹏志:《追记天津市纪委监委宣传部原副部长梁有祥》,载中央纪委国家监委网站2021年5月17日,https://www.ccdi.gov.cn/bangyang/202105/t20210519_242221.html。

惯——每天再晚下班，他都将当天的报纸、杂志带回家，利用一切空闲时间抓紧学习。

同事们回忆，在梁有祥办公室一角，放着一床小花被、一个塑料脸盆、一个海绵枕头——这是梁有祥常年相伴的“家当”。从进机关那天起，他就把办公室当做“家”了。因为经常加班，他置办了这套用品。这些年，他换了四个部门，这套“家当”一直跟着他。以办公室的沙发为床，他调侃说，“这么多年在办公室习惯了睡沙发，感觉躺在上面特有灵感”。

梁有祥不仅勤勉刻苦，还是个有心人。2020 年 10 月的一天中午在食堂吃饭，梁有祥遇到了市纪委监委第二监督检查室副主任张梅，看似无心问道：“在开展人防系统腐败问题专项整治时，你们有没有发过纪检监察建议书，效果咋样？”张梅说他们室发过两份纪检监察建议书，并取得了不错的效果。当天下午，梁有祥的身影就出现在了张梅的办公室，并很快采写出一篇报道。张梅说，“这篇稿子不仅介绍了我们的工作，还找出了其中的亮点，对我来说是闲聊‘无心插柳’，但他却是个‘有心人’。”

据张梅讲，即使闲聊，梁有祥往往也是在琢磨工作上的事儿。他俩经常在食堂偶遇一起吃饭，但十次有八次闲聊会拐到工作上。还有的同事说，刚认识梁有祥时，感觉他不爱搭理人，甚至从他面前走过，他都好像没看见一样。接触时间长了才发现，原来他是在想事情。无论吃饭、打水、还是散步，他似乎都在思考。这些闲聊与思考所得，结晶成了一篇篇精彩的报道。

离世的那一天，梁有祥在委机关饭后散完步，回到办公室准备起草一份“清廉天津建设工作意见”。这项工作任务分量很重，他已提前做足了功课。然而，文稿尚未起笔，他却倒在了他挚爱的工作岗位上。

他曾说，“身为宣传干部就得把笔头磨钝”。他是这样说的，也是这样做的。他在文字的田野里乐此不疲地耕耘,发表了不少有分量的新闻稿件,不仅展现了天津全面从严治党、党风廉政建设和反腐败工作成效,他自己也成长为机关里有名的“笔杆子”。

“我是代表党组织来审查你问题的”

在到宣传部前,梁有祥还在审查调查一线经受过历练。

2016 年,梁有祥调入市纪委第七纪检监察室,领导考虑到他文字功底好,孩子又要考初中,便安排他负责内务工作。他对室主任说:“我既然到这儿,不办案子咋坐得住?这么着,我内外兼顾,查办案件我也想参加。”

同年 12 月,根据巡视反馈的问题线索,要对蓟州区一名市管干部进行立案审查调查。梁有祥主动请战,加入专案组。

蓟州区是距离天津市区最远的涉农区,这名审查调查对象是当地的“名人”,长期在乡镇工作,关系网盘根错节。梁有祥建议,这起案件应先从外围查起,再由外而内缩小“包围圈”。

依据这一思路,梁有祥与同事从审查调查对象的关系网切入,一一核查取证。一个月时间,他们跑了十几个乡镇,与 100 余人谈话取证。

到了内审环节,他又主动请战参加审查谈话。审查调查对象自诩“资格老”,瞧着这么个小年轻跟自己“叫板”,几个回合下来,拒不开口。

面对这一情况,梁有祥沉着冷静,正色告诉他:“我是代表党组织来审查你问题的,没有足够证据,不会让你来这。”他把之前取到的证据一件件摆到对方面前,时间、地点和当事人一清二楚。看到这些,这名审查调查对象乱了手脚,心理防线很快垮了,如实交代了问题。

这是梁有祥参加的第一个专案。然而,他并没有满足于结案就“大功告成”,而是习惯性地自问:有哪些教训可以总结?他发现,被审查调查对象是典型的“带病提拔”。联想到之前在案件监督管理室接触的一些案件,也有类似情况。他提出了建立领导干部“廉政档案”的建议。这个主意得到时任室主任唐俊杰的赞同,并决定从本室联系的单位试点。“廉政档案给监督执纪提供了第一手资料,经试点完善,这一举措很有效。”唐俊杰告诉记者。

不仅如此,针对查办完的案件,梁有祥还提出要发挥案件的警示教育作用、强化治本效应的建议。近两年,天津市纪委监委拍摄了《廓清迷雾再启航》《校准担当作为的标尺》等多部警示教育片,这些片子的脚本就是由梁有祥牵头撰写的。

“45 天保证完成 7000 平方米展厅布展”

作为市纪委监委宣传部副部长,梁有祥还兼任市警示教育中心主任。

2018 年 10 月,天津市“全面从严治党主题教育展”完成前期设计规划。根据工程进度,7000 平方米展厅布展仅有 45 天时间。此时,领导找到了梁有祥,他说:“请领导放心,45 天保证完成 7000 平方米展厅布展!”

一个从没搞过展览的人打包票在 45 天完成 7000 平方米展厅布展?业内人士认为,梁有祥的话说得有些满。他却没想那么多,全身心地扑到布展中。

工程开始之初,梁有祥就在几个集装箱做成的临时场所办公。每天傍晚时分,他一定准时出现在工地开现场碰头会,梳理施工中遇到的问题。当天解决不了的,写到《工作日志》里,第二天抓紧解决。

天津市警示教育中心副主任刘少伟至今还保存着厚厚一沓当时打印的《工作日志》,里面详细记录着展厅施工中每一天需要跟进的任务。

布展中负责施工的人说,作为警示教育中心主任,梁有祥一点也不像个“官”。“我头一回见到他，戴个安全帽，浑身上下都是土，口罩、脸上、连眉毛上都是，讲话又带着浓重唐山味儿，我还以为他是个‘包工头’呢。”这是高赫薇刚到市警示教育中心任职时，对梁有祥这个“头儿”的第一印象。

尽管时间紧、任务重，但梁有祥对“建设全国一流展厅”的要求却没降低。在施工中，他发现施工方铺设的地胶与合同中的不相符，当即要求施工方按合同规定的品牌执行。在他督促下，施工方赶在春节放假前将地胶运到了工地。为赶工期，他当天与工人一起肩扛背驮，铺设地胶，清理打扫，一直忙到凌晨3点。

腊月二十七，许多工人返乡，但展板上的立体字还没有粘贴。2万多个立体字，需要粘贴的笔画和部首是这个数字的三四倍。梁有祥和大家一起，粘了一个通宵。“我一直记得那个画面——两米多高的脚手架，他就半坐在上面，拿着立体字笔画的零件，一个一个地粘。”刘少伟说。

如此高强度的工作，让梁有祥有些撑不住了。那段时间，他总是出虚汗，在场的同事劝他休息，他总是笑着说，“没事，老毛病了，出汗减肥”。有几次他开会到一半，血压高了，实在撑不住了，就赶紧吃随身带的药，然后继续开会。

在梁有祥带领下，经过大家的努力，展厅如期完工，并且做到了施工安全零事故、工程质量全达标。展馆自2019年2月开放以来，已经接待观众1800余场、9.4万余人。

评析：本文提及的已故纪检监察干部梁有祥，对纪检监察工作充满激情，干一行、爱一行，无论从事宣传工作还是从事审查调查工作，他都全身心地投入。以办公室为家，吃住在单位；加班是常态，不怕吃苦；思想不滑坡，办法总比困难多，在他面前，困难都不是事；对中央纪委国家监委最新工作要求，落实到实践中，如审查调查工作不满足于查清违纪违法事实，还着眼于一体推进“三不”，做实做深后半篇文章。

监察干部违纪违法典型案例

案例一　辽宁省纪委原副书记、省监委副主任杨锡怀因严重违纪违法受到撤销党内职务、政务撤职处分[①]

【案件情况】

经中共中央批准，中央纪委国家监委对辽宁省纪委原副书记、省监委副主任杨锡怀严重违纪违法问题进行了立案审查调查。

经查，杨锡怀同志违反政治纪律和政治规矩、工作纪律，在监督执纪工作中不正确履行职责，接受请托对被审查人给予关照，泄露工作秘密；违反中央八项规定精神和廉洁纪律，接受可能影响公正执行公务的宴请和礼品；干预和插手司法活动。

【处理决定】

杨锡怀同志身为省纪委副书记、省监委副主任，丧失党性原则，将监督执纪权变为送人情、谋私利的工具，其行为已违反党的纪律并构成职务违法，且在党的十八大后不收敛、不收手，应予严肃处理。鉴于杨锡怀同志能够如实交代违纪违法问题且大部分问题组织尚不掌握，主动上交违纪违法所得，认错悔错态度较好，可予从轻处理。依据《中国共产党纪律处分条例》《中华人民共和

① 《辽宁省纪委原副书记、省监委副主任杨锡怀因严重违纪违法受到撤销党内职务、政务撤职处分》，载中央纪委国家监委网站 2018 年 12 月 18 日，https://www.ccdi.gov.cn/yaowen/201812/t20181218_185313.html。

国监察法》等有关规定，经中央纪委常委会会议研究并报中共中央批准，决定给予杨锡怀同志撤销党内职务处分；由国家监委给予其政务撤职处分，降为副厅级非领导职务；终止其辽宁省第十二次党代会代表资格；收缴其违纪违法所得。

案例二　吉林省纪委原副书记、省监委原副主任邱大明严重违纪违法被开除党籍和公职[①]

【案件情况】

经中共中央批准，中央纪委国家监委对吉林省纪委原副书记、省监委原副主任邱大明严重违纪违法问题进行了立案审查调查。

经查，邱大明违反政治纪律和政治规矩，干扰审查调查工作，泄露中央巡视移交线索处置情况，违规干预、插手违纪违法案件查处并跑风漏气，对抗组织审查；违反中央八项规定精神，多次接受可能影响公正执行公务的宴请，公车私用，收受礼品礼金；违反廉洁纪律，违规从事营利性活动，利用职权或职务影响低价购房，为自己及近亲属谋取利益；违反工作纪律，违规干预司法、执法活动；违反生活纪律。利用职务上的便利或职权、地位形成的便利条件为他人谋取利益并收受巨额财物，涉嫌受贿犯罪；利用职务上的便利侵吞公款，涉嫌贪污犯罪。

【处理决定】

邱大明身为省级纪检监察机关领导干部，理想信念丧失、政治意识全无，执纪违纪、执法犯法，将监督执纪权变为谋取私利的

---

① 《吉林省纪委原副书记、省监委原副主任邱大明严重违纪违法被开除党籍和公职》，载中央纪委国家监委网站 2018 年 12 月 20 日，https://www.ccdi.gov.cn/toutiao/201812/t20181220_185413.html。

工具，与商人老板勾肩搭背，大搞权钱交易，严重损害了纪检监察干部形象，且在党的十八大后不收敛、不收手，严重违反党的纪律，构成职务违法并涉嫌犯罪，应予严肃处理。依据《中国共产党纪律处分条例》《中华人民共和国监察法》等有关规定，经中央纪委常委会会议研究并报中共中央批准，决定给予邱大明开除党籍处分；由国家监委给予其开除公职处分；免去其第十一届吉林省委委员职务，终止其吉林省第十一次党代会代表资格；收缴其违纪违法所得；将其涉嫌犯罪问题移送检察机关依法审查起诉，所涉财物随案移送。

案例三　内蒙古纪委案件审理室原主任沈佳受贿逾2800万元一审被判无期徒刑[①]

【案件情况】

2016年8月31日，内蒙古自治区巴彦淖尔省中级人民法院一审公开宣判内蒙古自治区纪委纪检监察四室原副处级检查员、纪检监察一室原副主任、案件审理室原主任沈佳受贿案，判决沈佳犯受贿罪。

法院审理查明，沈佳在担任内蒙古自治区纪委纪检监察四室副处级检查员、纪检监察一室副主任、案件审理室主任期间，多次利用职务之便非法收受他人财物或索取他人财物，为他人谋取利益，并大肆利用地位所形成的便利条件，通过其他国家工作人员为各种请托人谋取不正当利益，单独或者伙同他人收受请托人财物，收受贿赂2838.9139万元人民币及1万美元。

【处理决定】

被告人沈佳的判决书多达200多页，法官用了近一个半小时的时间进行宣读。法院在判决书中逐一认定沈佳的52项犯罪事实，认定被告人沈佳的行为已构成受贿罪。

沈佳在侦查、起诉、审判等阶段虽能够如实供述自己的犯罪事实，退缴全部涉案赃款，并能提供他人犯罪事实，但法院认为，

① 《内蒙古纪委案件审理室原主任沈佳受贿2800万元一审被判无期》，载人民网2016年9月1日，http://politics.people.com.cn/n1/2016/0901/c1001-28682763.html。

沈佳身为纪检部门领导干部,利用职务便利或利用自己职权及地位形成的各种便利条件进行职务犯罪,形成恶劣的社会影响,立功、退缴全部赃款、认罪等情节,不足以作为从轻处罚的理由。

法院依照《中华人民共和国刑法》《最高人民法院、最高人民检察院关于办理贪污贿赂刑事案件适用法律若干问题的解释》《最高人民法院、最高人民检察院关于办理职务犯罪案件认定自首、立功等量刑情节若干问题的意见》《最高人民法院关于适用〈中华人民共和国刑事诉讼法〉的解释》等相关规定作出判决。判处无期徒刑,剥夺政治权利终身,并处没收个人全部财产。

监察官应知应会知识梳理

关于监察机关及司法机关履行告知、信息传递的规定梳理

法规依据	条文摘录	知识点提醒
《刑事诉讼法》	**第八十五条** 公安机关拘留人的时候,必须出示拘留证。 拘留后,应当立即将被拘留人送看守所羁押,至迟不得超过二十四小时。除无法通知或者涉嫌危害国家安全犯罪、恐怖活动犯罪通知可能有碍侦查的情形以外,应当在拘留后二十四小时以内,通知被拘留人的家属。有碍侦查的情形消失以后,应当立即通知被拘留人的家属。	通常情况下,公安机关在拘留被拘留人后24小时以内,通知被拘留人的家属,有碍侦查的除外。
	第九十三条 公安机关逮捕人的时候,必须出示逮捕证。 逮捕后,应当立即将被逮捕人送看守所羁押。除无法通知的以外,应当在逮捕后二十四小时以内,通知被逮捕人的家属。	通常情况下,公安机关在逮捕后24小时以内,通知被逮捕人的家属,无法通知的除外。 无法通知的,应当将原因写明。
《人民检察院刑事诉讼规则》	**第一百四十四条** 除无法通知的以外,人民检察院应当在公安机关执行拘留、逮捕后二十四小时以内,通知犯罪嫌疑人的家属。	公安机关执行拘留、逮捕后24小时以内,人民检察院通知犯罪嫌疑人的家属。
《刑事诉讼法》	**第一百一十条** 任何单位和个人发现有犯罪事实或者犯罪嫌疑人,有权利也有义务向公安机关、人民检察院或者人民法院报案或者举报。 被害人对侵犯其人身、财产权利	

续表

法规依据	条文摘录	知识点提醒
	的犯罪事实或者犯罪嫌疑人，有权向公安机关、人民检察院或者人民法院报案或者控告。 公安机关、人民检察院或者人民法院对于报案、控告、举报，都应当接受。对于不属于自己管辖的，应当移送主管机关处理，并且通知报案人、控告人、举报人；对于不属于自己管辖而又必须采取紧急措施的，应当先采取紧急措施，然后移送主管机关。 犯罪人向公安机关、人民检察院或者人民法院自首的，适用第三款规定。	关键词：通知、移送。
《刑事诉讼法》	**第一百七十七条** 犯罪嫌疑人没有犯罪事实，或者有本法第十六条规定的情形之一的，人民检察院应当作出不起诉决定。 对于犯罪情节轻微，依照刑法规定不需要判处刑罚或者免除刑罚的，人民检察院可以作出不起诉决定。 人民检察院决定不起诉的案件，应当同时对侦查中查封、扣押、冻结的财物解除查封、扣押、冻结。对被不起诉人需要给予行政处罚、处分或者需要没收其违法所得的，人民检察院应当提出检察意见，移送有关主管机关处理。有关主管机关应当将处理结果及时通知人民检察院。	对被不起诉人需要给予行政处罚、处分或者需要没收其违法所得的，人民检察院应当提出检察意见，移送有关主管机关处理。有关主管机关应当将处理结果及时通知人民检察院。
	第一百七十八条 不起诉的决定，应当公开宣布，并且将不起诉决定书送达被不起诉人和他的所在单位。如果被不起诉人在押，应当立即释放。	将不起诉决定书送达被不起诉人和他的所在单位。

续表

法规依据	条文摘录	知识点提醒
《刑事诉讼法》	**第二百零二条** 宣告判决，一律公开进行。 当庭宣告判决的，应当在五日以内将判决书送达当事人和提起公诉的人民检察院；定期宣告判决的，应当在宣告后立即将判决书送达当事人和提起公诉的人民检察院。判决书应当同时送达辩护人、诉讼代理人。	判决书送达当事人和提起公诉的人民检察院、辩护人、诉讼代理人。党员、公职人员涉嫌犯罪的场合，刑事判决（裁定）后，应在判决（裁定）生效之日起15个工作日内送达纪检监察机关。
《人民检察院刑事诉讼规则》	**第十七条** 人民检察院办理直接受理侦查的案件，发现犯罪嫌疑人同时涉嫌监察机关管辖的职务犯罪线索的，应当及时与同级监察机关沟通。 经沟通，认为全案由监察机关管辖更为适宜的，人民检察院应当将案件和相应职务犯罪线索一并移送监察机关；认为由监察机关和人民检察院分别管辖更为适宜的，人民检察院应当将监察机关管辖的相应职务犯罪线索移送监察机关，对依法由人民检察院管辖的犯罪案件继续侦查。 人民检察院应当及时将沟通情况报告上一级人民检察院。沟通期间不得停止对案件的侦查。	犯罪嫌疑人同时涉嫌监察机关管辖的职务犯罪线索的，应当及时与同级监察机关沟通。 监察机关管辖相应职务犯罪更适宜的，人民检察院应当将案件和线索移送监察机关。
《监察法》	**第三十四条** 人民法院、人民检察院、公安机关、审计机关等国家机关在工作中发现公职人员涉嫌贪污贿赂、失职渎职等职务违法或者职务犯罪的问题线索，应当移送监察机关，由监察机关依法调查处置。	公职人员涉嫌贪污贿赂、失职渎职等职务违法或者职务犯罪的问题线索，移送监察机关依法调查处置。

续表

法规依据	条文摘录	知识点提醒
	被调查人既涉嫌严重职务违法或者职务犯罪,又涉嫌其他违法犯罪的,一般应当由监察机关为主调查,其他机关予以协助。	
《监察法》	**第三十九条第三款** 立案调查决定应当向被调查人宣布,并通报相关组织。涉嫌严重职务违法或者职务犯罪的,应当通知被调查人家属,并向社会公开发布。	监察机关有义务将立案调查决定告知被调查人和相关组织。 涉嫌严重职务违法或者职务犯罪的,应当将立案调查决定告知被调查人家属。
《监察法》	**第四十四条第一款** 对被调查人采取留置措施后,应当在二十四小时以内,通知被留置人员所在单位和家属,但有可能毁灭、伪造证据,干扰证人作证或者串供等有碍调查情形的除外。有碍调查的情形消失后,应当立即通知被留置人员所在单位和家属。	对被调查人采取留置措施后,通常情况下,24小时以内,通知被留置人员所在单位和家属,有碍调查的除外。
《中国共产党纪律检查机关监督执纪工作规则》	**第三十八条** 对符合立案条件的,承办部门应当起草立案审查调查呈批报告,经纪检监察机关主要负责人审批,报同级党委主要负责人批准,予以立案审查调查。 立案审查调查决定应当向被审查调查人宣布,并向被审查调查人所在党委(党组)主要负责人通报。	向被审查调查人宣布立案审查调查决定,向被审查调查人所在党委(党组)主要负责人通报立案审查调查决定。

续表

法规依据	条文摘录	知识点提醒
	第四十一条 需要对被审查调查人采取留置措施的,应当依据监察法进行,在24小时内通知其所在单位和家属,并及时向社会公开发布。因可能毁灭、伪造证据,干扰证人作证或者串供等有碍调查情形而不宜通知或者公开的,应当按程序报批并记录在案。有碍调查的情形消失后,应当立即通知被留置人员所在单位和家属。	留置被审查调查人的,24小时内通知其所在单位和家属,有碍调查的除外。
《中国共产党党内监督条例》	**第三十七条** 各级党委应当支持和保证同级人大、政府、监察机关、司法机关等对国家机关及公职人员依法进行监督,人民政协依章程进行民主监督,审计机关依法进行审计监督。有关国家机关发现党的领导干部违反党规党纪、需要党组织处理的,应当及时向有关党组织报告。审计机关发现党的领导干部涉嫌违纪的问题线索,应当向同级党组织报告,必要时向上级党组织报告,并按照规定将问题线索移送相关纪律检查机关处理。 在纪律审查中发现党的领导干部严重违纪涉嫌违法犯罪的,应当先作出党纪处分决定,再移送行政机关、司法机关处理。执法机关和司法机关依法立案查处涉及党的领导干部案件,应当向同级党委、纪委通报;该干部所在党组织应当根据有关规定,中止其相关党员权利;依法受到刑事责任追究,或者虽不构成犯罪但涉嫌违纪的,应当移送纪委依纪处理。	有关国家机关发现党的领导干部违反党规党纪、需要党组织处理的,应当及时向有关党组织报告。 审计机关发现党的领导干部涉嫌违纪的问题线索,向同级党组织报告,必要时向上级党组织报告,并按照规定将问题线索移送相关纪律检查机关处理。 执法机关和司法机关依法立案查处涉及党的领导干部案件,应当向同级党委、纪委通报。

续表

<table>
<tr><th>法规依据</th><th>条文摘录</th><th>知识点提醒</th></tr>
<tr><td>中央纪委办公厅与中央政法委办公厅、最高人民法院办公厅、最高人民检察院办公厅、公安部办公厅、国家安全部办公厅、司法部办公厅联合印发意见，进一步规范中央政法机关向纪检监察机关移送问题线索等工作。</td><td colspan="2">除了党员、监察对象涉嫌违纪或者职务违法、职务犯罪的问题线索应当按规定移送纪检监察机关外，中央政法机关掌握的有关材料中反映的情况对纪检监察机关开展工作有一定参考价值的，也应当移送纪检监察机关了解掌握。
比如，中央政法委在政治督察、执法司法监督、纪律作风督察巡查等工作中发现的领导干部本人或者授意、纵容身边工作人员、亲属请托说情、插手具体案件办理，干预执法司法、妨碍司法公正的情况；
最高人民法院在审理行政案件中发现的行使公权力的机关懒政、怠政或者存在违规违纪违法问题，可能涉及领导干部不当履职的情况；
最高人民检察院在履行刑事案件审查逮捕、审查起诉、出庭支持公诉、抗诉职责，以及诉讼监督工作中发现相关办案机关存在违规违纪违法问题，可能涉及领导干部不当履职的情况；
公安部在政治督察、警务督察、受理核查群众举报投诉等工作中发现的领导干部不严格执行、有意规避“三重一大”决策制度，或者利用职权干预案件正常办理、打探案情，指使、授意职能部门不作为、慢作为、乱作为，行政自由裁量权的行使明显畸轻畸重、超出合理限度的情况等。</td></tr>
<tr><td rowspan="2">备注</td><td colspan="2">法院、检察院、公安机关在办理案件中，应当查证核实案件当事人的政治面貌、是不是国家工作人员等身份信息，并将证据材料随案移送给相关纪检监察机关。</td></tr>
<tr><td colspan="2">追责典型案例：2010 年 5 月 6 日，某县国土资源局地产交易中心原副主任杨某某因犯有非法倒卖土地使用权罪，被法院判处有期徒刑 3 年，缓刑 5 年。此后，杨某某一直在国土资源局任职，2012 年平调到城市监察大队任副大队长。之所以发生“带着党籍服刑”“戴罪任职”现象，缘于信息传递不畅。本案中，主审法官后被给予党内严重警告处分。“带着党籍服刑”“戴罪任职”被严格禁止。</td></tr>
</table>

从宽处理(含认罪认罚)相关规定梳理

法规依据	条文摘录	知识点提醒
《监察法》	**第三十一条** 涉嫌职务犯罪的被调查人主动认罪认罚,有下列情形之一的,监察机关经领导人员集体研究,并报上一级监察机关批准,可以在移送人民检察院时提出从宽处罚的建议: (一)自动投案,真诚悔罪悔过的; (二)积极配合调查工作,如实供述监察机关还未掌握的违法犯罪行为的; (三)积极退赃,减少损失的; (四)具有重大立功表现或者案件涉及国家重大利益等情形的。	主动认罪认罚,有四种情形之一的,可从宽处罚。
	第三十二条 职务违法犯罪的涉案人员揭发有关被调查人职务违法犯罪行为,查证属实的,或者提供重要线索,有助于调查其他案件的,监察机关经领导人员集体研究,并报上一级监察机关批准,可以在移送人民检察院时提出从宽处罚的建议。	有立功表现的,可从宽处罚。
《公职人员政务处分法》	**第十一条** 公职人员有下列情形之一的,可以从轻或者减轻给予政务处分: (一)主动交代本人应当受到政务处分的违法行为的; (二)配合调查,如实说明本人违法事实的; (三)检举他人违纪违法行为,经查证属实的; (四)主动采取措施,有效避免、挽回损失或者消除不良影响的; (五)在共同违法行为中起次要或者辅助作用的;	具备七种情形之一的,可从轻或者减轻处分。

续表

法规依据	条文摘录	知识点提醒
	(六)主动上交或者退赔违法所得的; (七)法律、法规规定的其他从轻或者减轻情节。	
《公职人员政务处分法》	**第十三条** 公职人员有下列情形之一的,应当从重给予政务处分: (一)在政务处分期内再次故意违法,应当受到政务处分的; (二)阻止他人检举、提供证据的; (三)串供或者伪造、隐匿、毁灭证据的; (四)包庇同案人员的; (五)胁迫、唆使他人实施违法行为的; (六)拒不上交或者退赔违法所得的; (七)法律、法规规定的其他从重情节。	从重处分共有七种情形。
《刑法》	**第六十七条** 犯罪以后自动投案,如实供述自己的罪行的,是自首。对于自首的犯罪分子,可以从轻或者减轻处罚。其中,犯罪较轻的,可以免除处罚。 被采取强制措施的犯罪嫌疑人、被告人和正在服刑的罪犯,如实供述司法机关还未掌握的本人其他罪行的,以自首论。 犯罪嫌疑人虽不具有前两款规定的自首情节,但是如实供述自己罪行的,可以从轻处罚;因其如实供述自己罪行,避免特别严重后果发生的,可以减轻处罚。	有自首情节的,可以从轻或者减轻处罚。
	第六十八条 犯罪分子有揭发他人犯罪行为,查证属实的,或者提供重要线索,从而得以侦破其他案件等立功表现的,可以从轻或者减轻处罚;有重大立功表现的,可以减轻或者免除处罚。	有立功情节的,可以从轻或者减轻处罚。
备注	最高人民法院、最高人民检察院、公安部、国家安全部、司法部《关于适用认罪认罚从宽制度的指导意见》对认罪认罚作了详细界定。	

涉案款物处置规定一览表

法规依据	条文摘录	知识点提醒
《中国共产党纪律检查机关监督执纪工作规则》	**第五十八条** 对被审查调查人违规违纪违法所得财物，应当依规依纪依法予以收缴、责令退赔或者登记上交。 对涉嫌职务犯罪所得财物，应当随案移送司法机关。 对经认定不属于违规违纪违法所得的，应当在案件审结后依规依纪依法予以返还，并办理签收手续。	在追究党纪责任时，处置涉案财物的主要方式为“收缴”“责令退赔”；在追究监察责任时，处置涉案财物的主要方式为“没收”“追缴”“责令退赔”。其中，追究党纪责任时对违纪所得予以“收缴”，相当于追究监察责任时对违法所得予以“没收”和“追缴”，通常针对的是实施违纪违法行为所获得的财物及其孳息收益。具体而言，一是“没收”是指将违纪违法所得财物强制收归国有，没收的财物一律上缴国库。二是“追缴”是指将违纪违法所得财物予以追回，追缴的财物退回原所有人或原持有人，依法不应退回的则上缴国库。三是“责令退赔”通常针对的是违反规定挥霍浪费国有资产，如公款吃喝、公款旅游以及违反规定乱罚款、乱收费获得的财物等，责令被审查调查人将违纪违法所得的财物予以归还，财物已经被消耗、毁损的，应当用与之价值相当的
《中国共产党纪律处分条例》	**第四十条** 对于违纪行为所获得的经济利益，应当收缴或者责令退赔。 对于违纪行为所获得的职务、职称、学历、学位、奖励、资格等其他利益，应当由承办案件的纪检机关或者由其上级纪检机关建议有关组织、部门、单位按照规定予以纠正。 对于依照本条例第三十五条、第三十六条规定处理的党员，经调查确属其实施违纪行为获得的利益，依照本条规定处理。	
《公职人员政务处分法》	**第二十五条** 公职人员违法取得的财物和用于违法行为的本人财物，除依法应当由其他机关没收、追缴或者责令退赔的，由监察机关没收、追缴或者责令退赔；应当退还原所有人或者原持有人	

续表

法规依据	条文摘录	知识点提醒
	的,依法予以退还;属于国家财产或者不应当退还以及无法退还的,上缴国库。 公职人员因违法行为获得的职务、职级、衔级、级别、岗位和职员等级、职称、待遇、资格、学历、学位、荣誉、奖励等其他利益,监察机关应当建议有关机关、单位、组织按规定予以纠正。	财物予以赔偿;责令退赔的财物直接退赔原所有人或原持有人,无法退赔的上缴国库。
推荐阅读	陈雷(中央纪委国家监委研究室):《纪检监察机关如何没收追缴职务违法犯罪所得——根据不同情形遵循不同的法律程序》,载《中国纪检监察》2018年第23期。	

“习近平新时代中国特色社会主义思想”知识点梳理

习近平新时代中国特色社会主义思想概述	十八大以来，以习近平同志为主要代表的中国共产党人，顺应时代发展，从理论和实践结合上系统回答了新时代坚持和发展什么样的中国特色社会主义、怎样坚持和发展中国特色社会主义这个重大时代课题，形成了习近平新时代中国特色社会主义思想。习近平新时代中国特色社会主义思想是对马克思列宁主义、毛泽东思想、邓小平理论、“三个代表”重要思想、科学发展观的继承和发展，是马克思主义中国化最新成果，是党和人民实践经验和集体智慧的结晶，是中国特色社会主义理论体系的重要组成部分，是全党全国人民为实现中华民族伟大复兴而奋斗的行动指南，必须长期坚持并不断发展。
习近平新时代中国特色社会主义思想核心内容	“八个明确”和“十四个坚持”。
八个明确	明确坚持和发展中国特色社会主义，总任务是实现社会主义现代化和中华民族伟大复兴，在全面建成小康社会的基础上，分两步走在本世纪中叶建成富强民主文明和谐美丽的社会主义现代化强国； 明确新时代我国社会主要矛盾是人民日益增长的美好生活需要和不平衡不充分的发展之间的矛盾，必须坚持以人民为中心的发展思想，不断促进人的全面发展、全体人民共同富裕； 明确中国特色社会主义事业总体布局是“五位一体”、战略布局是“四个全面”，强调坚定道路自信、理论自信、制度自信、文化自信； 明确全面深化改革总目标是完善和发展中国特色社会主义制度、推进国家治理体系和治理能力现代化；

续表

	明确全面推进依法治国总目标是建设中国特色社会主义法治体系、建设社会主义法治国家； 明确党在新时代的强军目标是建设一支听党指挥、能打胜仗、作风优良的人民军队，把人民军队建设成为世界一流军队； 明确中国特色大国外交要推动构建新型国际关系，推动构建人类命运共同体； 明确中国特色社会主义最本质的特征是中国共产党领导，中国特色社会主义制度的最大优势是中国共产党领导，党是最高政治领导力量，提出新时代党的建设总要求，突出政治建设在党的建设中的重要地位。
十四个坚持	坚持党对一切工作的领导； 坚持以人民为中心； 坚持全面深化改革； 坚持新发展理念； 坚持人民当家作主； 坚持全面依法治国； 坚持社会主义核心价值体系； 坚持在发展中保障和改善民生； 坚持人与自然和谐共生； 坚持总体国家安全观； 坚持党对人民军队的绝对领导； 坚持“一国两制”和推进祖国统一； 坚持推动构建人类命运共同体； 坚持全面从严治党。
推进全面依法治国“十一个坚持”	坚持党对全面依法治国的领导； 坚持以人民为中心； 坚持中国特色社会主义法治道路； 坚持依宪治国、依宪执政； 坚持在法治轨道上推进国家治理体系和治理能力现代化； 坚持建设中国特色社会主义法治体系；

续表

	坚持依法治国、依法执政、依法行政共同推进，法治国家、法治政府、法治社会一体建设； 坚持全面推进科学立法、严格执法、公正司法、全民守法； 坚持统筹推进国内法治和涉外法治； 坚持建设德才兼备的高素质法治工作队伍； 坚持抓住领导干部这个“关键少数”。
“八个明确”和“十四个坚持”关系	“八个明确”和“十四个坚持”有机融合、有机统一，凝结着我们党坚持和发展中国特色社会主义的宝贵经验，反映了以习近平同志为核心的党中央对中国特色社会主义规律性认识的深化、拓展、升华，体现了理论与实际相结合、认识论和方法论相统一的鲜明特色。
习近平新时代中国特色社会主义思想活的灵魂	解放思想、实事求是、与时俱进。
关于“新时代”的界定	新时代是中国特色社会主义新时代，而不是别的什么新时代；是决胜全面建成小康社会、进而全面建设社会主义现代化强国的时代；是全国各族人民团结奋斗、不断创造美好生活、逐步实现全体人民共同富裕的时代；是奋力实现中华民族伟大复兴中国梦的时代；是我国日益走进世界舞台中央、不断为人类作出更大贡献的时代。
我国社会主要矛盾	中国特色社会主义进入新时代，我国社会主要矛盾已经转化为人民日益增长的美好生活需要和不平衡不充分的发展之间的矛盾。
社会主义初级阶段	社会主义初级阶段不是一个静态、一成不变、停滞不前的阶段，也不是一个自发、被动、不用费多大气力自然而然就可以跨过的阶段，而是一个动态、积极有为、始终洋溢着蓬勃生机活力的过程，是一个阶梯式递进、不断发展进步、日益接近质的飞跃的量的积累和发展变化的过程。

续表

全面建设社会主义现代化国家	我国现代化是人口规模巨大的现代化，是全体人民共同富裕的现代化，是物质文明和精神文明相协调的现代化，是人与自然和谐共生的现代化，是走和平发展道路的现代化。
以史为鉴、开创未来坚持“九个必须”	必须坚持中国共产党坚强领导； 必须团结带领中国人民不断为美好生活而奋斗； 必须继续推进马克思主义中国化； 必须坚持和发展中国特色社会主义； 必须加快国防和军队现代化； 必须不断推动构建人类命运共同体； 必须进行具有许多新的历史特点的伟大斗争； 必须加强中华儿女大团结； 必须不断推进党的建设新的伟大工程。
建党精神	坚持真理、坚守理想，践行初心、担当使命，不怕牺牲、英勇斗争，对党忠诚、不负人民。

党内法规基础知识梳理

知识点	知识点讲解
党内法规和国家法律的关系	党内法规和国家法律,都是中国特色社会主义法治体系的重要组成部分。党内法规是法治思维和法治方式在党的建设方面的实际运用和具体体现。党内法规由党纪强制力保障实施,重在解决管党治党问题,国家法律依靠国家强制力保障实施,则重在解决治国理政问题,二者互为补充、相辅相成。如党的十八届四中全会通过的《中共中央关于全面推进依法治国若干重大问题的决定》指出,"党内法规既是管党治党的重要依据,也是建设社会主义法治国家的有力保障"。 《中国共产党章程》总纲规定:"党必须在宪法和法律的范围内活动。党必须保证国家的立法、司法、行政、监察机关,经济、文化组织和人民团体积极主动地、独立负责地、协调一致地工作。"第三条第四项规定,党员必须履行下列义务:"自觉遵守党的纪律,首先是党的政治纪律和政治规矩,模范遵守国家的法律法规,严格保守党和国家的秘密,执行党的决定,服从组织分配,积极完成党的任务。" 《宪法》序言规定:"全国各族人民、一切国家机关和武装力量、各政党和各社会团体、各企业事业组织,都必须以宪法为根本的活动准则,并且负有维护宪法尊严、保证宪法实施的职责。"
党内法规概念	党内法规是党的中央组织,中央纪律检查委员会以及党中央工作机关和省、自治区、直辖市党委制定的体现党的统一意志、规范党的领导和党的建设活动、依靠党的纪律保证实施的专门规章制度。
党内法规制定主体	党的中央组织、中央纪委和党中央工作机关、省级党委这3类主体有权制定党内法规。党章及其修正案,由党的全国代表大会审议通过。 准则由中央委员会审议通过,如《中国共产党廉洁自律准则》由中国共产党第十八届中央委员会第五次全体会议

续表

知识点	知识点讲解
	通过,《关于新形势下党内政治生活的若干准则》由中国共产党第十八届中央委员会第六次全体会议通过。中央党内法规着重规范“面”上的重大问题。 党中央工作机关,中央办公厅,中央组织部、中央宣传部、中央统战部等职能部门,中央台办、中央改革办等办事机构,以及中央和国家机关工委等派出机关,均有制定党内法规的权限。中央纪委以及党中央工作机关制定的党内法规着重规范“条”上的重要问题。 省、自治区、直辖市党委有权制定党内法规,省级纪委无权制定党内法规,只能制定规范性文件。省级党委制定的党内法规着重规范“块”上的重要问题。省级党委制定的党内法规效力低于中央纪委以及党中央工作机关制定的党内法规。
党内法规名称	党章、准则、条例、规定、办法、规则、细则 7 类专属名称。
党内法规位阶	第一个位阶是党章,对党的性质和宗旨、路线和纲领、指导思想和奋斗目标、组织原则和组织机构、党员义务权利以及党的纪律等作出根本规定,是根本大法。 第二个位阶是准则,对全党政治生活、组织生活和全体党员行为等作出基本规定,集中体现党章精神,地位高、效力大,仅次于党章。 第三个位阶是条例,主要是对党的某一领域重要关系或者某一方面重要工作作出全面规定。 第四个位阶是规定、办法、规则、细则,主要是对党的某一方面重要工作的要求和程序等作出具体规定。中央纪委以及党中央工作机关、省级党委制定的党内法规可以使用这 4 类名称,不能使用党章、准则、条例。
中央党内法规审议主体	准则草案一般由中央委员会全体会议审议批准;条例草案一般由中央政治局会议审议批准;规定、办法、规则、细则草案一般由中央政治局常委会会议审议批准。

续表

知识点	知识点讲解
党内法规体系	党内法规体系以"1+4"为基本框架,即在党章之下分为党的组织法规、党的领导法规、党的自身建设法规、党的监督保障法规四大板块。
党的组织法规	党的组织法规是调整党的各级各类组织产生、组成、职权职责等的党内法规,为党管党治党、执政治国提供组织制度保障。包括党的组织体系方面的法规、党内选举方面的法规、党的组织工作方面的法规、党的象征标志方面的法规等。截至2021年7月1日,现行有效党的组织法规共153部,其中,中央党内法规15部,部委党内法规1部,地方党内法规137部。如: 《中国共产党中央委员会工作条例》 《中国共产党地方委员会工作条例》 《中国共产党党组工作条例》 《中国共产党党和国家机关基层组织工作条例》 《中国共产党支部工作条例(试行)》 《中国共产党农村基层组织工作条例》 《中国共产党基层组织选举工作条例》
党的领导法规	党的领导法规是规范和保障党对各方面工作实施领导,明确党与人大、政府、政协、监察机关、审判机关、检察机关、武装力量、人民团体、企事业单位、基层群众性自治组织、社会组织等领导与被领导关系的党内法规,为党发挥总揽全局、协调各方领导核心作用提供制度保障。截至2021年7月1日,现行有效党的领导法规共772部,其中,中央党内法规44部,部委党内法规29部,地方党内法规699部。如: 《中国共产党农村工作条例》 《中国共产党政法工作条例》 《中国共产党统一战线工作条例》
党的自身建设法规	党的自身建设法规是调整党的政治建设、思想建设、组织建设、作风建设、纪律建设等的党内法规,为提高党的建设质量、永葆党的先进性和纯洁性提供制度保障。截至

续表

知识点	知识点讲解
	2021 年 7 月 1 日,现行有效党的自身建设法规共 1319 部,其中,中央党内法规 74 部,部委党内法规 76 部,地方党内法规 1169 部。如: 《中共中央关于加强党的政治建设的意见》 《关于加强和改进中央和国家机关党的建设的意见》 《中国共产党党委(党组)理论学习中心组学习规则》 《党政领导干部选拔任用工作条例》 《干部选拔任用工作监督检查和责任追究办法》 《中国共产党党员教育管理工作条例》 《干部人事档案工作条例》
党的监督保障法规	党的监督保障法规是调整党的监督、激励、惩戒、保障等的党内法规,为保证党组织和党员干部履行好党和人民赋予的职责提供制度保障。截至 2021 年 7 月 1 日,现行有效党的监督保障法规共 1370 部,其中,中央党内法规 77 部,部委党内法规 57 部,地方党内法规 1236 部。如: 《关于新形势下党内政治生活的若干准则》 《中国共产党党内监督条例》 《中国共产党巡视工作条例》 《中国共产党问责条例》 《中国共产党党务公开条例(试行)》 《县以上党和国家机关党员领导干部民主生活会若干规定》 《关于党员领导干部述职述廉的暂行规定》 《关于对党员领导干部进行诫勉谈话和函询的暂行办法》 《地方党委委员、纪委委员开展党内询问和质询办法(试行)》 《党政主要领导干部和国有企事业单位主要领导人员经济责任审计规定》

续表

知识点	知识点讲解
备　注	2021年7月1日，习近平总书记在庆祝中国共产党成立100周年大会上宣布，我们党已经"形成比较完善的党内法规体系"。截至2021年7月1日，全党现行有效党内法规共3615部。其中，党中央制定的中央党内法规211部，中央纪律检查委员会以及党中央工作机关制定的部委党内法规163部，省、自治区、直辖市党委制定的地方党内法规3241部。党内法规使用党章、准则、条例、规定、办法、规则、细则7类名称，现行有效党内法规中，党章1部，准则3部，条例43部，规定850部，办法2034部，规则75部，细则609部。
推荐阅读	中共中央办公厅法规局:《中国共产党党内法规体系》，中华人民共和国中央人民政府网2021年8月6日，http://www.gov.cn/xinwen/2021-08/06/content_5629962.htm。

党的纪律基础知识梳理

<table>
<tr><th>法规依据</th><th>条文摘录</th><th>知识点提醒</th></tr>
<tr><td>《中国共产党章程》</td><td>以改革创新精神全面推进党的建设新的伟大工程,以党的政治建设为统领,全面推进党的政治建设、思想建设、组织建设、作风建设、纪律建设,把制度建设贯穿其中,深入推进反腐败斗争,全面提高党的建设科学化水平。
坚持依规治党、标本兼治,坚持把纪律挺在前面,加强组织性纪律性,在党的纪律面前人人平等。</td><td>全面推进纪律建设,坚持把纪律挺在前面,加强纪律性,已写入党章总纲。</td></tr>
<tr><td>《中国共产党章程》</td><td>第三十九条 党的纪律是党的各级组织和全体党员必须遵守的行为规则,是维护党的团结统一、完成党的任务的保证。党组织必须严格执行和维护党的纪律,共产党员必须自觉接受党的纪律的约束。</td><td rowspan="2">党的纪律的六大保证作用:
党的纪律是认真贯彻执行党的路线、方针、政策的重要保证;
党的纪律是维护党的团结统一的重要保证;
党的纪律是加强党同人民群众联系的重要保证;
党的纪律是加强党风廉政建设、保持党的纯洁性的重要保证;
党的纪律是保持党的先进性、加强党的执政能力建</td></tr>
<tr><td>《关于新形势下党内政治生活的若干准则》</td><td>四、严明党的政治纪律
纪律严明是全党统一意志、统一行动、步调一致前进的重要保障,是党内政治生活的重要内容。必须严明党的纪律,把纪律挺在前面,用铁的纪律从严治党。
坚持纪律面前一律平等,遵守纪律没有特权,执行纪律没有例外,党内决不允许存在不受纪律约束的特殊组织和特殊党员。每一个党员对党的纪律都要心存敬畏、严格遵守,任何时候任何情况下都不能违反党</td></tr>
</table>

续表

法规依据	条文摘录	知识点提醒
	的纪律。党的各级组织和全体党员要坚决同一切违反党的纪律的行为作斗争。 政治纪律是党最根本、最重要的纪律,遵守党的政治纪律是遵守党的全部纪律的基础。全党特别是高级干部必须严格遵守党的政治纪律和政治规矩。党员不准散布违背党的理论和路线方针政策的言论,不准公开发表违背党中央决定的言论,不准泄露党和国家秘密,不准参与非法组织和非法活动,不准制造、传播政治谣言及丑化党和国家形象的言论。党员不准搞封建迷信,不准信仰宗教,不准参与邪教,不准纵容和支持宗教极端势力、民族分裂势力、暴力恐怖势力及其活动。 党员、干部特别是高级干部不准在党内搞小山头、小圈子、小团伙,严禁在党内拉私人关系、培植个人势力、结成利益集团。对那些投机取巧、拉帮结派、搞团团伙伙的人,要严格防范,依纪依规处理。坚决防止野心家、阴谋家窃取党和国家权力。 党的各级组织和全体党员必须对党忠诚老实、光明磊落,说老实话、办老实事、做老实人,如实向党反映和报告情况,反对搞两面派、做“两面人”,反对弄虚作假、虚报浮夸,反对隐瞒实情、报喜不报忧。领导机关和领导干部不准以任何理由和名义纵容、唆使、暗示或强迫下级说假话。凡因弄虚作假、隐瞒实情给党和人民	设的重要保证; 党的纪律是确保改革开放和社会主义事业顺利进行的重要保证。 党的所有纪律中,政治纪律是管总的、打头的,被置于首位。

续表

法规依据	条文摘录	知识点提醒
	事业造成重大损失的，凡因弄虚作假、隐瞒实情骗取荣誉、地位、奖励或其他利益的，凡因纵容、唆使、暗示或强迫下级弄虚作假、隐瞒实情的，都要依纪依规严肃问责追责。对坚持原则、敢于说真话的同志，要给予支持、保护、鼓励。 党内不准搞拉拉扯扯、吹吹拍拍、阿谀奉承。对领导人的宣传要实事求是，禁止吹捧，禁止给领导人祝寿、送礼、发致敬函电，禁止在领导干部国内考察工作时组织迎送、张贴标语、敲锣打鼓、铺红地毯、举行宴会等。 党的各级组织必须担负起执行和维护政治纪律和政治规矩的责任，对违反政治纪律的行为要坚决批评制止，不能听之任之。党的各级组织和纪律检查机关要加强纪律执行情况的监督和检查，坚决防止和纠正执行纪律宽松软的问题。	
《中国共产党纪律处分条例》	**第三条** 党章是最根本的党内法规，是管党治党的总规矩。党的纪律是党的各级组织和全体党员必须遵守的行为规则。党组织和党员必须牢固树立政治意识、大局意识、核心意识、看齐意识，自觉遵守党章，严格执行和维护党的纪律，自觉接受党的纪律约束，模范遵守国家法律法规。	党的纪律的概念。
《中国共产党纪律处分条例》	**第四条** 党的纪律处分工作应当坚持以下原则： （一）坚持党要管党、全面从严治党。加强对党的各级组织和全体	党的纪律处分工作应当坚持五个原则。

续表

法规依据	条文摘录	知识点提醒
	党员的教育、管理和监督,把纪律挺在前面,注重抓早抓小、防微杜渐。 (二)党纪面前一律平等。对违犯党纪的党组织和党员必须严肃、公正执行纪律,党内不允许有任何不受纪律约束的党组织和党员。 (三)实事求是。对党组织和党员违犯党纪的行为,应当以事实为依据,以党章、其他党内法规和国家法律法规为准绳,准确认定违纪性质,区别不同情况,恰当予以处理。 (四)民主集中制。实施党纪处分,应当按照规定程序经党组织集体讨论决定,不允许任何个人或者少数人擅自决定和批准。上级党组织对违犯党纪的党组织和党员作出的处理决定,下级党组织必须执行。 (五)惩前毖后、治病救人。处理违犯党纪的党组织和党员,应当实行惩戒与教育相结合,做到宽严相济。	
《中国共产党纪律处分条例》	**第七条** 党组织和党员违反党章和其他党内法规,违反国家法律法规,违反党和国家政策,违反社会主义道德,危害党、国家和人民利益的行为,依照规定应当给予纪律处理或者处分的,都必须受到追究。 重点查处党的十八大以来不收敛、不收手,问题线索反映集中、群众反映强烈,政治问题和经济问题交织的腐败案件,违反中央八项规定精神的问题。	违纪的概念和纪律审查的重点。

续表

法规依据	条文摘录	知识点提醒
	第八条 对党员的纪律处分种类： （一）警告； （二）严重警告； （三）撤销党内职务； （四）留党察看； （五）开除党籍。	纪律处分有五类。
	第九条 对于违犯党的纪律的党组织，上级党组织应当责令其作出检查或者进行通报批评。对于严重违犯党的纪律、本身又不能纠正的党组织，上一级党的委员会在查明核实后，根据情节严重的程度，可以予以： （一）改组； （二）解散。	对违纪党组织的处理，分为一般违纪和严重违纪两种情形。
《中国共产党党内监督条例》	**第五条** 党内监督的任务是确保党章党规党纪在全党有效执行，维护党的团结统一，重点解决党的领导弱化、党的建设缺失、全面从严治党不力，党的观念淡漠、组织涣散、纪律松弛，管党治党宽松软问题，保证党的组织充分履行职能、发挥核心作用，保证全体党员发挥先锋模范作用，保证党的领导干部忠诚干净担当。 党内监督的主要内容是： （一）遵守党章党规，坚定理想信念，践行党的宗旨，模范遵守宪法法律情况； （二）维护党中央集中统一领导，牢固树立政治意识、大局意识、核心意识、看齐意识，贯彻落实党的理论和路线方针政策，确保全党令行禁止情况； （三）坚持民主集中制，严肃党内政治生活，贯彻党员个人服从党的	党内监督的重点任务是解决党的领导弱化、党的建设缺失、全面从严治党不力，党的观念淡漠、组织涣散、纪律松弛，管党治党宽松软问题。

续表

法规依据	条文摘录	知识点提醒
	组织,少数服从多数,下级组织服从上级组织,全党各个组织和全体党员服从党的全国代表大会和中央委员会原则情况; (四)落实全面从严治党责任,严明党的纪律特别是政治纪律和政治规矩,推进党风廉政建设和反腐败工作情况; (五)落实中央八项规定精神,加强作风建设,密切联系群众,巩固党的执政基础情况; (六)坚持党的干部标准,树立正确选人用人导向,执行干部选拔任用工作规定情况; (七)廉洁自律、秉公用权情况; (八)完成党中央和上级党组织部署的任务情况。	
《中国共产党纪律检查机关监督执纪工作规则》	**第一条** 为了加强党对纪律检查和国家监察工作的统一领导,加强党的纪律建设,推进全面从严治党,规范纪检监察机关监督执纪工作,根据《中国共产党章程》和有关法律,结合纪检监察体制改革和监督执纪工作实践,制定本规则。	《中国共产党纪律检查机关监督执纪工作规则》一个重要立法目的是加强党的纪律建设,监督执纪要求把纪律挺在前面,不能只查违法犯罪事实。
	第四条 坚持惩前毖后、治病救人,把纪律挺在前面,精准有效运用监督执纪"四种形态",把思想政治工作贯穿监督执纪全过程,严管和厚爱结合,激励和约束并重,注重教育转化,促使党员自觉防止和纠正违纪行为,惩治极少数,教育大多数,实现政治效果、纪法效果和社会效果相统一。	

违反政治纪律政治规矩典型案例

典型案例	定性及评价
2017 年,山西省某县委召开常委会议、常委扩大会议、全委会共 44 次,其中 X 县人大常委会原党组书记、主任李某某 4 次借故不参会,10 次无故不参会,缺席县委重要会议近三分之一。李某某的行为,违反了“人大党组书记固定列席党委常委会”的规定,破坏了党委同人大常委会沟通协调的工作惯例,在政治上造成不良影响。	李某某的行为违反《中国共产党纪律处分条例》第六十二条的规定,“违反党的优良传统和工作惯例等党的规矩,在政治上造成不良影响”。
副省级领导干部张某在执行重大任务期间擅离职守。	从政治上看,关键时刻,副省级领导干部在执行重大任务期间擅离职守,在政治上造成了不良影响,故定性为违反政治纪律。
2011 年至 2013 年,某省在省委换届、省人大换届、全国人大代表选举 3 次选举中出现大范围、大面积的拉票贿选问题。在该拉票贿选案中,王某身为省委书记没有履行管党治党政治责任,未按照中央要求履行换届工作第一责任人的职责,对该省有关选举发生拉票贿选问题负有主要领导责任和直接责任。	换届纪律虽然属于组织纪律的内容,但关系到一个地方和部门的政治生态,政治性极强,对集中换届中出现的拉票贿选等违反组织纪律问题,一般应从违反政治纪律的高度予以认定。
某党员干部在某扶贫微信群中编发了一条关于脱贫攻坚的错误言论,妄加评论各级党委对脱贫攻坚作出的决策部署,给脱贫攻坚工作带来了消极影响,违反政治纪律,受到党内严重警告处分。	该党员妄议中央大政方针,属于违反政治纪律。

续表

典型案例	定性及评价
某党员在社区党员微信群内转发了一个题为“入党申请书”的“黄色段子”信息，内容严重丑化了党的形象，在社区党员中造成了恶劣影响，受到留党察看1年处分。	丑化党和国家形象，或者诋毁、诬蔑党和国家领导人、英雄模范，或者歪曲党的历史、中华人民共和国历史、人民军队历史的，属于违反政治纪律。
备注	政治纪律是最重要、最根本、最关键的纪律，遵守党的政治纪律是遵守党的全部纪律的重要基础。干部在政治上出问题，对党的危害不亚于腐败问题，有的甚至比腐败问题更严重。
	把违反政治纪律和政治规矩问题作为查处重点，首先看有没有违反政治纪律问题，有违反政治纪律的优先处置，违反其他纪律的也从政治上审视，剖析背后的政治根源。
推荐阅读	许展、李刚：《其他违纪行为在哪些情形下可转化为违反政治纪律》，载《中国纪检监察报》2021年2月10日，第8版。该文指出，实践中要综合考量违纪行为性质、情节、影响、违纪人员身份等因素，结合当地政治生态，精准判断是否应当将问题定性转化为违反政治纪律。主要包括但不限于以下具体情形：一是在做到“两个维护”和落实党中央决策部署上不坚决的行为；二是情节严重、影响恶劣的行为；三是发生在特殊时期的相关行为；四是被审查调查人岗位、身份及职责因素。

纪律检查建议与监察建议的区别

区别	详细论述
制作主体不同	纪律检查建议的制作主体是纪委,发文机关署名为"中共×××纪律检查委员会"并加盖中共×××纪律检查委员会印章。 监察建议的制作主体通常是监察机关,发文机关署名为"×××监察委员会"并加盖×××监察委员会印章。
送达对象不同	多数情况下,纪律检查建议的送达对象是有关党组织(见《中国共产党纪律检查机关监督执纪工作规则》第十九条),个别情况下也可以送达党组织之外的单位(见《中国共产党纪律检查机关案件检查工作条例实施细则》第十一条)。 多数情况下,监察建议送达对象是监察对象所在单位(见《监察法》第十一条第三项、第四十五条第一款第五项),如果监察对象是党的工作机关或者纪委,也可以作为送达对象。
制作依据不同	纪律检查建议的制作依据是党内法规,如《中国共产党纪律检查机关监督执纪工作规则》第十九条,《中国共产党纪律检查机关案件检查工作条例》第十四条、第二十六条,《中国共产党纪律检查机关案件检查工作条例实施细则》第十一条。 监察建议的制作依据是《监察法》第十一条第三项、第四十五条第一款第五项。
效力不同	纪律检查建议送达后,有关单位如果无故不采纳,如何处理不明确。如《中国共产党纪律检查机关案件检查工作条例实施细则》第十一条第二款规定:纪检机关对党组织提出建议时,应制作《纪律检查建议书》,送达有关党组织。对纪检机关的建议,有关党组织如无正当理由,应予采纳,并应将办理结果及时报告或告知提出建议的纪检机关。

续表

区别	详细论述
	监察建议送达后,有关单位拒不执行监察机关作出的处理决定,或者无正当理由拒不采纳监察建议的,根据《监察法》第六十二条的规定,由其主管部门、上级机关责令改正,对单位给予通报批评;对负有责任的领导人员和直接责任人员依法给予处理。相对而言,因为有《监察法》第六十二条的保障措施,监察建议的权威性似乎更高。
备注	需要说明的是,就同一事项向同一党组织、单位,既提出纪律检查建议又提出监察建议,可制发纪检监察建议书的,使用“×纪”文号,标题为“关于×××(事由)的纪检监察建议”,发文机关署名为“中共×××纪律检查委员会”“×××监察委员会”并加盖中共×××纪律检查委员会、×××监察委员会印章。

“党组”与“党委”区别

党组	党委	区别
《中国共产党章程》 **第四十八条** 在中央和地方国家机关、人民团体、经济组织、文化组织和其他非党组织的领导机关中，可以成立党组。党组发挥领导核心作用。党组的任务，主要是负责贯彻执行党的路线、方针、政策；加强对本单位党的建设的领导，履行全面从严治党责任；讨论和决定本单位的重大问题；做好干部管理工作；讨论和决定基层党组织设置调整和发展党员、处分党员等重要事项；团结党外干部和群众，完成党和国家交给的任务；领导机关和直属单位党组织的工作。 **《中国共产党党组工作条例》** **第二条** 党组是党在中央和地方国家机关、人民团体、经济组织、文化组织和其他非党组织的领导机关中设立的领导机构，在本单位发挥领导作用，是党对非党组织实施领导的重要组织形式。	《中国共产党章程》 **第五十条** 对下属单位实行集中统一领导的国家工作部门可以建立党委，党委的产生办法、职权和工作任务，由中央另行规定。 **《中国共产党地方委员会工作条例》** **第三条** 党的地方委员会在本地区发挥总揽全局、协调各方的领导核心作用，按照协调推进“四个全面”战略布局，对本地区经济建设、政治建设、文化建设、社会建设、生态文明建设实行全面领导，对本地区党的建设全面负责。 **第六条** 党的地方委员会由同级党代表大会选举产生，由委员、候补委员组成，每届任期5年。 党的地方委员会的常务委员会（简称常委会）由党的地方委员会全体会议（简称全会）选举产生，由党的地方委员会书记、副书记和常委会其他委员组成。	性质上存在区别：党组是党在中央和地方国家机关、人民团体、经济组织、文化组织和其他非党组织的领导机关中设立的领导机构，在本单位发挥领导作用，是党对非党组织实施领导的重要组织形式。 党委可分为部门党委（比如公安部党委）和地方党委（X市委）。 党组在本单位发挥领导作用，党组性质党委在本单位、本系统发挥领导作用，地方党委在本地区发挥领导作用。 从产生方式上看，党组由中央和地方党委批准设立，地方党委由党的同级代表大会选举产生。

续表

党组	党委	区别
	《中国共产党党组工作条例》 **第三十六条** 党组性质党委，是指党在对下属单位实行集中统一领导的国家工作部门和有关单位的领导机关中设立的领导机构，在本单位、本系统发挥领导作用。 党组性质党委，由上级党组织直接批准设立，不同于由选举产生的地方党委和基层党委。	地方党委可以按规定召开党代表大会或者党代表会议，党组不能召开党员代表大会、党代表会议和选举出席党代表大会的代表。
《中国共产党党组工作条例》 **第十七条** 党组讨论和决定本单位下列重大问题： （一）贯彻落实党中央以及上级党组织决策部署的重大举措； （二）制定拟订法律法规规章和重要规范性文件中的重大事项； （三）业务工作发展战略、重大部署和重大事项； （四）重大改革事项； （五）重要人事任免等事项； （六）重大项目安排； （七）大额资金使用、大额资产处置、预算安排；	**《中国共产党党组工作条例》** **第三十七条** 下列国家工作部门和单位经批准，可以设立党组性质党委： （一）对下属单位实行集中统一领导的国家工作部门； （二）根据中央授权对有关单位实行集中统一领导的国家工作部门； （三）政治要求高、工作性质特殊、系统规模大的国家工作部门； （四）对下级单位实行垂直管理的国家工作部门； （五）金融监管机构；	党组性质党委的设立、变更和撤销，一般应当由党中央或者本级地方党委审批。 党组性质党委除履行《中国共产党党组工作条例》第三章规定的党组相关职责外，还领导或者指导本系统党组织的工作，讨论和决定下属单位工作规划部署、机构设置、干部队伍管理、党的建设等重要事项。党组性质党委有公安部党委、工商银行党委等。

续表

党组	党委	区别
（八）职能配置、机构设置、人员编制事项； （九）审计、巡视巡察、督查检查、考核奖惩等重大事项； （十）重大思想动态的政治引导； （十一）党的建设方面的重大事项； （十二）其他应当由党组讨论和决定的重大问题。 党组应当紧密结合本单位实际，对前款规定的重大问题进行明确细化、列出具体清单。清单内容根据需要动态调整。	（六）中管金融企业。 地方国家机关设立党组性质党委，一般应当同中央国家机关对应。 **第三十八条** 党组性质党委的设立、变更和撤销，一般应当由党中央或者本级地方党委审批。 对下属单位实行集中统一领导的国家工作部门和单位党组性质党委，根据党中央授权可以负责审批下属单位党组性质党委的设立、变更和撤销。 党组性质党委根据需要并按照规定权限和程序审批后，可以设立工作机构。 **第三十九条** 党组性质党委除履行本条例第三章规定的党组相关职责外，还领导或者指导本系统党组织的工作，讨论和决定下属单位工作规划部署、机构设置、干部队伍管理、党的建设等重要事项。	

纪检监察、巡视巡察工作中常见谈话对比梳理

种类	法规依据	条文摘录	知识点提醒
提醒谈话	《监察法》	**第十九条** 对可能发生职务违法的监察对象，监察机关按照管理权限，可以直接或者委托有关机关、人员进行谈话或者要求说明情况。	监督性质的谈话，旨在防患于未然，请注意关键词“可能发生”，即尚未发生。
询问	《监察法》	**第二十一条** 在调查过程中，监察机关可以询问证人等人员。	让证人如实作证，提供证据。
讯问	《监察法》	**第二十条** 在调查过程中，对涉嫌职务违法的被调查人，监察机关可以要求其就涉嫌违法行为作出陈述，必要时向被调查人出具书面通知。 对涉嫌贪污贿赂、失职渎职等职务犯罪的被调查人，监察机关可以进行讯问，要求其如实供述涉嫌犯罪的情况。	对涉嫌职务犯罪的被调查人进行严厉的谈话，让其如实供述涉嫌犯罪的情况。
谈话提醒、约谈函询	《中国共产党纪律检查机关监督执纪工作规则》	**第二十六条** 各级党委（党组）和纪检监察机关应当推动加强和规范党内政治生活，经常拿起批评和自我批评的武器，及时开展谈话提醒、约谈函询，促使党员、干部以及监察对象增强党的观念和纪律意识。	谈话提醒、约谈函询，均是监督措施，不仅适用于党员，也适用于非党员干部。

续表

种类	法规依据	条文摘录	知识点提醒
谈话函询		**第二十七条** 纪检监察机关采取谈话函询方式处置问题线索,应当起草谈话函询报批请示,拟订谈话方案和相关工作预案,按程序报批。需要谈话函询下一级党委(党组)主要负责人的,应当报纪检监察机关主要负责人批准,必要时向同级党委主要负责人报告。	谈话函询是问题线索处置方式之一,谈话需要按干部管理权限报批,拟订谈话方案和相关工作预案。
谈话函询		**第三十一条** 被谈话函询的党员干部应当在民主生活会、组织生活会上就本年度或者上年度谈话函询问题进行说明,讲清组织予以采信了结的情况;存在违纪问题的,应当进行自我批评,作出检讨。	被谈话或者被函询的党员干部,应当在民主生活会、组织生活会上就本年度或者上年度谈话函询问题进行说明。
诫勉谈话、谈话提醒	《中国共产党纪律检查机关监督执纪工作规则》	**第三十条第一款** 承办部门应当在谈话结束或者收到函询回复后1个月内写出情况报告和处置意见,按程序报批。根据不同情形作出相应处理: (一)反映不实,或者没有证据证明存在问题的,予以采信了结,并向被函询人发函反馈。 (二)问题轻微,不需要追究纪律责任的,采取谈话提醒、批评教育、责令检查、诫勉谈话等方式处理。 (三)反映问题比较具体,但被反映人予以否认且否认理由不充分具体的,或者说明存在明	谈话提醒、批评教育、责令检查、诫勉谈话适用于不需要追究纪律责任的轻微问题。

续表

种类	法规依据	条文摘录	知识点提醒
		显问题的，一般应当再次谈话或者函询；发现被反映人涉嫌违纪或者职务违法、职务犯罪问题需要追究纪律和法律责任的，应当提出初步核实的建议。 （四）对诬告陷害者，依规依纪依法予以查处。	
谈话	《中国共产党纪律检查机关监督执纪工作规则》	**第三十四条第一款** 核查组经批准可以采取必要措施收集证据，与相关人员谈话了解情况，要求相关组织作出说明，调取个人有关事项报告，查阅复制文件、账目、档案等资料，查核资产情况和有关信息，进行鉴定勘验。对被核查人及相关人员主动上交的财物，核查组应当予以暂扣。	初核阶段与相关人员谈话了解情况，这里的相关人员，包括证人，也包括核查对象。
谈话、讯问、询问		**第四十条第一款** 审查调查组可以依照党章党规和监察法，经审批进行谈话、讯问、询问、留置、查询、冻结、搜查、调取、查封、扣押（暂扣、封存）、勘验检查、鉴定，提请有关机关采取技术调查、通缉、限制出境等措施。	该款对谈话与讯问、询问作了适当的区分。
宣布立案决定谈话		**第四十三条第一款** 立案审查调查方案批准后，应当由纪检监察机关相关负责人或者部门负责人与被审查调查人谈话，宣布立案决定，讲明党的政策和纪律，要求被审查调查人端正态度、配合审查调查。	审查调查决定作出后，程序性告知，要求被审查调查人端正态度、配合审查调查。

续表

种类	法规依据	条文摘录	知识点提醒
审查调查谈话	《中国共产党纪律检查机关监督执纪工作规则》	**第四十八条** 对涉嫌严重违纪或者职务违法、职务犯罪问题的审查调查谈话、搜查、查封、扣押(暂扣、封存)涉案财物等重要取证工作应当全过程进行录音录像,并妥善保管,及时归档,案件监督管理部门定期核查。	审查调查谈话在立案审查调查决定书作出后进行,目的是收集证据。
审理谈话	《中国共产党纪律检查机关监督执纪工作规则》	**第五十五条第一款第四项** ……案件审理部门根据案件审理情况,应当与被审查调查人谈话,核对违纪或者职务违法、职务犯罪事实,听取辩解意见,了解有关情况。	审理谈话,通常情况下是案件审理的必经程序(根据生效刑事判决裁定决定认定的犯罪事实进行处分的,不需要履行审理谈话),由审理人员与审理对象见面,核对违纪违法事实,听取辩解意见。
	《公职人员政务处分法》	**第四十三条** 作出政务处分决定前,监察机关应当将调查认定的违法事实及拟给予政务处分的依据告知被调查人,听取被调查人的陈述和申辩,并对其陈述的事实、理由和证据进行核实,记录在案。被调查人提出的事实、理由和证据成立的,应予采纳。不得因被调查人的申辩而加重政务处分。	
处分决定宣布谈话	《中国共产党纪律检查机关监督执纪工作规则》	**第五十六条第二款** 处分决定作出后,纪检监察机关应当通知受处分党员所在党委(党组),抄送同级党委组织部门,并依照规定在1个月内向其所在党的基层组织中的全体党员以及本人宣布。处分决定执行情况应当及时报告。	

续表

种类	法规依据	条文摘录	知识点提醒
	《中国共产党党员权利保障条例》	**第三十五条第二款** 处理、处分所依据的事实材料应当同本人见面。处理、处分的决定应当向本人宣布,并写明党员的申诉权以及受理申诉的组织等内容。事实材料和决定应当由本人签署意见,对签署不同意见或者拒不签署意见的,应当作出说明或者注明情况。	为发挥处分决定的警示功能,处分决定需要在一定范围内宣布;将处分决定告知受处分人本人,有利于保障受处分人的申诉权。事实材料和决定需要由本人签署意见。
	《公职人员政务处分法》	**第四十六条第一款** 政务处分决定书应当及时送达被处分人和被处分人所在机关、单位,并在一定范围内宣布。	
提醒谈话、诫勉谈话	《中国共产党党内监督条例》	**第二十一条** 坚持党内谈话制度,认真开展提醒谈话、诫勉谈话。发现领导干部有思想、作风、纪律等方面苗头性、倾向性问题的,有关党组织负责人应当及时对其提醒谈话;发现轻微违纪问题的,上级党组织负责人应当对其诫勉谈话,并由本人作出说明或者检讨,经所在党组织主要负责人签字后报上级纪委和组织部门。	提醒谈话适用于尚未发生的苗头性、倾向性问题;诫勉谈话适用于轻微违纪问题。请注意诫勉谈话的审批或者决定主体(上级党组织负责人)。
问责谈话	《中国共产党问责条例》	**第十一条第一款** 查明调查对象失职失责问题后,调查组应当撰写事实材料,与调查对象见面,听取其陈述和申辩,并记录在案;对合理意见,应当予以采纳。调查对象应当在事实材	问责谈话,目的是了解情况,保障问责对象的申辩权。

续表

种类	法规依据	条文摘录	知识点提醒
		料上签署意见,对签署不同意见或者拒不签署意见的,调查组应当作出说明或者注明情况。	
巡视巡察谈话	《中国共产党巡视工作条例》	**第十七条第二项** 与被巡视党组织领导班子成员和其他干部群众进行个别谈话。	巡视巡察谈话是巡视巡察工作方式之一,善于从巡视巡察谈话发现问题。检查督查场合,也可以个别谈话。
	《中国共产党党员权利保障条例》	**第三十一条第一款** 党组织在巡视巡察和检查督查中,可以通过个别谈话、召开座谈会、调查研究、受理来信来访等方式,广泛收集和听取党员意见建议。	
回访谈话	《中国共产党纪律检查机关监督执纪工作规则》	**第六十九条** 纪检监察机关开展谈话应当做到全程可控。谈话前做好风险评估、医疗保障、安全防范工作以及应对突发事件的预案;谈话中及时研判谈话内容以及案情变化,发现严重职务违法、职务犯罪,依照监察法需要采取留置措施的,应当及时采取留置措施;谈话结束前做好被谈话人思想工作,谈话后按程序与相关单位或者人员交接,并做好跟踪回访等工作。	回访谈话,体现了党组织对谈话对象和受处分处理党员的关心,鼓励党员干部放下思想包袱,继续担当作为。
	《中国共产党党员权利保障条例》	**第三十六条** 党组织对受到处理、处分的党员应当进行跟踪回访,教育引导他们正确认识、改正错误,放下包袱、积极工作。对于影响期满、表现好的党员,符合条件的应当正常使用。	

续表

种类	法规依据	条文摘录	知识点提醒
谈心谈话	《中国共产党党员权利保障条例》	**第二十一条** 党组织应当按照规定召开党员大会、党小组会、支部委员会会议和组织生活会,开展谈心谈话,组织民主评议,保障党员参加学习讨论、议事决策,进行批评和自我批评。	《关于新形势下党内政治生活的若干准则》、《中国共产党支部工作条例(试行)》第十七条、《党政领导干部考核工作条例》第十六条、《县以上党和国家机关党员领导干部民主生活会若干规定》第九条等党内法规也规定了谈心谈话。

"走读式谈话"注意事项梳理

适用对象	"走读式谈话"不适用于第一种形态的监督谈话,适用于初核阶段和审查调查阶段的证人、涉案人、核查对象、审查调查对象。
谈话时间	首次谈话不能超过 10 个小时(不包括谈话对象饮食和必要的休息时间),夜间谈话不能超过 22:00。
谈话地点	区分两种情况:一种是问题不严重,安全风险低,可在谈话对象的单位或者谈话对象要求的场所进行,通常在一楼。另一种情况是问题相对严重、安全风险高,谈话只能在标准谈话室进行。
谈话要求	谈话前,对被谈话对象的个人履历、身体精神状况、性格特点、家庭关系、工作表现、为人处事六个方面了解掌握,做到'六必知",并按照"一人一策"制定谈话方案和安全预案。
谈话人	谈话人以本机关纪检监察干部为主。如果谈话对象是女性,谈话人也应是女性纪检监察干部。
谈话审批	未经审批,不能谈话。按谈话对象的干部管理权限,严格履行审批手续。

党组、支部大会对党员的处置相关规定梳理

法规依据	条文摘录	知识点提醒
《中国共产党章程》	**第四十二条第一款** 对党员的纪律处分，必须经过支部大会讨论决定，报党的基层委员会批准；如果涉及的问题比较重要或复杂，或给党员以开除党籍的处分，应分别不同情况，报县级或县级以上党的纪律检查委员会审查批准。在特殊情况下，县级和县级以上各级党的委员会和纪律检查委员会有权直接决定给党员以纪律处分。	对党员的纪律处分，必须经过支部大会讨论决定，报党的基层委员会批准。这并不意味着党支部有独立的党纪处分权。
《中国共产党章程》	**第九条** 党员有退党的自由。党员要求退党，应当经支部大会讨论后宣布除名，并报上级党组织备案。 党员缺乏革命意志，不履行党员义务，不符合党员条件，党的支部应当对他进行教育，要求他限期改正；经教育仍无转变的，应当劝他退党。劝党员退党，应当经支部大会讨论决定，并报上级党组织批准。如被劝告退党的党员坚持不退，应当提交支部大会讨论，决定把他除名，并报上级党组织批准。 党员如果没有正当理由，连续六个月不参加党的组织生活，或不交纳党费，或不做党所分配的工作，就被认为是自行脱党。支部大会应当决定把这样的党员除名，并报上级党组织批准。	本条第一款赋予支部大会独立处置权（报上级党组织备案），第二款赋予支部大会相对独立处置权（报上级党组织批准）。
《中国共产党章程》	**第四十八条** 在中央和地方国家机关、人民团体、经济组织、文化组织和其他非党组织的领导机关中，可以成立党组。党组发挥领导核心作用。党组的任务，主要是负责贯彻执行党的路线、方针、政策；加强对本单位党的建设的领导，履行全面从严治党责任；	“讨论和决定基层党组织设置调整和发展党员、处分党员等重要事项”是中央和地方国家机

续表

法规依据	条文摘录	知识点提醒
	讨论和决定本单位的重大问题;做好干部管理工作;讨论和决定基层党组织设置调整和发展党员、处分党员等重要事项;团结党外干部和群众,完成党和国家交给的任务;领导机关和直属单位党组织的工作。	关、人民团体、经济组织、文化组织和其他非党组织的领导机关党组可行使的权力之一。
《中国共产党支部工作条例(试行)》	**第九条第三项** 党支部的基本任务是: (三)对党员进行教育、管理、监督和服务,突出政治教育,提高党员素质,坚定理想信念,增强党性,严格党的组织生活,开展批评和自我批评,维护和执行党的纪律,监督党员切实履行义务,保障党员的权利不受侵犯。加强和改进流动党员管理。关怀帮扶生活困难党员和老党员。做好党费收缴、使用和管理工作。依规稳妥处置不合格党员。	依规”稳妥处置不合格党员,如依照《中国共产党党员教育管理工作条例》第六章“党员监督和组织处置”以及《中国共产党支部工作条例(试行)》第十一条第二款等规定。
《中国共产党支部工作条例(试行)》	**第十一条** 党支部党员大会是党支部的议事决策机构,由全体党员参加,一般每季度召开1次。 党支部党员大会的职权是:听取和审查党支部委员会的工作报告;按照规定开展党支部选举工作,推荐出席上级党代表大会的代表候选人,选举出席上级党代表大会的代表;讨论和表决接收预备党员和预备党员转正、延长预备期或者取消预备党员资格;讨论决定对党员的表彰表扬、组织处置和纪律处分;决定其他重要事项。 村、社区重要事项以及与群众利益密切相关的事项,必须经过党支部党员大会讨论。 党支部党员大会议题提交表决前,应当经过充分讨论。表决必须有半数以上有表	党支部党员大会讨论决定对党员的表彰表扬、组织处置和纪律处分,注意权力主体是“党支部党员大会”,而不是党支部。请结合《中国共产党章程》第四十二条第一款的规定“报党的基层委员会批准”来理解此知识点。

续表

法规依据	条文摘录	知识点提醒
	决权的党员到会方可进行,赞成人数超过应到会有表决权的党员的半数为通过。	
《党组讨论和决定党员处分事项工作程序规定(试行)》	**第三条** 党组对其管理的党员干部实施党纪处分,应当按照规定程序经党组集体讨论决定,不允许任何个人或者少数人擅自决定和批准。党纪处分决定以党组名义作出并自党组讨论决定之日起生效。	党纪处分决定以党组名义作出并自党组讨论决定之日起生效。
《中国共产党党员教育管理工作条例》	**第三十条** 对缺乏革命意志,不履行党员义务,不符合党员条件,但本人能够正确认识错误、愿意接受教育管理并且决心改正的党员,党组织应当作出限期改正处置,限期改正时间不超过1年。对给予限期改正处置的党员应当采取帮助教育措施。	限期改正的性质属于"组织处置",权力主体是"党组织"。
《中国共产党党员教育管理工作条例》	**第三十一条** 党员具有下列情形之一的,按照规定程序给予除名处置: (一)理想信念缺失,政治立场动摇,已经丧失党员条件的,予以除名; (二)信仰宗教,经党组织帮助教育仍没有转变的,劝其退党,劝而不退的予以除名; (三)因思想蜕化提出退党,经教育后仍然坚持退党的,予以除名; (四)为了达到个人目的以退党相要挟,经教育不改的,劝其退党,劝而不退的予以除名; (五)限期改正期满后仍无转变的,劝其退党,劝而不退的予以除名; (六)没有正当理由,连续6个月不参加党的组织生活,或者不交纳党费,或者不做党所分配的工作,按照自行脱党予以除名。 对违犯党纪的党员,按照《中国共产党纪律处分条例》规定给予党纪处分。	"按照规定程序给予除名处置",请注意关键词"按照规定程序"。注意"自行脱党"的限定情况:一是没有正当理由,二是"连续"6个月。

续表

法规依据	条文摘录	知识点提醒
《中国共产党农村基层组织工作条例》	**第三十五条** 党的农村基层组织应当坚持和完善民主评议党员制度。对优秀党员，进行表彰表扬；对不合格党员，加强教育帮助，依照有关规定，分别给予限期改正、劝其退党、党内除名等组织处置。	党的农村基层组织依照有关规定，分别给予限期改正、劝其退党、党内除名等组织处置。
《中国共产党农村基层组织工作条例》	**第三十八条** 党的农村基层组织应当严格执行党的纪律。经常对党员进行遵纪守法教育。党员违犯党的纪律，应当及时教育或者处理，问题严重的应当向上级党组织报告。对于受到党的纪律处分的，应当加强教育，帮助其改正错误。	党员违犯党的纪律，党的农村基层组织应当及时教育或者处理，问题严重的应当向上级党组织报告。
《中国共产党党和国家机关基层组织工作条例》	**第十一条** 机关党的纪律检查委员会的职责是监督、执纪、问责，主要包括： （一）维护党章和其他党内法规，经常对党员进行遵守纪律的教育，作出关于维护党纪的决定。 （二）检查党组织和党员贯彻执行党的路线、方针、政策和决议的情况，对党组织和党员领导干部履行职责、行使权力进行监督。 （三）协助机关党的基层委员会推进全面从严治党、加强党风建设和组织协调反腐败工作。 （四）受理处置党员群众检举举报，开展谈话提醒、约谈函询。 （五）按照有关规定，检查、处理党组织和党员违反党章和其他党内法规的案件，决定或者取消对这些案件中的党员的处分；进行问责或者提出责任追究的建议。 （六）受理党员控告和申诉；保障党员权利。	机关纪委的职责是监督、执纪、问责。决定或者取消对违纪案件中的党员的处分，是机关纪委的权力。

续表

法规依据	条文摘录	知识点提醒
《中国共产党国有企业基层组织工作条例》	**第十一条** 国有企业党委(党组)发挥领导作用,把方向、管大局、保落实,依照规定讨论和决定企业重大事项。主要职责是: (一)加强企业党的政治建设,坚持和落实中国特色社会主义根本制度、基本制度、重要制度,教育引导全体党员始终在政治立场、政治方向、政治原则、政治道路上同以习近平同志为核心的党中央保持高度一致; (二)深入学习和贯彻习近平新时代中国特色社会主义思想,学习宣传党的理论,贯彻执行党的路线方针政策,监督、保证党中央重大决策部署和上级党组织决议在本企业贯彻落实; (三)研究讨论企业重大经营管理事项,支持股东(大)会、董事会、监事会和经理层依法行使职权; (四)加强对企业选人用人的领导和把关,抓好企业领导班子建设和干部队伍、人才队伍建设; (五)履行企业党风廉政建设主体责任,领导、支持内设纪检组织履行监督执纪问责职责,严明政治纪律和政治规矩,推动全面从严治党向基层延伸; (六)加强基层党组织建设和党员队伍建设,团结带领职工群众积极投身企业改革发展; (七)领导企业思想政治工作、精神文明建设、统一战线工作,领导企业工会、共青团、妇女组织等群团组织。	国有企业党委(党组)“领导、支持内设纪检组织履行监督执纪问责职责”。国有企业内设纪检组行使监督执纪问责职责。

续表

法规依据	条文摘录	知识点提醒
《中国共产党国有企业基层组织工作条例》	**第十二条** 国有企业党支部(党总支)以及内设机构中设立的党委围绕生产经营开展工作,发挥战斗堡垒作用。主要职责是: (一)学习宣传和贯彻落实党的理论和路线方针政策,宣传和执行党中央、上级党组织和本组织的决议,团结带领职工群众完成本单位各项任务。 (二)按照规定参与本单位重大问题的决策,支持本单位负责人开展工作。 (三)做好党员教育、管理、监督、服务和发展党员工作,严格党的组织生活,组织党员创先争优,充分发挥党员先锋模范作用。 (四)密切联系职工群众,推动解决职工群众合理诉求,认真做好思想政治工作。领导本单位工会、共青团、妇女组织等群团组织,支持它们依照各自章程独立负责地开展工作。 (五)监督党员、干部和企业其他工作人员严格遵守国家法律法规、企业财经人事制度,维护国家、集体和群众的利益。 (六)实事求是对党的建设、党的工作提出意见建议,及时向上级党组织报告重要情况。按照规定向党员、群众通报党的工作情况。	此处,国有企业党支部(党总支)以及内设机构中设立的党委的职责,不包括处分违纪党员。
《中国共产党普通高等学校基层组织工作条例》	**第十条第五项、第六项** 高校党委承担管党治党、办学治校主体责任,把方向、管大局、作决策、抓班子、带队伍、保落实。主要职责是: (五)按照党要管党、全面从严治党要求,加强学校党组织建设。落实基层党建工作责任制,发挥学校基层党组织战斗堡垒作用和党员先锋模范作用。	高校党委履行学校党风廉政建设主体责任,领导、支持内设纪检组织履行监督执纪问责职责。高校内设纪检组行使监督执纪问责职责。

续表

法规依据	条文摘录	知识点提醒
	(六)履行学校党风廉政建设主体责任,领导、支持内设纪检组织履行监督执纪问责职责,接受同级纪检组织和上级纪委监委及其派驻纪检监察机构的监督。	
《中国共产党普通高等学校基层组织工作条例》	**第十六条** 高校纪委是高校党内监督专责机关,履行监督执纪问责职责。主要任务是: (一)维护党章和其他党内法规,检查党的路线方针政策和决议的执行情况,协助高校党委推进全面从严治党、加强党风建设和组织协调反腐败工作。 (二)经常对党员进行遵守纪律的教育,作出关于维护党纪的决定。 (三)对党的组织和党员领导干部履行职责、行使权力进行监督,受理处置党员群众检举举报,开展谈话提醒、约谈函询。 (四)检查和处理党的组织和党员违反党章和其他党内法规的比较重要或者复杂的案件,决定或者取消对这些案件中的党员的处分;进行问责或者提出责任追究的建议。 (五)受理党员的控告和申诉,保障党员权利不受侵犯。 高校纪委应当严格按照职责权限和工作程序处理违犯党纪的线索和案件,把处理特别重要或者复杂案件中的问题和处理结果,向同级党委和上级纪委报告。	高校纪委在高校党委领导下,按照职责权限和工作程序处理违犯党纪的线索和案件,决定或者取消对违纪案件中的党员的处分。

地方党委、党组、党工委区分

区别	地方党委	党组	党工委
概念	党的省、自治区、直辖市，设区的市和自治州，县（旗）、自治县、不设区的市和市辖区委员会及其常务委员会。	党组是党在中央和地方国家机关、人民团体、经济组织、文化组织和其他非党组织的领导机关中设立的领导机构，在本单位发挥领导作用，是党对非党组织实施领导的重要组织形式。	党的工作委员会，简称党工委或工委，是一级党组织的委员会的派出代表机关，是指党的中央和地方各级委员会为了加强对同级党和国家机关或某行业（系统）、某地区的领导而派出的领导机构。如中央党和国家机关工委、市直工委、街道工委、教育工委等。 党的中央和地方各级委员会可以派出代表机关。
常用法规	《中国共产党地方委员会工作条例》	《中国共产党党组工作条例》	《中国共产党章程》 《中国共产党工作机关条例（试行）》
任免	党委是由党员大会或党代表大会选举产生。	党组成员的任免一般由批准设立党组的党组织决定。实行双重领导的单位设立党组的，其党组成员的任免按照干部管理权限执行。分党组成员的任免由上级单位党组决定。企业党组成员的任免，按照干部管理权限执行。	党工委在派出它的党的委员会领导下开展工作，其职权由派出它的党的委员会根据需要确定。

续表

区别	地方党委	党组	党工委
能否召开党代表大会或者党代表会议	党委可以召开党代表大会（党员大会）或党代表会议，选举出席上级党代表大会的代表。	党组一般不能召开党的代表大会。	党工委一般不能召开党的代表大会，其领导班子成员由派出它的党的委员会任命。
备注	党组性质党委，是党在对下属单位实行集中统一领导的国家工作部门和有关单位的领导机关中设立的领导机构，在本单位、本系统发挥领导作用。 党组性质党委，由上级党组织直接批准设立，不同于由选举产生的地方党委和基层党委。		

高校纪委和国有企业纪委相关规定梳理

法规依据	条文摘录	知识点提醒
《中国共产党普通高等学校基层组织工作条例》	**第十四条** 高校设立党的基层纪律检查委员会(以下简称高校纪委)。高校纪委由党员大会或者党员代表大会选举产生,在同级党委和上级纪委双重领导下进行工作。上级纪委在监督检查、纪律审查等方面强化对高校纪委的领导。 实行向高校派驻纪检监察机构的,派驻纪检监察机构根据授权履行纪检、监察职责,代表上级纪委监委对高校党委进行监督。	高校纪委由党员大会或者党员代表大会选举产生,在同级党委和上级纪委双重领导下工作。
《中国共产党普通高等学校基层组织工作条例》	**第十五条** 高校纪委设立专门工作机构,配备必要的工作人员。 高校党委视具体情况在院(系)级单位党委设立纪委或者纪律检查委员。党的总支部委员会和支部委员会设纪律检查委员。	院(系)级单位党的总支部委员会和支部委员会设纪律检查委员。
《中国共产党普通高等学校基层组织工作条例》	**第十六条** 高校纪委是高校党内监督专责机关,履行监督执纪问责职责。主要任务是: (一)维护党章和其他党内法规,检查党的路线方针政策和决议的执行情况,协助高校党委推进全面从严治党、加强党风建设和组织协调反腐败工作。	高校纪委是高校党内监督专责机关,履行监督执纪问责职责。

续表

法规依据	条文摘录	知识点提醒
	（二）经常对党员进行遵守纪律的教育，作出关于维护党纪的决定。 （三）对党的组织和党员领导干部履行职责、行使权力进行监督，受理处置党员群众检举举报，开展谈话提醒、约谈函询。 （四）检查和处理党的组织和党员违反党章和其他党内法规的比较重要或者复杂的案件，决定或者取消对这些案件中的党员的处分；进行问责或者提出责任追究的建议。 （五）受理党员的控告和申诉，保障党员权利不受侵犯。 高校纪委应当严格按照职责权限和工作程序处理违犯党纪的线索和案件，把处理特别重要或者复杂案件中的问题和处理结果，向同级党委和上级纪委报告。	
《中国共产党国有企业基层组织工作条例（试行）》	**第三十一条** 国有企业内设纪检组织履行监督执纪问责职责，协助党委推进全面从严治党、加强党风建设和组织协调反腐败工作，精准运用监督执纪“四种形态”，坚决惩治和预防腐败。 各级纪委监委派驻企业的纪检监察机构根据授权履行纪检、监察职责，代表上级纪委监委对企业党委（党组）实行监督，督促推动国有企业党委（党组）落实全面从严治党主体责任。	国有企业内设纪检组织履行监督执纪问责职责。

续表

法规依据	条文摘录	知识点提醒
《中国共产党国有企业基层组织工作条例（试行）》	**第三十三条** 国有企业党组织履行党的建设主体责任，书记履行第一责任人职责，专职副书记履行直接责任，内设纪检组织负责人履行监督责任，党组织领导班子其他成员履行"一岗双责"，董事会、监事会和经理层党员成员应当积极支持、主动参与企业党建工作。 各级党组织应当强化党建工作责任制落实情况的督促检查，层层传导压力，推动工作落实。	内设纪检组织负责人履行监督责任。

监察官常用核心法规

中华人民共和国监察法

（2018年3月20日第十三届全国人民代表大会第一次会议通过　2018年3月20日中华人民共和国主席令第3号公布）

第一章　总　　则

第一条　为了深化国家监察体制改革，加强对所有行使公权力的公职人员的监督，实现国家监察全面覆盖，深入开展反腐败工作，推进国家治理体系和治理能力现代化，根据宪法，制定本法。

第二条　坚持中国共产党对国家监察工作的领导，以马克思列宁主义、毛泽东思想、邓小平理论、"三个代表"重要思想、科学发展观、习近平新时代中国特色社会主义思想为指导，构建集中统一、权威高效的中国特色国家监察体制。

第三条　各级监察委员会是行使国家监察职能的专责机关，依照本法对所有行使公权力的公职人员（以下称公职人员）进行监察，调查职务违法和职务犯罪，开展廉政建设和反腐败工作，维护宪法和法律的尊严。

第四条　监察委员会依照法律规定独立行使监察权，不受行政机关、社会团体和个人的干涉。

监察机关办理职务违法和职务犯罪案件，应当与审判机关、检察机关、执法部门互相配合，互相制约。

监察机关在工作中需要协助的，有关机关和单位应当根据监察机关的要求依法予以协助。

第五条　国家监察工作严格遵照宪法和法律，以事实为根据，以法律为准绳；在适用法律上一律平等，保障当事人的合法权益；权责对等，严格监督；惩戒与教育相结合，宽严相济。

第六条　国家监察工作坚持标本兼治、综合治理，强化监督问责，严厉惩治腐败；深化改革、健全法治，有效制约和监督权力；加强法治教育和道德教育，弘扬中华优秀传统文化,构建不敢腐、不能腐、不想腐的长效机制。

第二章　监察机关及其职责

第七条　中华人民共和国国家监察委员会是最高监察机关。

省、自治区、直辖市、自治州、县、自治县、市、市辖区设立监察委员会。

第八条　国家监察委员会由全国人民代表大会产生,负责全国监察工作。

国家监察委员会由主任、副主任若干人、委员若干人组成,主任由全国人民代表大会选举,副主任、委员由国家监察委员会主任提请全国人民代表大会常务委员会任免。

国家监察委员会主任每届任期同全国人民代表大会每届任期相同,连续任职不得超过两届。

国家监察委员会对全国人民代表大会及其常务委员会负责,并接受其监督。

第九条　地方各级监察委员会由本级人民代表大会产生,负责本行政区域内的监察工作。

地方各级监察委员会由主任、副主任若干人、委员若干人组成,主任由本级人民代表大会选举,副主任、委员由监察委员会主任提请本级人民代表大会常务委员会任免。

地方各级监察委员会主任每届任期同本级人民代表大会每届任期相同。

地方各级监察委员会对本级人民代表大会及其常务委员会和上一级监察委员会负责,并接受其监督。

第十条　国家监察委员会领导地方各级监察委员会的工作,上级监察委员会领导下级监察委员会的工作。

第十一条　监察委员会依照本法和有关法律规定履行监督、调查、处置职责:

(一)对公职人员开展廉政教育,对其依法履职、秉公用权、廉洁从政从业以及道德操守情况进行监督检查;

(二)对涉嫌贪污贿赂、滥用职权、玩忽职守、权力寻租、利益输送、徇私舞弊以及浪费国家资财等职务违法和职务犯罪进行调查;

(三)对违法的公职人员依法作出政务处分决定;对履行职责不力、失职失责的领导人员进行问责;对涉嫌职务犯罪的,将调查结果移送人民检察院依法审查、提起公诉;向监察对象所在单位提出监察建议。

第十二条　各级监察委员会可以向本级中国共产党机关、国家机关、法律法规授权或者委托管理公共事务的组织和单位以及所管辖的行政区域、国有企业等派驻或者派出监察机构、监察专员。

监察机构、监察专员对派驻或者派出它的监察委员会负责。

第十三条 派驻或者派出的监察机构、监察专员根据授权,按照管理权限依法对公职人员进行监督,提出监察建议,依法对公职人员进行调查、处置。

第十四条 国家实行监察官制度,依法确定监察官的等级设置、任免、考评和晋升等制度。

第三章 监察范围和管辖

第十五条 监察机关对下列公职人员和有关人员进行监察:

(一)中国共产党机关、人民代表大会及其常务委员会机关、人民政府、监察委员会、人民法院、人民检察院、中国人民政治协商会议各级委员会机关、民主党派机关和工商业联合会机关的公务员,以及参照《中华人民共和国公务员法》管理的人员;

(二)法律、法规授权或者受国家机关依法委托管理公共事务的组织中从事公务的人员;

(三)国有企业管理人员;

(四)公办的教育、科研、文化、医疗卫生、体育等单位中从事管理的人员;

(五)基层群众性自治组织中从事管理的人员;

(六)其他依法履行公职的人员。

第十六条 各级监察机关按照管理权限管辖本辖区内本法第十五条规定的人员所涉监察事项。

上级监察机关可以办理下一级监察机关管辖范围内的监察事项,必要时也可以办理所辖各级监察机关管辖范围内的监察事项。

监察机关之间对监察事项的管辖有争议的,由其共同的上级监察机关确定。

第十七条 上级监察机关可以将其所管辖的监察事项指定下级监察机关管辖,也可以将下级监察机关有管辖权的监察事项指定给其他监察机关管辖。

监察机关认为所管辖的监察事项重大、复杂,需要由上级监察机关管辖的,可以报请上级监察机关管辖。

第四章 监察权限

第十八条 监察机关行使监督、调查职权,有权依法向有关单位和个人了解情况，收集、调取证据。有关单位和个人应当如实提供。

监察机关及其工作人员对监督、调查过程中知悉的国家秘密、商业秘密、个人隐私，应当保密。

任何单位和个人不得伪造、隐匿或者毁灭证据。

第十九条 对可能发生职务违法的监察对象，监察机关按照管理权限，可以直接或者委托有关机关、人员进行谈话或者要求说明情况。

第二十条 在调查过程中，对涉嫌职务违法的被调查人，监察机关可以要求其就涉嫌违法行为作出陈述，必要时向被调查人出具书面通知。

对涉嫌贪污贿赂、失职渎职等职务犯罪的被调查人，监察机关可以进行讯问，要求其如实供述涉嫌犯罪的情况。

第二十一条 在调查过程中，监察机关可以询问证人等人员。

第二十二条 被调查人涉嫌贪污贿赂、失职渎职等严重职务违法或者职务犯罪，监察机关已经掌握其部分违法犯罪事实及证据，仍有重要问题需要进一步调查，并有下列情形之一的，经监察机关依法审批，可以将其留置在特定场所：

（一）涉及案情重大、复杂的；

（二）可能逃跑、自杀的；

（三）可能串供或者伪造、隐匿、毁灭证据的；

（四）可能有其他妨碍调查行为的。

对涉嫌行贿犯罪或者共同职务犯罪的涉案人员，监察机关可以依照前款规定采取留置措施。

留置场所的设置、管理和监督依照国家有关规定执行。

第二十三条 监察机关调查涉嫌贪污贿赂、失职渎职等严重职务违法或者职务犯罪，根据工作需要，可以依照规定查询、冻结涉案单位和个人的存款、汇款、债券、股票、基金份额等财产。有关单位和个人应当配合。

冻结的财产经查明与案件无关的，应当在查明后三日内解除冻结，予以退还。

第二十四条 监察机关可以对涉嫌职务犯罪的被调查人以及可能隐藏被调查人或者犯罪证据的人的身体、物品、住处和其他有关地方进行搜查。在搜查时，应当出示搜查证，并有被搜查人或者其家属等见证人在场。

搜查女性身体，应当由女性工作人员进行。

监察机关进行搜查时，可以根据工作需要提请公安机关配合。公安机关应当依法予以协助。

第二十五条 监察机关在调查过程中,可以调取、查封、扣押用以证明被调查人涉嫌违法犯罪的财物、文件和电子数据等信息。采取调取、查封、扣押措施,应当收集原物原件,会同持有人或者保管人、见证人,当面逐一拍照、登记、编号,开列清单,由在场人员当场核对、签名,并将清单副本交财物、文件的持有人或者保管人。

对调取、查封、扣押的财物、文件,监察机关应当设立专用账户、专门场所,确定专门人员妥善保管,严格履行交接、调取手续,定期对账核实,不得毁损或者用于其他目的。对价值不明物品应当及时鉴定,专门封存保管。

查封、扣押的财物、文件经查明与案件无关的,应当在查明后三日内解除查封、扣押,予以退还。

第二十六条 监察机关在调查过程中,可以直接或者指派、聘请具有专门知识、资格的人员在调查人员主持下进行勘验检查。勘验检查情况应当制作笔录,由参加勘验检查的人员和见证人签名或者盖章。

第二十七条 监察机关在调查过程中,对于案件中的专门性问题,可以指派、聘请有专门知识的人进行鉴定。鉴定人进行鉴定后,应当出具鉴定意见,并且签名。

第二十八条 监察机关调查涉嫌重大贪污贿赂等职务犯罪,根据需要,经过严格的批准手续,可以采取技术调查措施,按照规定交有关机关执行。

批准决定应当明确采取技术调查措施的种类和适用对象,自签发之日起三个月以内有效;对于复杂、疑难案件,期限届满仍有必要继续采取技术调查措施的,经过批准,有效期可以延长,每次不得超过三个月。对于不需要继续采取技术调查措施的,应当及时解除。

第二十九条 依法应当留置的被调查人如果在逃,监察机关可以决定在本行政区域内通缉,由公安机关发布通缉令,追捕归案。通缉范围超出本行政区域的,应当报请有权决定的上级监察机关决定。

第三十条 监察机关为防止被调查人及相关人员逃匿境外,经省级以上监察机关批准,可以对被调查人及相关人员采取限制出境措施,由公安机关依法执行。对于不需要继续采取限制出境措施的,应当及时解除。

第三十一条 涉嫌职务犯罪的被调查人主动认罪认罚,有下列情形之一的,监察机关经领导人员集体研究,并报上一级监察机关批准,可以在移送人民检察院时提出从宽处罚的建议:

(一)自动投案,真诚悔罪悔过的;

（二）积极配合调查工作，如实供述监察机关还未掌握的违法犯罪行为的；

（三）积极退赃，减少损失的；

（四）具有重大立功表现或者案件涉及国家重大利益等情形的。

第三十二条 职务违法犯罪的涉案人员揭发有关被调查人职务违法犯罪行为，查证属实的，或者提供重要线索，有助于调查其他案件的，监察机关经领导人员集体研究，并报上一级监察机关批准，可以在移送人民检察院时提出从宽处罚的建议。

第三十三条 监察机关依照本法规定收集的物证、书证、证人证言、被调查人供述和辩解、视听资料、电子数据等证据材料，在刑事诉讼中可以作为证据使用。

监察机关在收集、固定、审查、运用证据时，应当与刑事审判关于证据的要求和标准相一致。

以非法方法收集的证据应当依法予以排除，不得作为案件处置的依据。

第三十四条 人民法院、人民检察院、公安机关、审计机关等国家机关在工作中发现公职人员涉嫌贪污贿赂、失职渎职等职务违法或者职务犯罪的问题线索，应当移送监察机关，由监察机关依法调查处置。

被调查人既涉嫌严重职务违法或者职务犯罪，又涉嫌其他违法犯罪的，一般应当由监察机关为主调查，其他机关予以协助。

第五章 监察程序

第三十五条 监察机关对于报案或者举报，应当接受并按照有关规定处理。对于不属于本机关管辖的，应当移送主管机关处理。

第三十六条 监察机关应当严格按照程序开展工作，建立问题线索处置、调查、审理各部门相互协调、相互制约的工作机制。

监察机关应当加强对调查、处置工作全过程的监督管理，设立相应的工作部门履行线索管理、监督检查、督促办理、统计分析等管理协调职能。

第三十七条 监察机关对监察对象的问题线索，应当按照有关规定提出处置意见，履行审批手续，进行分类办理。线索处置情况应当定期汇总、通报，定期检查、抽查。

第三十八条 需要采取初步核实方式处置问题线索的，监察机关应当依法履行审批程序，成立核查组。初步核实工作结束后，核查组应当撰写初步核实情况报告，提出处理建议。承办部门应当提出分类处理意见。初步核实情况报告和分类处理意见报监察机关主要负责人审批。

第三十九条 经过初步核实，对监察对象涉嫌职务违法犯罪，需要追究法律责任的，监察机关应当按照规定的权限和程序办理立案手续。

监察机关主要负责人依法批准立案后，应当主持召开专题会议，研究确定调查方案，决定需要采取的调查措施。

立案调查决定应当向被调查人宣布，并通报相关组织。涉嫌严重职务违法或者职务犯罪的，应当通知被调查人家属，并向社会公开发布。

第四十条 监察机关对职务违法和职务犯罪案件，应当进行调查，收集被调查人有无违法犯罪以及情节轻重的证据，查明违法犯罪事实，形成相互印证、完整稳定的证据链。

严禁以威胁、引诱、欺骗及其他非法方式收集证据，严禁侮辱、打骂、虐待、体罚或者变相体罚被调查人和涉案人员。

第四十一条 调查人员采取讯问、询问、留置、搜查、调取、查封、扣押、勘验检查等调查措施，均应当依照规定出示证件，出具书面通知，由二人以上进行，形成笔录、报告等书面材料，并由相关人员签名、盖章。

调查人员进行讯问以及搜查、查封、扣押等重要取证工作，应当对全过程进行录音录像，留存备查。

第四十二条 调查人员应当严格执行调查方案，不得随意扩大调查范围、变更调查对象和事项。

对调查过程中的重要事项，应当集体研究后按程序请示报告。

第四十三条 监察机关采取留置措施，应当由监察机关领导人员集体研究决定。设区的市级以下监察机关采取留置措施，应当报上一级监察机关批准。省级监察机关采取留置措施，应当报国家监察委员会备案。

留置时间不得超过三个月。在特殊情况下，可以延长一次，延长时间不得超过三个月。省级以下监察机关采取留置措施的，延长留置时间应当报上一级监察机关批准。监察机关发现采取留置措施不当的，应当及时解除。

监察机关采取留置措施，可以根据工作需要提请公安机关配合。公安机关应当依法予以协助。

第四十四条 对被调查人采取留置措施后，应当在二十四小时以内，通知被留置人员所在单位和家属，但有可能毁灭、伪造证据，干扰证人作证或者串供等有碍调查情形的除外。有碍调查的情形消失后，应当立即通知被留置人员所在单位和家属。

监察机关应当保障被留置人员的饮食、休息和安全，提供医疗服务。讯问被留置人员应当合理安排讯问时间和时长，讯问笔录由被讯问人阅看后签名。

被留置人员涉嫌犯罪移送司法机关后，被依法判处管制、拘役和有期徒刑的，留置一日折抵管制二日，折抵拘役、有期徒刑一日。

第四十五条 监察机关根据监督、调查结果，依法作出如下处置：

（一）对有职务违法行为但情节较轻的公职人员，按照管理权限，直接或者委托有关机关、人员，进行谈话提醒、批评教育、责令检查，或者予以诫勉；

（二）对违法的公职人员依照法定程序作出警告、记过、记大过、降级、撤职、开除等政务处分决定；

（三）对不履行或者不正确履行职责负有责任的领导人员，按照管理权限对其直接作出问责决定，或者向有权作出问责决定的机关提出问责建议；

（四）对涉嫌职务犯罪的，监察机关经调查认为犯罪事实清楚，证据确实、充分的，制作起诉意见书，连同案卷材料、证据一并移送人民检察院依法审查、提起公诉；

（五）对监察对象所在单位廉政建设和履行职责存在的问题等提出监察建议。

监察机关经调查，对没有证据证明被调查人存在违法犯罪行为的，应当撤销案件，并通知被调查人所在单位。

第四十六条 监察机关经调查，对违法取得的财物，依法予以没收、追缴或者责令退赔；对涉嫌犯罪取得的财物，应当随案移送人民检察院。

第四十七条 对监察机关移送的案件，人民检察院依照《中华人民共和国刑事诉讼法》对被调查人采取强制措施。

人民检察院经审查，认为犯罪事实已经查清，证据确实、充分，依法应当追究刑事责任的，应当作出起诉决定。

人民检察院经审查，认为需要补充核实的，应当退回监察机关补充调查，必要时可以自行补充侦查。对于补充调查的案件，应当在一个月内补充调查完毕。补充调查以二次为限。

人民检察院对于有《中华人民共和国刑事诉讼法》规定的不起诉的情形的，经上一级人民检察院批准，依法作出不起诉的决定。监察机关认为不起诉的决定有错误的，可以向上一级人民检察院提请复议。

第四十八条 监察机关在调查贪污贿赂、失职渎职等职务犯罪案件过程中，被调查人逃匿或者死亡，有必要继续调查的，经省级以上监察机关批准，应当继续调查并作出结论。被调查人逃匿,在通缉一年后不能到案,或者死亡的,由监察机关提请人民检察院依照法定程序,向人民法院提出没收违法所得的申请。

第四十九条 监察对象对监察机关作出的涉及本人的处理决定不服的,可以在收到处理决定之日起一个月内,向作出决定的监察机关申请复审,复审机关应当在一个月内作出复审决定;监察对象对复审决定仍不服的,可以在收到复审决定之日起一个月内,向上一级监察机关申请复核,复核机关应当在二个月内作出复核决定。复审、复核期间,不停止原处理决定的执行。复核机关经审查,认定处理决定有错误的,原处理机关应当及时予以纠正。

第六章 反腐败国际合作

第五十条 国家监察委员会统筹协调与其他国家、地区、国际组织开展的反腐败国际交流、合作,组织反腐败国际条约实施工作。

第五十一条 国家监察委员会组织协调有关方面加强与有关国家、地区、国际组织在反腐败执法、引渡、司法协助、被判刑人的移管、资产追回和信息交流等领域的合作。

第五十二条 国家监察委员会加强对反腐败国际追逃追赃和防逃工作的组织协调,督促有关单位做好相关工作:

(一)对于重大贪污贿赂、失职渎职等职务犯罪案件,被调查人逃匿到国(境)外,掌握证据比较确凿的,通过开展境外追逃合作,追捕归案;

(二)向赃款赃物所在国请求查询、冻结、扣押、没收、追缴、返还涉案资产;

(三)查询、监控涉嫌职务犯罪的公职人员及其相关人员进出国(境)和跨境资金流动情况,在调查案件过程中设置防逃程序。

第七章 对监察机关和监察人员的监督

第五十三条 各级监察委员会应当接受本级人民代表大会及其常务委员会的监督。

各级人民代表大会常务委员会听取和审议本级监察委员会的专项工作报告,组织执法检查。

县级以上各级人民代表大会及其常务委员会举行会议时,人民代表大会代表或者常务委员会组成人员可以依照法律规定的程序,就监察工作中的有关问题提出询问或者质询。

第五十四条 监察机关应当依法公开监察工作信息,接受民主监督、社会监督、舆论监督。

第五十五条 监察机关通过设立内部专门的监督机构等方式,加强对监察人员执行职务和遵守法律情况的监督,建设忠诚、干净、担当的监察队伍。

第五十六条 监察人员必须模范遵守宪法和法律,忠于职守、秉公执法,清正廉洁、保守秘密;必须具有良好的政治素质,熟悉监察业务,具备运用法律、法规、政策和调查取证等能力,自觉接受监督。

第五十七条 对于监察人员打听案情、过问案件、说情干预的,办理监察事项的监察人员应当及时报告。有关情况应当登记备案。

发现办理监察事项的监察人员未经批准接触被调查人、涉案人员及其特定关系人,或者存在交往情形的,知情人应当及时报告。有关情况应当登记备案。

第五十八条 办理监察事项的监察人员有下列情形之一的,应当自行回避,监察对象、检举人及其他有关人员也有权要求其回避:

(一)是监察对象或者检举人的近亲属的;

(二)担任过本案的证人的;

(三)本人或者其近亲属与办理的监察事项有利害关系的;

(四)有可能影响监察事项公正处理的其他情形的。

第五十九条 监察机关涉密人员离岗离职后,应当遵守脱密期管理规定,严格履行保密义务,不得泄露相关秘密。

监察人员辞职、退休三年内,不得从事与监察和司法工作相关联且可能发生利益冲突的职业。

第六十条 监察机关及其工作人员有下列行为之一的,被调查人及其近亲属有权向该机关申诉:

(一)留置法定期限届满,不予以解除的;

(二)查封、扣押、冻结与案件无关的财物的;

(三)应当解除查封、扣押、冻结措施而不解除的;

(四)贪污、挪用、私分、调换以及违反规定使用查封、扣押、冻结的财物的;

(五)其他违反法律法规、侵害被调查人合法权益的行为。

受理申诉的监察机关应当在受理申诉之日起一个月内作出处理决定。申诉人对处理决定不服的,可以在收到处理决定之日起一个月内向上一级监察机关申请复查,上一级监察机关应当在收到复查申请之日起二个月内作出处理决定,情况属实的,及时予以纠正。

第六十一条 对调查工作结束后发现立案依据不充分或者失实，案件处置出现重大失误，监察人员严重违法的，应当追究负有责任的领导人员和直接责任人员的责任。

第八章 法律责任

第六十二条 有关单位拒不执行监察机关作出的处理决定，或者无正当理由拒不采纳监察建议的，由其主管部门、上级机关责令改正，对单位给予通报批评；对负有责任的领导人员和直接责任人员依法给予处理。

第六十三条 有关人员违反本法规定，有下列行为之一的，由其所在单位、主管部门、上级机关或者监察机关责令改正，依法给予处理：

（一）不按要求提供有关材料，拒绝、阻碍调查措施实施等拒不配合监察机关调查的；

（二）提供虚假情况，掩盖事实真相的；

（三）串供或者伪造、隐匿、毁灭证据的；

（四）阻止他人揭发检举、提供证据的；

（五）其他违反本法规定的行为，情节严重的。

第六十四条 监察对象对控告人、检举人、证人或者监察人员进行报复陷害的；控告人、检举人、证人捏造事实诬告陷害监察对象的，依法给予处理。

第六十五条 监察机关及其工作人员有下列行为之一的，对负有责任的领导人员和直接责任人员依法给予处理：

（一）未经批准、授权处置问题线索，发现重大案情隐瞒不报，或者私自留存、处理涉案材料的；

（二）利用职权或者职务上的影响干预调查工作、以案谋私的；

（三）违法窃取、泄露调查工作信息，或者泄露举报事项、举报受理情况以及举报人信息的；

（四）对被调查人或者涉案人员逼供、诱供，或者侮辱、打骂、虐待、体罚或者变相体罚的；

（五）违反规定处置查封、扣押、冻结的财物的；

（六）违反规定发生办案安全事故，或者发生安全事故后隐瞒不报、报告失实、处置不当的；

（七）违反规定采取留置措施的；

（八）违反规定限制他人出境，或者不按规定解除出境限制的；

(九)其他滥用职权、玩忽职守、徇私舞弊的行为。

第六十六条 违反本法规定,构成犯罪的,依法追究刑事责任。

第六十七条 监察机关及其工作人员行使职权,侵犯公民、法人和其他组织的合法权益造成损害的,依法给予国家赔偿。

第九章 附 则

第六十八条 中国人民解放军和中国人民武装警察部队开展监察工作,由中央军事委员会根据本法制定具体规定。

第六十九条 本法自公布之日起施行。《中华人民共和国行政监察法》同时废止。

中华人民共和国
监察法实施条例

（2021 年 7 月 20 日国家监察委员会全体会议决定，
自 2021 年 9 月 20 日起施行）

目　　录

第一章　总　　则

第一条　为了推动监察工作法治化、规范化，根据《中华人民共和国监察法》（以下简称监察法），结合工作实际，制定本条例。

第二条　坚持中国共产党对监察工作的全面领导，增强政治意识、大局意识、核心意识、看齐意识，坚定中国特色社会主义道路自信、理论自信、制度自信、文化自信，坚决维护习近平总书记党中央的核心、全党的核心地位，坚决维护党中央权威和集中统一领导，把党的领导贯彻到监察工作各方面和全过程。

第三条　监察机关与党的纪律检查机关合署办公，坚持法治思维和法治方式，促进执纪执法贯通、有效衔接司法，实现依纪监督和依法监察、适用纪律和适用法律有机融合。

第四条 监察机关应当依法履行监督、调查、处置职责，坚持实事求是，坚持惩前毖后、治病救人，坚持惩戒与教育相结合，实现政治效果、法律效果和社会效果相统一。

第五条 监察机关应当坚定不移惩治腐败，推动深化改革、完善制度，规范权力运行，加强思想道德教育、法治教育、廉洁教育，引导公职人员提高觉悟、担当作为、依法履职，一体推进不敢腐、不能腐、不想腐体制机制建设。

第六条 监察机关坚持民主集中制，对于线索处置、立案调查、案件审理、处置执行、复审复核中的重要事项应当集体研究，严格按照权限履行请示报告程序。

第七条 监察机关应当在适用法律上一律平等，充分保障监察对象以及相关人员的人身权、知情权、财产权、申辩权、申诉权以及申请复审复核权等合法权益。

第八条 监察机关办理职务犯罪案件，应当与人民法院、人民检察院互相配合、互相制约，在案件管辖、证据审查、案件移送、涉案财物处置等方面加强沟通协调，对于人民法院、人民检察院提出的退回补充调查、排除非法证据、调取同步录音录像、要求调查人员出庭等意见依法办理。

第九条 监察机关开展监察工作，可以依法提请组织人事、公安、国家安全、审计、统计、市场监管、金融监管、财政、税务、自然资源、银行、证券、保险等有关部门、单位予以协助配合。

有关部门、单位应当根据监察机关的要求，依法协助采取有关措施、共享相关信息、提供相关资料和专业技术支持，配合开展监察工作。

第二章 监察机关及其职责

第一节 领导体制

第十条 国家监察委员会在党中央领导下开展工作。地方各级监察委员会在同级党委和上级监察委员会双重领导下工作，监督执法调查工作以上级监察委员会领导为主，线索处置和案件查办在向同级党委报告的同时应当一并向上一级监察委员会报告。

上级监察委员会应当加强对下级监察委员会的领导。下级监察委员会对上级监察委员会的决定必须执行，认为决定不当的，应当在执行的同时向上级监察委员会反映。上级监察委员会对下级监察委员会作出的错误决定，应当按程序予以纠正,或者要求下级监察委员会予以纠正。

第十一条 上级监察委员会可以依法统一调用所辖各级监察机关的监察人员办理监察事项。调用决定应当以书面形式作出。

监察机关办理监察事项应当加强互相协作和配合,对于重要、复杂事项可以提请上级监察机关予以协调。

第十二条 各级监察委员会依法向本级中国共产党机关、国家机关、法律法规授权或者受委托管理公共事务的组织和单位以及所管辖的国有企业事业单位等派驻或者派出监察机构、监察专员。

省级和设区的市级监察委员会依法向地区、盟、开发区等不设置人民代表大会的区域派出监察机构或者监察专员。县级监察委员会和直辖市所辖区(县)监察委员会可以向街道、乡镇等区域派出监察机构或者监察专员。

监察机构、监察专员开展监察工作,受派出机关领导。

第十三条 派驻或者派出的监察机构、监察专员根据派出机关授权,按照管理权限依法对派驻或者派出监督单位、区域等的公职人员开展监督,对职务违法和职务犯罪进行调查、处置。监察机构、监察专员可以按规定与地方监察委员会联合调查严重职务违法、职务犯罪,或者移交地方监察委员会调查。

未被授予职务犯罪调查权的监察机构、监察专员发现监察对象涉嫌职务犯罪线索的,应当及时向派出机关报告,由派出机关调查或者依法移交有关地方监察委员会调查。

第二节 监察监督

第十四条 监察机关依法履行监察监督职责,对公职人员政治品行、行使公权力和道德操守情况进行监督检查,督促有关机关、单位加强对所属公职人员的教育、管理、监督。

第十五条 监察机关应当坚决维护宪法确立的国家指导思想,加强对公职人员特别是领导人员坚持党的领导、坚持中国特色社会主义制度,贯彻落实党和国家路线方针政策、重大决策部署,履行从严管理监督职责,依法行使公权力等情况的监督。

第十六条 监察机关应当加强对公职人员理想教育、为人民服务教育、宪法法律法规教育、优秀传统文化教育,弘扬社会主义核心价值观,深入开展警示教育,教育引导公职人员树立正确的权力观、责任观、利益观,保持为民务实清廉本色。

第十七条 监察机关应当结合公职人员的职责加强日常监督,通过收集群众反映、座谈走访、查阅资料、召集或者列席会议、听取工作汇报和述责述廉、开展监督检查等方式,促进公职人员依法用权、秉公用权、廉洁用权。

第十八条 监察机关可以与公职人员进行谈心谈话,发现政治品行、行使公权力和道德操守方面有苗头性、倾向性问题的,及时进行教育提醒。

第十九条 监察机关对于发现的系统性、行业性的突出问题,以及群众反映强烈的问题,可以通过专项检查进行深入了解,督促有关机关、单位强化治理,促进公职人员履职尽责。

第二十条 监察机关应当以办案促进整改、以监督促进治理,在查清问题、依法处置的同时,剖析问题发生的原因,发现制度建设、权力配置、监督机制等方面存在的问题,向有关机关、单位提出改进工作的意见或者监察建议,促进完善制度,提高治理效能。

第二十一条 监察机关开展监察监督,应当与纪律监督、派驻监督、巡视监督统筹衔接,与人大监督、民主监督、行政监督、司法监督、审计监督、财会监督、统计监督、群众监督和舆论监督等贯通协调,健全信息、资源、成果共享等机制,形成监督合力。

第三节 监察调查

第二十二条 监察机关依法履行监察调查职责,依据监察法、《中华人民共和国公职人员政务处分法》(以下简称政务处分法)和《中华人民共和国刑法》(以下简称刑法)等规定对职务违法和职务犯罪进行调查。

第二十三条 监察机关负责调查的职务违法是指公职人员实施的与其职务相关联,虽不构成犯罪但依法应当承担法律责任的下列违法行为:

(一)利用职权实施的违法行为;

(二)利用职务上的影响实施的违法行为;

(三)履行职责不力、失职失责的违法行为;

(四)其他违反与公职人员职务相关的特定义务的违法行为。

第二十四条 监察机关发现公职人员存在其他违法行为,具有下列情形之一的,可以依法进行调查、处置:

(一)超过行政违法追究时效,或者超过犯罪追诉时效、未追究刑事责任,但需要依法给予政务处分的;

(二)被追究行政法律责任,需要依法给予政务处分的;

（三）监察机关调查职务违法或者职务犯罪时，对被调查人实施的事实简单、清楚，需要依法给予政务处分的其他违法行为一并查核的。

监察机关发现公职人员成为监察对象前有前款规定的违法行为的，依照前款规定办理。

第二十五条 监察机关依法对监察法第十一条第二项规定的职务犯罪进行调查。

第二十六条 监察机关依法调查涉嫌贪污贿赂犯罪，包括贪污罪，挪用公款罪，受贿罪，单位受贿罪，利用影响力受贿罪，行贿罪，对有影响力的人行贿罪，对单位行贿罪，介绍贿赂罪，单位行贿罪，巨额财产来源不明罪，隐瞒境外存款罪，私分国有资产罪，私分罚没财物罪，以及公职人员在行使公权力过程中实施的职务侵占罪，挪用资金罪，对外国公职人员、国际公共组织官员行贿罪，非国家工作人员受贿罪和相关联的对非国家工作人员行贿罪。

第二十七条 监察机关依法调查公职人员涉嫌滥用职权犯罪，包括滥用职权罪，国有公司、企业、事业单位人员滥用职权罪，滥用管理公司、证券职权罪，食品、药品监管渎职罪，故意泄露国家秘密罪，报复陷害罪，阻碍解救被拐卖、绑架妇女、儿童罪，帮助犯罪分子逃避处罚罪，违法发放林木采伐许可证罪，办理偷越国（边）境人员出入境证件罪，放行偷越国（边）境人员罪，挪用特定款物罪，非法剥夺公民宗教信仰自由罪，侵犯少数民族风俗习惯罪，打击报复会计、统计人员罪，以及司法工作人员以外的公职人员利用职权实施的非法拘禁罪、虐待被监管人罪、非法搜查罪。

第二十八条 监察机关依法调查公职人员涉嫌玩忽职守犯罪，包括玩忽职守罪，国有公司、企业、事业单位人员失职罪，签订、履行合同失职被骗罪，国家机关工作人员签订、履行合同失职被骗罪，环境监管失职罪，传染病防治失职罪，商检失职罪，动植物检疫失职罪，不解救被拐卖、绑架妇女、儿童罪，失职造成珍贵文物损毁、流失罪，过失泄露国家秘密罪。

第二十九条 监察机关依法调查公职人员涉嫌徇私舞弊犯罪，包括徇私舞弊低价折股、出售国有资产罪，非法批准征收、征用、占用土地罪，非法低价出让国有土地使用权罪，非法经营同类营业罪，为亲友非法牟利罪，枉法仲裁罪，徇私舞弊发售发票、抵扣税款、出口退税罪，商检徇私舞弊罪，动植物检疫徇私舞弊罪，放纵走私罪，放纵制售伪劣商品犯罪行为罪，招收公务员、学生徇私舞弊罪，徇私舞弊不移交刑事案件罪，违法提供出口退税凭证罪，徇私舞弊不征、少征税款罪。

第三十条 监察机关依法调查公职人员在行使公权力过程中涉及的重大责任事故犯罪,包括重大责任事故罪,教育设施重大安全事故罪,消防责任事故罪,重大劳动安全事故罪,强令、组织他人违章冒险作业罪,危险作业罪,不报、谎报安全事故罪,铁路运营安全事故罪,重大飞行事故罪,大型群众性活动重大安全事故罪,危险物品肇事罪,工程重大安全事故罪。

第三十一条 监察机关依法调查公职人员在行使公权力过程中涉及的其他犯罪,包括破坏选举罪,背信损害上市公司利益罪,金融工作人员购买假币、以假币换取货币罪,利用未公开信息交易罪,诱骗投资者买卖证券、期货合约罪,背信运用受托财产罪,违法运用资金罪,违法发放贷款罪,吸收客户资金不入账罪,违规出具金融票证罪,对违法票据承兑、付款、保证罪,非法转让、倒卖土地使用权罪,私自开拆、隐匿、毁弃邮件、电报罪,故意延误投递邮件罪,泄露不应公开的案件信息罪,披露、报道不应公开的案件信息罪,接送不合格兵员罪。

第三十二条 监察机关发现依法由其他机关管辖的违法犯罪线索,应当及时移送有管辖权的机关。

监察机关调查结束后,对于应当给予被调查人或者涉案人员行政处罚等其他处理的,依法移送有关机关。

第四节 监察处置

第三十三条 监察机关对违法的公职人员,依据监察法、政务处分法等规定作出政务处分决定。

第三十四条 监察机关在追究违法的公职人员直接责任的同时,依法对履行职责不力、失职失责,造成严重后果或者恶劣影响的领导人员予以问责。

监察机关应当组成调查组依法开展问责调查。调查结束后经集体讨论形成调查报告,需要进行问责的按照管理权限作出问责决定,或者向有权作出问责决定的机关、单位书面提出问责建议。

第三十五条 监察机关对涉嫌职务犯罪的人员,经调查认为犯罪事实清楚,证据确实、充分,需要追究刑事责任的,依法移送人民检察院审查起诉。

第三十六条 监察机关根据监督、调查结果,发现监察对象所在单位在廉政建设、权力制约、监督管理、制度执行以及履行职责等方面存在问题需要整改纠正的,依法提出监察建议。

监察机关应当跟踪了解监察建议的采纳情况,指导、督促有关单位限期整改,推动监察建议落实到位。

第三章 监察范围和管辖

第一节 监察对象

第三十七条 监察机关依法对所有行使公权力的公职人员进行监察,实现国家监察全面覆盖。

第三十八条 监察法第十五条第一项所称公务员范围,依据《中华人民共和国公务员法》(以下简称公务员法)确定。

监察法第十五条第一项所称参照公务员法管理的人员,是指有关单位中经批准参照公务员法进行管理的工作人员。

第三十九条 监察法第十五条第二项所称法律、法规授权或者受国家机关依法委托管理公共事务的组织中从事公务的人员,是指在上述组织中,除参照公务员法管理的人员外,对公共事务履行组织、领导、管理、监督等职责的人员,包括具有公共事务管理职能的行业协会等组织中从事公务的人员,以及法定检验检测、检疫等机构中从事公务的人员。

第四十条 监察法第十五条第三项所称国有企业管理人员,是指国家出资企业中的下列人员:

(一)在国有独资、全资公司、企业中履行组织、领导、管理、监督等职责的人员;

(二)经党组织或者国家机关,国有独资、全资公司、企业,事业单位提名、推荐、任命、批准等,在国有控股、参股公司及其分支机构中履行组织、领导、管理、监督等职责的人员;

(三)经国家出资企业中负有管理、监督国有资产职责的组织批准或者研究决定,代表其在国有控股、参股公司及其分支机构中从事组织、领导、管理、监督等工作的人员。

第四十一条 监察法第十五条第四项所称公办的教育、科研、文化、医疗卫生、体育等单位中从事管理的人员,是指国家为了社会公益目的,由国家机关举办或者其他组织利用国有资产举办的教育、科研、文化、医疗卫生、体育等事业单位中,从事组织、领导、管理、监督等工作的人员。

第四十二条 监察法第十五条第五项所称基层群众性自治组织中从事管理的人员,是指该组织中的下列人员:

(一)从事集体事务和公益事业管理的人员;

（二）从事集体资金、资产、资源管理的人员；

（三）协助人民政府从事行政管理工作的人员，包括从事救灾、防疫、抢险、防汛、优抚、帮扶、移民、救济款物的管理，社会捐助公益事业款物的管理，国有土地的经营和管理，土地征收、征用补偿费用的管理，代征、代缴税款，有关计划生育、户籍、征兵工作，协助人民政府等国家机关在基层群众性自治组织中从事的其他管理工作。

第四十三条 下列人员属于监察法第十五条第六项所称其他依法履行公职的人员：

（一）履行人民代表大会职责的各级人民代表大会代表，履行公职的中国人民政治协商会议各级委员会委员、人民陪审员、人民监督员；

（二）虽未列入党政机关人员编制，但在党政机关中从事公务的人员；

（三）在集体经济组织等单位、组织中，由党组织或者国家机关，国有独资、全资公司、企业，国家出资企业中负有管理监督国有和集体资产职责的组织，事业单位提名、推荐、任命、批准等，从事组织、领导、管理、监督等工作的人员；

（四）在依法组建的评标、谈判、询价等组织中代表国家机关，国有独资、全资公司、企业，事业单位，人民团体临时履行公共事务组织、领导、管理、监督等职责的人员；

（五）其他依法行使公权力的人员。

第四十四条 有关机关、单位、组织集体作出的决定违法或者实施违法行为的，监察机关应当对负有责任的领导人员和直接责任人员中的公职人员依法追究法律责任。

第二节 管 辖

第四十五条 监察机关开展监督、调查、处置，按照管理权限与属地管辖相结合的原则，实行分级负责制。

第四十六条 设区的市级以上监察委员会按照管理权限，依法管辖同级党委管理的公职人员涉嫌职务违法和职务犯罪案件。

县级监察委员会和直辖市所辖区（县）监察委员会按照管理权限，依法管辖本辖区内公职人员涉嫌职务违法和职务犯罪案件。

地方各级监察委员会按照本条例第十三条、第四十九条规定，可以依法管辖工作单位在本辖区内的有关公职人员涉嫌职务违法和职务犯罪案件。

监察机关调查公职人员涉嫌职务犯罪案件，可以依法对涉嫌行贿犯罪、介绍贿赂犯罪或者共同职务犯罪的涉案人员中的非公职人员一并管辖。非公职人员涉嫌利用影响力受贿罪的,按照其所利用的公职人员的管理权限确定管辖。

第四十七条 上级监察机关对于下一级监察机关管辖范围内的职务违法和职务犯罪案件,具有下列情形之一的,可以依法提级管辖:

(一)在本辖区有重大影响的;

(二)涉及多个下级监察机关管辖的监察对象,调查难度大的;

(三)其他需要提级管辖的重大、复杂案件。

上级监察机关对于所辖各级监察机关管辖范围内有重大影响的案件,必要时可以依法直接调查或者组织、指挥、参与调查。

地方各级监察机关所管辖的职务违法和职务犯罪案件,具有第一款规定情形的,可以依法报请上一级监察机关管辖。

第四十八条 上级监察机关可以依法将其所管辖的案件指定下级监察机关管辖。

设区的市级监察委员会将同级党委管理的公职人员涉嫌职务违法或者职务犯罪案件指定下级监察委员会管辖的,应当报省级监察委员会批准;省级监察委员会将同级党委管理的公职人员涉嫌职务违法或者职务犯罪案件指定下级监察委员会管辖的,应当报国家监察委员会相关监督检查部门备案。

上级监察机关对于下级监察机关管辖的职务违法和职务犯罪案件,具有下列情形之一,认为由其他下级监察机关管辖更为适宜的,可以依法指定给其他下级监察机关管辖:

(一)管辖有争议的;

(二)指定管辖有利于案件公正处理的;

(三)下级监察机关报请指定管辖的;

(四)其他有必要指定管辖的。

被指定的下级监察机关未经指定管辖的监察机关批准,不得将案件再行指定管辖。发现新的职务违法或者职务犯罪线索,以及其他重要情况、重大问题,应当及时向指定管辖的监察机关请示报告。

第四十九条 工作单位在地方、管理权限在主管部门的公职人员涉嫌职务违法和职务犯罪,一般由驻在主管部门、有管辖权的监察机构、监察专员管辖;经协商,监察机构、监察专员可以按规定移交公职人员工作单位所在地的地方监察委员会调查,或者与地方监察委员会联合调查。地方监察委员会在工作中发现上述公职人员有关问题线索,应当向驻在主管部门、有管辖权的监察机构、监察专员通报,并协商确定管辖。

前款规定单位的其他公职人员涉嫌职务违法和职务犯罪,可以由地方监察委员会管辖;驻在主管部门的监察机构、监察专员自行立案调查的,应当及时通报地方监察委员会。

地方监察委员会调查前两款规定案件,应当将立案、留置、移送审查起诉、撤销案件等重要情况向驻在主管部门的监察机构、监察专员通报。

第五十条 监察机关办理案件中涉及无隶属关系的其他监察机关的监察对象,认为需要立案调查的,应当商请有管理权限的监察机关依法立案调查。商请立案时,应当提供涉案人员基本情况、已经查明的涉嫌违法犯罪事实以及相关证据材料。

承办案件的监察机关认为由其一并调查更为适宜的,可以报请有权决定的上级监察机关指定管辖。

第五十一条 公职人员既涉嫌贪污贿赂、失职渎职等严重职务违法和职务犯罪,又涉嫌公安机关、人民检察院等机关管辖的犯罪,依法由监察机关为主调查的,应当由监察机关和其他机关分别依职权立案,监察机关承担组织协调职责,协调调查和侦查工作进度、重要调查和侦查措施使用等重要事项。

第五十二条 监察机关必要时可以依法调查司法工作人员利用职权实施的涉嫌非法拘禁、刑讯逼供、非法搜查等侵犯公民权利、损害司法公正的犯罪,并在立案后及时通报同级人民检察院。

监察机关在调查司法工作人员涉嫌贪污贿赂等职务犯罪中,可以对其涉嫌的前款规定的犯罪一并调查,并及时通报同级人民检察院。人民检察院在办理直接受理侦查的案件中,发现犯罪嫌疑人同时涉嫌监察机关管辖的其他职务犯罪,经沟通全案移送监察机关管辖的,监察机关应当依法进行调查。

第五十三条 监察机关对于退休公职人员在退休前或者退休后,或者离职、死亡的公职人员在履职期间实施的涉嫌职务违法或者职务犯罪行为,可以依法进行调查。

对前款规定人员,按照其原任职务的管辖规定确定管辖的监察机关;由其他监察机关管辖更为适宜的,可以依法指定或者交由其他监察机关管辖。

第四章 监察权限

第一节 一般要求

第五十四条 监察机关应当加强监督执法调查工作规范化建设,严格按规定对监察措施进行审批和监管,依照法定的范围、程序和期限采取相关措施,出具、送达法律文书。

第五十五条 监察机关在初步核实中,可以依法采取谈话、询问、查询、调取、勘验检查、鉴定措施;立案后可以采取讯问、留置、冻结、搜查、查封、扣押、通缉措施。需要采取技术调查、限制出境措施的,应当按照规定交有关机关依法执行。设区的市级以下监察机关在初步核实中不得采取技术调查措施。

开展问责调查,根据具体情况可以依法采取相关监察措施。

第五十六条 开展讯问、搜查、查封、扣押以及重要的谈话、询问等调查取证工作,应当全程同步录音录像,并保持录音录像资料的完整性。录音录像资料应当妥善保管、及时归档,留存备查。

人民检察院、人民法院需要调取同步录音录像的,监察机关应当予以配合,经审批依法予以提供。

第五十七条 需要商请其他监察机关协助收集证据材料的,应当依法出具《委托调查函》;商请其他监察机关对采取措施提供一般性协助的,应当依法出具《商请协助采取措施函》。商请协助事项涉及协助地监察机关管辖的监察对象的,应当由协助地监察机关按照所涉人员的管理权限报批。协助地监察机关对于协助请求,应当依法予以协助配合。

第五十八条 采取监察措施需要告知、通知相关人员的,应当依法办理。告知包括口头、书面两种方式,通知应当采取书面方式。采取口头方式告知的,应当将相关情况制作工作记录;采取书面方式告知、通知的,可以通过直接送交、邮寄、转交等途径送达,将有关回执或者凭证附卷。

无法告知、通知,或者相关人员拒绝接收的,调查人员应当在工作记录或者有关文书上记明。

第二节 证 据

第五十九条 可以用于证明案件事实的材料都是证据,包括:

(一)物证;

(二)书证;

(三)证人证言;

(四)被害人陈述;

(五)被调查人陈述、供述和辩解;

(六)鉴定意见;

（七）勘验检查、辨认、调查实验等笔录；

（八）视听资料、电子数据。

监察机关向有关单位和个人收集、调取证据时，应当告知其必须依法如实提供证据。对于不按要求提供有关材料，泄露相关信息，伪造、隐匿、毁灭证据，提供虚假情况或者阻止他人提供证据的，依法追究法律责任。

监察机关依照监察法和本条例规定收集的证据材料，经审查符合法定要求的，在刑事诉讼中可以作为证据使用。

第六十条 监察机关认定案件事实应当以证据为根据，全面、客观地收集、固定被调查人有无违法犯罪以及情节轻重的各种证据，形成相互印证、完整稳定的证据链。

只有被调查人陈述或者供述，没有其他证据的，不能认定案件事实；没有被调查人陈述或者供述，证据符合法定标准的，可以认定案件事实。

第六十一条 证据必须经过查证属实，才能作为定案的根据。审查认定证据，应当结合案件的具体情况，从证据与待证事实的关联程度、各证据之间的联系、是否依照法定程序收集等方面进行综合判断。

第六十二条 监察机关调查终结的职务违法案件，应当事实清楚、证据确凿。证据确凿，应当符合下列条件：

（一）定性处置的事实都有证据证实；

（二）定案证据真实、合法；

（三）据以定案的证据之间不存在无法排除的矛盾；

（四）综合全案证据，所认定事实清晰且令人信服。

第六十三条 监察机关调查终结的职务犯罪案件，应当事实清楚，证据确实、充分。证据确实、充分，应当符合下列条件：

（一）定罪量刑的事实都有证据证明；

（二）据以定案的证据均经法定程序查证属实；

（三）综合全案证据，对所认定事实已排除合理怀疑。

证据不足的，不得移送人民检察院审查起诉。

第六十四条 严禁以暴力、威胁、引诱、欺骗以及非法限制人身自由等非法方法收集证据，严禁侮辱、打骂、虐待、体罚或者变相体罚被调查人、涉案人员和证人。

第六十五条 对于调查人员采用暴力、威胁以及非法限制人身自由等非法方法收集的被调查人供述、证人证言、被害人陈述，应当依法予以排除。

前款所称暴力的方法，是指采用殴打、违法使用戒具等方法或者变相肉刑的恶劣手段，使人遭受难以忍受的痛苦而违背意愿作出供述、证言、陈述；威胁的方法，是指采用以暴力或者严重损害本人及其近亲属合法权益等进行威胁的方法，使人遭受难以忍受的痛苦而违背意愿作出供述、证言、陈述。

收集物证、书证不符合法定程序，可能严重影响案件公正处理的，应当予以补正或者作出合理解释；不能补正或者作出合理解释的，对该证据应当予以排除。

第六十六条 监察机关监督检查、调查、案件审理、案件监督管理等部门发现监察人员在办理案件中，可能存在以非法方法收集证据情形的，应当依据职责进行调查核实。对于被调查人控告、举报调查人员采用非法方法收集证据，并提供涉嫌非法取证的人员、时间、地点、方式和内容等材料或者线索的，应当受理并进行审核。根据现有材料无法证明证据收集合法性的，应当进行调查核实。

经调查核实，确认或者不能排除以非法方法收集证据的，对有关证据依法予以排除，不得作为案件定性处置、移送审查起诉的依据。认定调查人员非法取证的，应当依法处理，另行指派调查人员重新调查取证。

监察机关接到对下级监察机关调查人员采用非法方法收集证据的控告、举报，可以直接进行调查核实，也可以交由下级监察机关调查核实。交由下级监察机关调查核实的，下级监察机关应当及时将调查结果报告上级监察机关。

第六十七条 对收集的证据材料及扣押的财物应当妥善保管，严格履行交接、调用手续，定期对账核实，不得违规使用、调换、损毁或者自行处理。

第六十八条 监察机关对行政机关在行政执法和查办案件中收集的物证、书证、视听资料、电子数据，勘验、检查等笔录，以及鉴定意见等证据材料，经审查符合法定要求的，可以作为证据使用。

根据法律、行政法规规定行使国家行政管理职权的组织在行政执法和查办案件中收集的证据材料，视为行政机关收集的证据材料。

第六十九条 监察机关对人民法院、人民检察院、公安机关、国家安全机关等在刑事诉讼中收集的物证、书证、视听资料、电子数据，勘验、检查、辨认、侦查实验等笔录，以及鉴定意见等证据材料，经审查符合法定要求的，可以作为证据使用。

监察机关办理职务违法案件，对于人民法院生效刑事判决、裁定和人民检察院不起诉决定采信的证据材料，可以直接作为证据使用。

第三节 谈　　话

第七十条 监察机关在问题线索处置、初步核实和立案调查中,可以依法对涉嫌职务违法的监察对象进行谈话,要求其如实说明情况或者作出陈述。

谈话应当个别进行。负责谈话的人员不得少于二人。

第七十一条 对一般性问题线索的处置,可以采取谈话方式进行,对监察对象给予警示、批评、教育。谈话应当在工作地点等场所进行,明确告知谈话事项,注重谈清问题、取得教育效果。

第七十二条 采取谈话方式处置问题线索的,经审批可以由监察人员或者委托被谈话人所在单位主要负责人等进行谈话。

监察机关谈话应当形成谈话笔录或者记录。谈话结束后,可以根据需要要求被谈话人在十五个工作日以内作出书面说明。被谈话人应当在书面说明每页签名,修改的地方也应当签名。

委托谈话的,受委托人应当在收到委托函后的十五个工作日以内进行谈话。谈话结束后及时形成谈话情况材料报送监察机关,必要时附被谈话人的书面说明。

第七十三条 监察机关开展初步核实工作,一般不与被核查人接触;确有需要与被核查人谈话的,应当按规定报批。

第七十四条 监察机关对涉嫌职务违法的被调查人立案后,可以依法进行谈话。

与被调查人首次谈话时,应当出示《被调查人权利义务告知书》,由其签名、捺指印。被调查人拒绝签名、捺指印的,调查人员应当在文书上记明。对于被调查人未被限制人身自由的,应当在首次谈话时出具《谈话通知书》。

与涉嫌严重职务违法的被调查人进行谈话的,应当全程同步录音录像,并告知被调查人。告知情况应当在录音录像中予以反映,并在笔录中记明。

第七十五条 立案后,与未被限制人身自由的被调查人谈话的,应当在具备安全保障条件的场所进行。

调查人员按规定通知被调查人所在单位派员或者被调查人家属陪同被调查人到指定场所的,应当与陪同人员办理交接手续,填写《陪送交接单》。

第七十六条 调查人员与被留置的被调查人谈话的,按照法定程序在留置场所进行。

与在押的犯罪嫌疑人、被告人谈话的,应当持以监察机关名义出具的介绍信、工作证件，商请有关案件主管机关依法协助办理。

与在看守所、监狱服刑的人员谈话的，应当持以监察机关名义出具的介绍信、工作证件办理。

第七十七条 与被调查人进行谈话，应当合理安排时间、控制时长，保证其饮食和必要的休息时间。

第七十八条 谈话笔录应当在谈话现场制作。笔录应当详细具体，如实反映谈话情况。笔录制作完成后，应当交给被调查人核对。被调查人没有阅读能力的，应当向其宣读。

笔录记载有遗漏或者差错的，应当补充或者更正，由被调查人在补充或者更正处捺指印。被调查人核对无误后，应当在笔录中逐页签名、捺指印。被调查人拒绝签名、捺指印的，调查人员应当在笔录中记明。调查人员也应当在笔录中签名。

第七十九条 被调查人请求自行书写说明材料的，应当准许。必要时，调查人员可以要求被调查人自行书写说明材料。

被调查人应当在说明材料上逐页签名、捺指印，在末页写明日期。对说明材料有修改的，在修改之处应当捺指印。说明材料应当由二名调查人员接收，在首页记明接收的日期并签名。

第八十条 本条例第七十四条至第七十九条的规定，也适用于在初步核实中开展的谈话。

第四节 讯　　问

第八十一条 监察机关对涉嫌职务犯罪的被调查人，可以依法进行讯问，要求其如实供述涉嫌犯罪的情况。

第八十二条 讯问被留置的被调查人，应当在留置场所进行。

第八十三条 讯问应当个别进行，调查人员不得少于二人。

首次讯问时，应当向被讯问人出示《被调查人权利义务告知书》，由其签名、捺指印。被讯问人拒绝签名、捺指印的，调查人员应当在文书上记明。被讯问人未被限制人身自由的，应当在首次讯问时向其出具《讯问通知书》。

讯问一般按照下列顺序进行：

（一）核实被讯问人的基本情况，包括姓名、曾用名、出生年月日、户籍地、身份证件号码、民族、职业、政治面貌、文化程度、工作单位及职务、住所、家庭情况、社会经历，是否属于党代表大会代表、人大代表、政协委员，是否受到过党纪政务

处分,是否受到过刑事处罚等;

(二)告知被讯问人如实供述自己罪行可以依法从宽处理和认罪认罚的法律规定;

(三)讯问被讯问人是否有犯罪行为,让其陈述有罪的事实或者无罪的辩解,应当允许其连贯陈述。

调查人员的提问应当与调查的案件相关。被讯问人对调查人员的提问应当如实回答。调查人员对被讯问人的辩解,应当如实记录,认真查核。

讯问时,应当告知被讯问人将进行全程同步录音录像。告知情况应当在录音录像中予以反映,并在笔录中记明。

第八十四条 本条例第七十五条至第七十九条的要求,也适用于讯问。

第五节 询　　问

第八十五条 监察机关按规定报批后,可以依法对证人、被害人等人员进行询问,了解核实有关问题或者案件情况。

第八十六条 证人未被限制人身自由的,可以在其工作地点、住所或者其提出的地点进行询问,也可以通知其到指定地点接受询问。到证人提出的地点或者调查人员指定的地点进行询问的,应当在笔录中记明。

调查人员认为有必要或者证人提出需要由所在单位派员或者其家属陪同到询问地点的,应当办理交接手续并填写《陪送交接单》。

第八十七条 询问应当个别进行。负责询问的调查人员不得少于二人。

首次询问时,应当向证人出示《证人权利义务告知书》,由其签名、捺指印。证人拒绝签名、捺指印的,调查人员应当在文书上记明。证人未被限制人身自由的,应当在首次询问时向其出具《询问通知书》。

询问时,应当核实证人身份,问明证人的基本情况,告知证人应当如实提供证据、证言,以及作伪证或者隐匿证据应当承担的法律责任。不得向证人泄露案情,不得采用非法方法获取证言。

询问重大或者有社会影响案件的重要证人,应当对询问过程全程同步录音录像,并告知证人。告知情况应当在录音录像中予以反映,并在笔录中记明。

第八十八条 询问未成年人,应当通知其法定代理人到场。无法通知或者法定代理人不能到场的,应当通知未成年人的其他成年亲属或者所在学校、居住地基层组织的代表等有关人员到场。询问结束后,由法定代理人或者有关人员在笔录中签名。调查人员应当将到场情况记录在案。

询问聋、哑人,应当有通晓聋、哑手势的人员参加。调查人员应当在笔录中记明证人的聋、哑情况,以及翻译人员的姓名、工作单位和职业。询问不通晓当地通用语言、文字的证人,应当有翻译人员。询问结束后,由翻译人员在笔录中签名。

第八十九条 凡是知道案件情况的人,都有如实作证的义务。对故意提供虚假证言的证人,应当依法追究法律责任。

证人或者其他任何人不得帮助被调查人隐匿、毁灭、伪造证据或者串供,不得实施其他干扰调查活动的行为。

第九十条 证人、鉴定人、被害人因作证,本人或者近亲属人身安全面临危险,向监察机关请求保护的,监察机关应当受理并及时进行审查;对于确实存在人身安全危险的,监察机关应当采取必要的保护措施。监察机关发现存在上述情形的,应当主动采取保护措施。

监察机关可以采取下列一项或者多项保护措施:

(一)不公开真实姓名、住址和工作单位等个人信息;

(二)禁止特定的人员接触证人、鉴定人、被害人及其近亲属;

(三)对人身和住宅采取专门性保护措施;

(四)其他必要的保护措施。

依法决定不公开证人、鉴定人、被害人的真实姓名、住址和工作单位等个人信息的,可以在询问笔录等法律文书、证据材料中使用化名。但是应当另行书面说明使用化名的情况并标明密级,单独成卷。

监察机关采取保护措施需要协助的,可以提请公安机关等有关单位和要求有关个人依法予以协助。

第九十一条 本条例第七十六条至第七十九条的要求,也适用于询问。询问重要涉案人员,根据情况适用本条例第七十五条的规定。

询问被害人,适用询问证人的规定。

第六节　留　　置

第九十二条 监察机关调查严重职务违法或者职务犯罪,对于符合监察法第二十二条第一款规定的,经依法审批,可以对被调查人采取留置措施。

监察法第二十二条第一款规定的严重职务违法,是指根据监察机关已经掌握的事实及证据,被调查人涉嫌的职务违法行为情节严重,可能被给予撤职以上政务处分;重要问题,是指对被调查人涉嫌的职务违法或者职务犯罪,在定性处置、定罪量刑等方面有重要影响的事实、情节及证据。

监察法第二十二条第一款规定的已经掌握其部分违法犯罪事实及证据，是指同时具备下列情形：

（一）有证据证明发生了违法犯罪事实；

（二）有证据证明该违法犯罪事实是被调查人实施；

（三）证明被调查人实施违法犯罪行为的证据已经查证属实。

部分违法犯罪事实，既可以是单一违法犯罪行为的事实，也可以是数个违法犯罪行为中任何一个违法犯罪行为的事实。

第九十三条 被调查人具有下列情形之一的，可以认定为监察法第二十二条第一款第二项所规定的可能逃跑、自杀：

（一）着手准备自杀、自残或者逃跑的；

（二）曾经有自杀、自残或者逃跑行为的；

（三）有自杀、自残或者逃跑意图的；

（四）其他可能逃跑、自杀的情形。

第九十四条 被调查人具有下列情形之一的，可以认定为监察法第二十二条第一款第三项所规定的可能串供或者伪造、隐匿、毁灭证据：

（一）曾经或者企图串供，伪造、隐匿、毁灭、转移证据的；

（二）曾经或者企图威逼、恐吓、利诱、收买证人，干扰证人作证的；

（三）有同案人或者与被调查人存在密切关联违法犯罪的涉案人员在逃，重要证据尚未收集完成的；

（四）其他可能串供或者伪造、隐匿、毁灭证据的情形。

第九十五条 被调查人具有下列情形之一的，可以认定为监察法第二十二条第一款第四项所规定的可能有其他妨碍调查行为：

（一）可能继续实施违法犯罪行为的；

（二）有危害国家安全、公共安全等现实危险的；

（三）可能对举报人、控告人、被害人、证人、鉴定人等相关人员实施打击报复的；

（四）无正当理由拒不到案，严重影响调查的；

（五）其他可能妨碍调查的行为。

第九十六条 对下列人员不得采取留置措施：

（一）患有严重疾病、生活不能自理的；

（二）怀孕或者正在哺乳自己婴儿的妇女；

（三）系生活不能自理的人的唯一扶养人。

上述情形消除后，根据调查需要可以对相关人员采取留置措施。

第九十七条 采取留置措施时，调查人员不得少于二人，应当向被留置人员宣布《留置决定书》，告知被留置人员权利义务，要求其在《留置决定书》上签名、捺指印。被留置人员拒绝签名、捺指印的，调查人员应当在文书上记明。

第九十八条 采取留置措施后，应当在二十四小时以内通知被留置人员所在单位和家属。当面通知的，由有关人员在《留置通知书》上签名。无法当面通知的，可以先以电话等方式通知，并通过邮寄、转交等方式送达《留置通知书》，要求有关人员在《留置通知书》上签名。

因可能毁灭、伪造证据，干扰证人作证或者串供等有碍调查情形而不宜通知的，应当按规定报批，记录在案。有碍调查的情形消失后，应当立即通知被留置人员所在单位和家属。

第九十九条 县级以上监察机关需要提请公安机关协助采取留置措施的，应当按规定报批，请同级公安机关依法予以协助。提请协助时，应当出具《提请协助采取留置措施函》，列明提请协助的具体事项和建议，协助采取措施的时间、地点等内容，附《留置决定书》复印件。

因保密需要，不适合在采取留置措施前向公安机关告知留置对象姓名的，可以作出说明，进行保密处理。

需要提请异地公安机关协助采取留置措施的，应当按规定报批，向协作地同级监察机关出具协作函件和相关文书，由协作地监察机关提请当地公安机关依法予以协助。

第一百条 留置过程中，应当保障被留置人员的合法权益，尊重其人格和民族习俗，保障饮食、休息和安全，提供医疗服务。

第一百零一条 留置时间不得超过三个月，自向被留置人员宣布之日起算。具有下列情形之一的，经审批可以延长一次，延长时间不得超过三个月：

（一）案情重大，严重危害国家利益或者公共利益的；

（二）案情复杂，涉案人员多、金额巨大，涉及范围广的；

（三）重要证据尚未收集完成，或者重要涉案人员尚未到案，导致违法犯罪的主要事实仍须继续调查的；

（四）其他需要延长留置时间的情形。

省级以下监察机关采取留置措施的，延长留置时间应当报上一级监察机关批准。

延长留置时间的,应当在留置期满前向被留置人员宣布延长留置时间的决定,要求其在《延长留置时间决定书》上签名、捺指印。被留置人员拒绝签名、捺指印的,调查人员应当在文书上记明。

延长留置时间的,应当通知被留置人员家属。

第一百零二条 对被留置人员不需要继续采取留置措施的,应当按规定报批,及时解除留置。

调查人员应当向被留置人员宣布解除留置措施的决定,由其在《解除留置决定书》上签名、捺指印。被留置人员拒绝签名、捺指印的,调查人员应当在文书上记明。

解除留置措施的,应当及时通知被留置人员所在单位或者家属。调查人员应当与交接人办理交接手续,并由其在《解除留置通知书》上签名。无法通知或者有关人员拒绝签名的,调查人员应当在文书上记明。

案件依法移送人民检察院审查起诉的,留置措施自犯罪嫌疑人被执行拘留时自动解除,不再办理解除法律手续。

第一百零三条 留置场所应当建立健全保密、消防、医疗、餐饮及安保等安全工作责任制,制定紧急突发事件处置预案,采取安全防范措施。

留置期间发生被留置人员死亡、伤残、脱逃等办案安全事故、事件的,应当及时做好处置工作。相关情况应当立即报告监察机关主要负责人,并在二十四小时以内逐级上报至国家监察委员会。

第七节 查询、冻结

第一百零四条 监察机关调查严重职务违法或者职务犯罪,根据工作需要,按规定报批后,可以依法查询、冻结涉案单位和个人的存款、汇款、债券、股票、基金份额等财产。

第一百零五条 查询、冻结财产时,调查人员不得少于二人。调查人员应当出具《协助查询财产通知书》或者《协助冻结财产通知书》,送交银行或者其他金融机构、邮政部门等单位执行。有关单位和个人应当予以配合,并严格保密。

查询财产应当在《协助查询财产通知书》中填写查询账号、查询内容等信息。没有具体账号的,应当填写足以确定账户或者权利人的自然人姓名、身份证件号码或者企业法人名称、统一社会信用代码等信息。

冻结财产应当在《协助冻结财产通知书》中填写冻结账户名称、冻结账号、冻结数额、冻结期限起止时间等信息。冻结数额应当具体、明确,暂时无法确定具体数额的，应当在《协助冻结财产通知书》上明确写明“只收不付”。冻结证券和交易结算资金时，应当明确冻结的范围是否及于孳息。

冻结财产，应当为被调查人及其所扶养的亲属保留必需的生活费用。

第一百零六条 调查人员可以根据需要对查询结果进行打印、抄录、复制、拍照，要求相关单位在有关材料上加盖证明印章。对查询结果有疑问的，可以要求相关单位进行书面解释并加盖印章。

第一百零七条 监察机关对查询信息应当加强管理，规范信息交接、调阅、使用程序和手续，防止滥用和泄露。

调查人员不得查询与案件调查工作无关的信息。

第一百零八条 冻结财产的期限不得超过六个月。冻结期限到期未办理续冻手续的，冻结自动解除。

有特殊原因需要延长冻结期限的，应当在到期前按原程序报批，办理续冻手续。每次续冻期限不得超过六个月。

第一百零九条 已被冻结的财产可以轮候冻结，不得重复冻结。轮候冻结的，监察机关应当要求有关银行或者其他金融机构等单位在解除冻结或者作出处理前予以通知。

监察机关接受司法机关、其他监察机关等国家机关移送的涉案财物后，该国家机关采取的冻结期限届满，监察机关续行冻结的顺位与该国家机关冻结的顺位相同。

第一百一十条 冻结财产应当通知权利人或者其法定代理人、委托代理人，要求其在《冻结财产告知书》上签名。冻结股票、债券、基金份额等财产，应当告知权利人或者其法定代理人、委托代理人有权申请出售。

对于被冻结的股票、债券、基金份额等财产，权利人或者其法定代理人、委托代理人申请出售，不损害国家利益、被害人利益，不影响调查正常进行的，经审批可以在案件办结前由相关机构依法出售或者变现。对于被冻结的汇票、本票、支票即将到期的，经审批可以在案件办结前由相关机构依法出售或者变现。出售上述财产的，应当出具《许可出售冻结财产通知书》。

出售或者变现所得价款应当继续冻结在其对应的银行账户中；没有对应的银行账户的，应当存入监察机关指定的专用账户保管，并将存款凭证送监察机关登记。监察机关应当及时向权利人或者其法定代理人、委托代理人出具《出售冻结财产通知书》，并要求其签名。拒绝签名的，调查人员应当在文书上记明。

第一百一十一条 对于冻结的财产，应当及时核查。经查明与案件无关的，经审批，应当在查明后三日以内将《解除冻结财产通知书》送交有关单位执行。解除情况应当告知被冻结财产的权利人或者其法定代理人、委托代理人。

第八节　搜　　查

第一百一十二条　监察机关调查职务犯罪案件，为了收集犯罪证据、查获被调查人，按规定报批后，可以依法对被调查人以及可能隐藏被调查人或者犯罪证据的人的身体、物品、住处、工作地点和其他有关地方进行搜查。

第一百一十三条　搜查应当在调查人员主持下进行，调查人员不得少于二人。搜查女性的身体，由女性工作人员进行。

搜查时，应当有被搜查人或者其家属、其所在单位工作人员或者其他见证人在场。监察人员不得作为见证人。调查人员应当向被搜查人或者其家属、见证人出示《搜查证》，要求其签名。被搜查人或者其家属不在场，或者拒绝签名的，调查人员应当在文书上记明。

第一百一十四条　搜查时，应当要求在场人员予以配合，不得进行阻碍。对以暴力、威胁等方法阻碍搜查的，应当依法制止。对阻碍搜查构成违法犯罪的，依法追究法律责任。

第一百一十五条　县级以上监察机关需要提请公安机关依法协助采取搜查措施的，应当按规定报批，请同级公安机关予以协助。提请协助时，应当出具《提请协助采取搜查措施函》，列明提请协助的具体事项和建议，搜查时间、地点、目的等内容，附《搜查证》复印件。

需要提请异地公安机关协助采取搜查措施的，应当按规定报批，向协作地同级监察机关出具协作函件和相关文书，由协作地监察机关提请当地公安机关予以协助。

第一百一十六条　对搜查取证工作，应当全程同步录音录像。

对搜查情况应当制作《搜查笔录》，由调查人员和被搜查人或者其家属、见证人签名。被搜查人或者其家属不在场，或者拒绝签名的，调查人员应当在笔录中记明。

对于查获的重要物证、书证、视听资料、电子数据及其放置、存储位置应当拍照，并在《搜查笔录》中作出文字说明。

第一百一十七条　搜查时，应当避免未成年人或者其他不适宜在搜查现场的人在场。

搜查人员应当服从指挥、文明执法，不得擅自变更搜查对象和扩大搜查范围。搜查的具体时间、方法，在实施前应当严格保密。

第一百一十八条 在搜查过程中查封、扣押财物和文件的，按照查封、扣押的有关规定办理。

第九节 调 取

第一百一十九条 监察机关按规定报批后，可以依法向有关单位和个人调取用以证明案件事实的证据材料。

第一百二十条 调取证据材料时，调查人员不得少于二人。调查人员应当依法出具《调取证据通知书》，必要时附《调取证据清单》。

有关单位和个人配合监察机关调取证据，应当严格保密。

第一百二十一条 调取物证应当调取原物。原物不便搬运、保存，或者依法应当返还，或者因保密工作需要不能调取原物的，可以将原物封存，并拍照、录像。对原物拍照或者录像时，应当足以反映原物的外形、内容。

调取书证、视听资料应当调取原件。取得原件确有困难或者因保密工作需要不能调取原件的，可以调取副本或者复制件。

调取物证的照片、录像和书证、视听资料的副本、复制件的，应当书面记明不能调取原物、原件的原因，原物、原件存放地点，制作过程，是否与原物、原件相符，并由调查人员和物证、书证、视听资料原持有人签名或者盖章。持有人无法签名、盖章或者拒绝签名、盖章的，应当在笔录中记明，由见证人签名。

第一百二十二条 调取外文材料作为证据使用的，应当交由具有资质的机构和人员出具中文译本。中文译本应当加盖翻译机构公章。

第一百二十三条 收集、提取电子数据，能够扣押原始存储介质的，应当予以扣押、封存并在笔录中记录封存状态。无法扣押原始存储介质的，可以提取电子数据，但应当在笔录中记明不能扣押的原因、原始存储介质的存放地点或者电子数据的来源等情况。

由于客观原因无法或者不宜采取前款规定方式收集、提取电子数据的，可以采取打印、拍照或者录像等方式固定相关证据，并在笔录中说明原因。

收集、提取的电子数据，足以保证完整性，无删除、修改、增加等情形的，可以作为证据使用。

收集、提取电子数据，应当制作笔录，记录案由、对象、内容，收集、提取电子数据的时间、地点、方法、过程，并附电子数据清单，注明类别、文件格式、完整性校验值等，由调查人员、电子数据持有人（提供人）签名或者盖章；电子数据持有人(提供人)无法签名或者拒绝签名的,应当在笔录中记明,由见证人签名或者盖章。有条件的,应当对相关活动进行录像。

第一百二十四条 调取的物证、书证、视听资料等原件,经查明与案件无关的,经审批,应当在查明后三日以内退还,并办理交接手续。

第十节 查封、扣押

第一百二十五条 监察机关按规定报批后,可以依法查封、扣押用以证明被调查人涉嫌违法犯罪以及情节轻重的财物、文件、电子数据等证据材料。

对于被调查人到案时随身携带的物品,以及被调查人或者其他相关人员主动上交的财物和文件,依法需要扣押的,依照前款规定办理。对于被调查人随身携带的与案件无关的个人用品,应当逐件登记,随案移交或者退还。

第一百二十六条 查封、扣押时,应当出具《查封/扣押通知书》,调查人员不得少于二人。持有人拒绝交出应当查封、扣押的财物和文件的,可以依法强制查封、扣押。

调查人员对于查封、扣押的财物和文件,应当会同在场见证人和被查封、扣押财物持有人进行清点核对,开列《查封/扣押财物、文件清单》,由调查人员、见证人和持有人签名或者盖章。持有人不在场或者拒绝签名、盖章的,调查人员应当在清单上记明。

查封、扣押财物,应当为被调查人及其所扶养的亲属保留必需的生活费用和物品。

第一百二十七条 查封、扣押不动产和置于该不动产上不宜移动的设施、家具和其他相关财物,以及车辆、船舶、航空器和大型机械、设备等财物,必要时可以依法扣押其权利证书,经拍照或者录像后原地封存。调查人员应当在查封清单上记明相关财物的所在地址和特征,已经拍照或者录像及其权利证书被扣押的情况,由调查人员、见证人和持有人签名或者盖章。持有人不在场或者拒绝签名、盖章的,调查人员应当在清单上记明。

查封、扣押前款规定财物的,必要时可以将被查封财物交给持有人或者其近亲属保管。调查人员应当告知保管人妥善保管,不得对被查封财物进行转移、变卖、毁损、抵押、赠予等处理。

调查人员应当将《查封/扣押通知书》送达不动产、生产设备或者车辆、船舶、航空器等财物的登记、管理部门,告知其在查封期间禁止办理抵押、转让、出售等权属关系变更、转移登记手续。相关情况应当在查封清单上记明。被查封、扣押的财物已经办理抵押登记的,监察机关在执行没收、追缴、责令退赔等决定时应当及时通知抵押权人。

第一百二十八条 查封、扣押下列物品,应当依法进行相应的处理:

(一)查封、扣押外币、金银珠宝、文物、名贵字画以及其他不易辨别真伪的贵重物品,具备当场密封条件的,应当当场密封,由二名以上调查人员在密封材料上签名并记明密封时间。不具备当场密封条件的,应当在笔录中记明,以拍照、录像等方法加以保全后进行封存。查封、扣押的贵重物品需要鉴定的,应当及时鉴定。

(二)查封、扣押存折、银行卡、有价证券等支付凭证和具有一定特征能够证明案情的现金,应当记明特征、编号、种类、面值、张数、金额等,当场密封,由二名以上调查人员在密封材料上签名并记明密封时间。

(三)查封、扣押易损毁、灭失、变质等不宜长期保存的物品以及有消费期限的卡、券,应当在笔录中记明,以拍照、录像等方法加以保全后进行封存,或者经审批委托有关机构变卖、拍卖。变卖、拍卖的价款存入专用账户保管,待调查终结后一并处理。

(四)对于可以作为证据使用的录音录像、电子数据存储介质,应当记明案由、对象、内容,录制、复制的时间、地点、规格、类别、应用长度、文件格式及长度等,制作清单。具备查封、扣押条件的电子设备、存储介质应当密封保存。必要时,可以请有关机关协助。

(五)对被调查人使用违法犯罪所得与合法收入共同购置的不可分割的财产,可以先行查封、扣押。对无法分割退还的财产,涉及违法的,可以在结案后委托有关单位拍卖、变卖,退还不属于违法所得的部分及孳息;涉及职务犯罪的,依法移送司法机关处置。

(六)查封、扣押危险品、违禁品,应当及时送交有关部门,或者根据工作需要严格封存保管。

第一百二十九条 对于需要启封的财物和文件,应当由二名以上调查人员共同办理。重新密封时,由二名以上调查人员在密封材料上签名、记明时间。

第一百三十条 查封、扣押涉案财物,应当按规定将涉案财物详细信息、《查封/扣押财物、文件清单》录入并上传监察机关涉案财物信息管理系统。

对于涉案款项,应当在采取措施后十五日以内存入监察机关指定的专用账户。对于涉案物品,应当在采取措施后三十日以内移交涉案财物保管部门保管。因特殊原因不能按时存入专用账户或者移交保管的,应当按规定报批,将保管情况录入涉案财物信息管理系统,在原因消除后及时存入或者移交。

第一百三十一条 对于已移交涉案财物保管部门保管的涉案财物,根据调查工作需要,经审批可以临时调用,并应当确保完好。调用结束后,应当及时归还。调用和归还时,调查人员、保管人员应当当面清点查验。保管部门应当对调用和归还情况进行登记,全程录像并上传涉案财物信息管理系统。

第一百三十二条 对于被扣押的股票、债券、基金份额等财产,以及即将到期的汇票、本票、支票,依法需要出售或者变现的,按照本条例关于出售冻结财产的规定办理。

第一百三十三条 监察机关接受司法机关、其他监察机关等国家机关移送的涉案财物后,该国家机关采取的查封、扣押期限届满,监察机关续行查封、扣押的顺位与该国家机关查封、扣押的顺位相同。

第一百三十四条 对查封、扣押的财物和文件,应当及时进行核查。经查明与案件无关的,经审批,应当在查明后三日以内解除查封、扣押,予以退还。解除查封、扣押的,应当向有关单位、原持有人或者近亲属送达《解除查封/扣押通知书》,附《解除查封/扣押财物、文件清单》,要求其签名或者盖章。

第一百三十五条 在立案调查之前,对监察对象及相关人员主动上交的涉案财物,经审批可以接收。

接收时,应当由二名以上调查人员,会同持有人和见证人进行清点核对,当场填写《主动上交财物登记表》。调查人员、持有人和见证人应当在登记表上签名或者盖章。

对于主动上交的财物,应当根据立案及调查情况及时决定是否依法查封、扣押。

第十一节　勘验检查

第一百三十六条 监察机关按规定报批后,可以依法对与违法犯罪有关的场所、物品、人身、尸体、电子数据等进行勘验检查。

第一百三十七条 依法需要勘验检查的,应当制作《勘验检查证》;需要委托勘验检查的,应当出具《委托勘验检查书》,送具有专门知识、勘验检查资格的单位(人员)办理。

第一百三十八条 勘验检查应当由二名以上调查人员主持,邀请与案件无关的见证人在场。勘验检查情况应当制作笔录,并由参加勘验检查人员和见证人签名。

勘验检查现场、拆封电子数据存储介质应当全程同步录音录像。对现场情况应当拍摄现场照片、制作现场图,并由勘验检查人员签名。

第一百三十九条 为了确定被调查人或者相关人员的某些特征、伤害情况或者生理状态,可以依法对其人身进行检查。必要时可以聘请法医或者医师进行人身检查。检查女性身体,应当由女性工作人员或者医师进行。被调查人拒绝检查的,可以依法强制检查。

人身检查不得采用损害被检查人生命、健康或者贬低其名誉、人格的方法。对人身检查过程中知悉的个人隐私,应当严格保密。

对人身检查的情况应当制作笔录,由参加检查的调查人员、检查人员、被检查人员和见证人签名。被检查人员拒绝签名的,调查人员应当在笔录中记明。

第一百四十条 为查明案情,在必要的时候,经审批可以依法进行调查实验。调查实验,可以聘请有关专业人员参加,也可以要求被调查人、被害人、证人参加。

进行调查实验,应当全程同步录音录像,制作调查实验笔录,由参加实验的人签名。进行调查实验,禁止一切足以造成危险、侮辱人格的行为。

第一百四十一条 调查人员在必要时,可以依法让被害人、证人和被调查人对与违法犯罪有关的物品、文件、尸体或者场所进行辨认;也可以让被害人、证人对被调查人进行辨认,或者让被调查人对涉案人员进行辨认。

辨认工作应当由二名以上调查人员主持进行。在辨认前,应当向辨认人详细询问辨认对象的具体特征,避免辨认人见到辨认对象,并告知辨认人作虚假辨认应当承担的法律责任。几名辨认人对同一辨认对象进行辨认时,应当由辨认人个别进行。辨认应当形成笔录,并由调查人员、辨认人签名。

第一百四十二条 辨认人员时,被辨认的人数不得少于七人,照片不得少于十张。

辨认人不愿公开进行辨认时,应当在不暴露辨认人的情况下进行辨认,并为其保守秘密。

第一百四十三条 组织辨认物品时一般应当辨认实物。被辨认的物品系名贵字画等贵重物品或者存在不便搬运等情况的,可以对实物照片进行辨认。辨认人进行辨认时,应当在辨认出的实物照片与附纸骑缝上捺指印予以确认,在附纸上写明该实物涉案情况并签名、捺指印。

辨认物品时,同类物品不得少于五件,照片不得少于五张。

对于难以找到相似物品的特定物,可以将该物品照片交由辨认人进行确认后，在照片与附纸骑缝上捺指印，在附纸上写明该物品涉案情况并签名、捺指印。在辨认人确认前，应当向其详细询问物品的具体特征，并对确认过程和结果形成笔录。

第一百四十四条 辨认笔录具有下列情形之一的，不得作为认定案件的依据：

（一）辨认开始前使辨认人见到辨认对象的；

（二）辨认活动没有个别进行的；

（三）辨认对象没有混杂在具有类似特征的其他对象中，或者供辨认的对象数量不符合规定的，但特定辨认对象除外；

（四）辨认中给辨认人明显暗示或者明显有指认嫌疑的；

（五）辨认不是在调查人员主持下进行的；

（六）违反有关规定，不能确定辨认笔录真实性的其他情形。

辨认笔录存在其他瑕疵的，应当结合全案证据审查其真实性和关联性，作出综合判断。

第十二节 鉴　　定

第一百四十五条 监察机关为解决案件中的专门性问题，按规定报批后，可以依法进行鉴定。

鉴定时应当出具《委托鉴定书》，由二名以上调查人员送交具有鉴定资格的鉴定机构、鉴定人进行鉴定。

第一百四十六条 监察机关可以依法开展下列鉴定：

（一）对笔迹、印刷文件、污损文件、制成时间不明的文件和以其他形式表现的文件等进行鉴定；

（二）对案件中涉及的财务会计资料及相关财物进行会计鉴定；

（三）对被调查人、证人的行为能力进行精神病鉴定；

（四）对人体造成的损害或者死因进行人身伤亡医学鉴定；

（五）对录音录像资料进行鉴定；

（六）对因电子信息技术应用而出现的材料及其派生物进行电子证据鉴定；

（七）其他可以依法进行的专业鉴定。

第一百四十七条 监察机关应当为鉴定提供必要条件，向鉴定人送交有关检材和对比样本等原始材料，介绍与鉴定有关的情况。调查人员应当明确提出要求鉴定事项，但不得暗示或者强迫鉴定人作出某种鉴定意见。

监察机关应当做好检材的保管和送检工作,记明检材送检环节的责任人,确保检材在流转环节的同一性和不被污染。

第一百四十八条 鉴定人应当在出具的鉴定意见上签名,并附鉴定机构和鉴定人的资质证明或者其他证明文件。多个鉴定人的鉴定意见不一致的,应当在鉴定意见上记明分歧的内容和理由,并且分别签名。

监察机关对于法庭审理中依法决定鉴定人出庭作证的,应当予以协调。

鉴定人故意作虚假鉴定的,应当依法追究法律责任。

第一百四十九条 调查人员应当对鉴定意见进行审查。对经审查作为证据使用的鉴定意见,应当告知被调查人及相关单位、人员,送达《鉴定意见告知书》。

被调查人或者相关单位、人员提出补充鉴定或者重新鉴定申请,经审查符合法定要求的,应当按规定报批,进行补充鉴定或者重新鉴定。

对鉴定意见告知情况可以制作笔录,载明告知内容和被告知人的意见等。

第一百五十条 经审查具有下列情形之一的,应当补充鉴定:

(一)鉴定内容有明显遗漏的;

(二)发现新的有鉴定意义的证物的;

(三)对鉴定证物有新的鉴定要求的;

(四)鉴定意见不完整,委托事项无法确定的;

(五)其他需要补充鉴定的情形。

第一百五十一条 经审查具有下列情形之一的,应当重新鉴定:

(一)鉴定程序违法或者违反相关专业技术要求的;

(二)鉴定机构、鉴定人不具备鉴定资质和条件的;

(三)鉴定人故意作出虚假鉴定或者违反回避规定的;

(四)鉴定意见依据明显不足的;

(五)检材虚假或者被损坏的;

(六)其他应当重新鉴定的情形。

决定重新鉴定的,应当另行确定鉴定机构和鉴定人。

第一百五十二条 因无鉴定机构,或者根据法律法规等规定,监察机关可以指派、聘请具有专门知识的人就案件的专门性问题出具报告。

第十三节 技术调查

第一百五十三条 监察机关根据调查涉嫌重大贪污贿赂等职务犯罪需要,依照规定的权限和程序报经批准,可以依法采取技术调查措施,按照规定交公安机关或者国家有关执法机关依法执行。

前款所称重大贪污贿赂等职务犯罪,是指具有下列情形之一:

(一)案情重大复杂,涉及国家利益或者重大公共利益的;

(二)被调查人可能被判处十年以上有期徒刑、无期徒刑或者死刑的;

(三)案件在全国或者本省、自治区、直辖市范围内有较大影响的。

第一百五十四条 依法采取技术调查措施的,监察机关应当出具《采取技术调查措施委托函》《采取技术调查措施决定书》和《采取技术调查措施适用对象情况表》,送交有关机关执行。其中,设区的市级以下监察机关委托有关执行机关采取技术调查措施,还应当提供《立案决定书》。

第一百五十五条 技术调查措施的期限按照监察法的规定执行,期限届满前未办理延期手续的,到期自动解除。

对于不需要继续采取技术调查措施的,监察机关应当按规定及时报批,将《解除技术调查措施决定书》送交有关机关执行。

需要依法变更技术调查措施种类或者增加适用对象的,监察机关应当重新办理报批和委托手续,依法送交有关机关执行。

第一百五十六条 对于采取技术调查措施收集的信息和材料,依法需要作为刑事诉讼证据使用的,监察机关应当按规定报批,出具《调取技术调查证据材料通知书》向有关执行机关调取。

对于采取技术调查措施收集的物证、书证及其他证据材料,监察机关应当制作书面说明,写明获取证据的时间、地点、数量、特征以及采取技术调查措施的批准机关、种类等。调查人员应当在书面说明上签名。

对于采取技术调查措施获取的证据材料,如果使用该证据材料可能危及有关人员的人身安全,或者可能产生其他严重后果的,应当采取不暴露有关人员身份、技术方法等保护措施。必要时,可以建议由审判人员在庭外进行核实。

第一百五十七条 调查人员对采取技术调查措施过程中知悉的国家秘密、商业秘密、个人隐私,应当严格保密。

采取技术调查措施获取的证据、线索及其他有关材料,只能用于对违法犯罪的调查、起诉和审判,不得用于其他用途。

对采取技术调查措施获取的与案件无关的材料,应当经审批及时销毁。对销毁情况应当制作记录,由调查人员签名。

第十四节 通 缉

第一百五十八条 县级以上监察机关对在逃的应当被留置人员,依法决定在本行政区域内通缉的,应当按规定报批,送交同级公安机关执行。送交执行时,应当出具《通缉决定书》,附《留置决定书》等法律文书和被通缉人员信息,以及承办单位、承办人员等有关情况。

通缉范围超出本行政区域的,应当报有决定权的上级监察机关出具《通缉决定书》,并附《留置决定书》及相关材料,送交同级公安机关执行。

第一百五十九条 国家监察委员会依法需要提请公安部对在逃人员发布公安部通缉令的,应当先提请公安部采取网上追逃措施。如情况紧急,可以向公安部同时出具《通缉决定书》和《提请采取网上追逃措施函》。

省级以下监察机关报请国家监察委员会提请公安部发布公安部通缉令的,应当先提请本地公安机关采取网上追逃措施。

第一百六十条 监察机关接到公安机关抓获被通缉人员的通知后,应当立即核实被抓获人员身份,并在接到通知后二十四小时以内派员办理交接手续。边远或者交通不便地区,至迟不得超过三日。

公安机关在移交前,将被抓获人员送往当地监察机关留置场所临时看管的,当地监察机关应当接收,并保障临时看管期间的安全,对工作信息严格保密。

监察机关需要提请公安机关协助将被抓获人员带回的,应当按规定报批,请本地同级公安机关依法予以协助。提请协助时,应当出具《提请协助采取留置措施函》,附《留置决定书》复印件及相关材料。

第一百六十一条 监察机关对于被通缉人员已经归案、死亡,或者依法撤销留置决定以及发现有其他不需要继续采取通缉措施情形的,应当经审批出具《撤销通缉通知书》,送交协助采取原措施的公安机关执行。

第十五节　限制出境

第一百六十二条 监察机关为防止被调查人及相关人员逃匿境外,按规定报批后,可以依法决定采取限制出境措施,交由移民管理机构依法执行。

第一百六十三条 监察机关采取限制出境措施应当出具有关函件,与《采取限制出境措施决定书》一并送交移民管理机构执行。其中,采取边控措施的,应当附《边控对象通知书》;采取法定不批准出境措施的,应当附《法定不准出境人员报备表》。

第一百六十四条 限制出境措施有效期不超过三个月,到期自动解除。

到期后仍有必要继续采取措施的,应当按原程序报批。承办部门应当出具有关函件,在到期前与《延长限制出境措施期限决定书》一并送交移民管理机构执行。延长期限每次不得超过三个月。

第一百六十五条 监察机关接到口岸移民管理机构查获被决定采取留置措施的边控对象的通知后,应当于二十四小时以内到达口岸办理移交手续。无法及时到达的,应当委托当地监察机关及时前往口岸办理移交手续。当地监察机关应当予以协助。

第一百六十六条 对于不需要继续采取限制出境措施的,应当按规定报批,及时予以解除。承办部门应当出具有关函件,与《解除限制出境措施决定书》一并送交移民管理机构执行。

第一百六十七条 县级以上监察机关在重要紧急情况下,经审批可以依法直接向口岸所在地口岸移民管理机构提请办理临时限制出境措施。

第五章 监察程序

第一节 线索处置

第一百六十八条 监察机关应当对问题线索归口受理、集中管理、分类处置、定期清理。

第一百六十九条 监察机关对于报案或者举报应当依法接受。属于本级监察机关管辖的,依法予以受理;属于其他监察机关管辖的,应当在五个工作日以内予以转送。

监察机关可以向下级监察机关发函交办检举控告,并进行督办,下级监察机关应当按期回复办理结果。

第一百七十条 对于涉嫌职务违法或者职务犯罪的公职人员主动投案的,应当依法接待和办理。

第一百七十一条 监察机关对于执法机关、司法机关等其他机关移送的问题线索,应当及时审核,并按照下列方式办理:

(一)本单位有管辖权的,及时研究提出处置意见;

(二)本单位没有管辖权但其他监察机关有管辖权的,在五个工作日以内转送有管辖权的监察机关;

(三)本单位对部分问题线索有管辖权的,对有管辖权的部分提出处置意见,并及时将其他问题线索转送有管辖权的机关;

(四)监察机关没有管辖权的,及时退回移送机关。

第一百七十二条 信访举报部门归口受理本机关管辖监察对象涉嫌职务违

法和职务犯罪问题的检举控告,统一接收有关监察机关以及其他单位移送的相关检举控告,移交本机关监督检查部门或者相关部门,并将移交情况通报案件监督管理部门。

案件监督管理部门统一接收巡视巡察机构和审计机关、执法机关、司法机关等其他机关移送的职务违法和职务犯罪问题线索,按程序移交本机关监督检查部门或者相关部门办理。

监督检查部门、调查部门在工作中发现的相关问题线索,属于本部门受理范围的,应当报送案件监督管理部门备案;属于本机关其他部门受理范围的,经审批后移交案件监督管理部门分办。

第一百七十三条 案件监督管理部门应当对问题线索实行集中管理、动态更新,定期汇总、核对问题线索及处置情况,向监察机关主要负责人报告,并向相关部门通报。

问题线索承办部门应当指定专人负责管理线索,逐件编号登记、建立管理台账。线索管理处置各环节应当由经手人员签名,全程登记备查,及时与案件监督管理部门核对。

第一百七十四条 监督检查部门应当结合问题线索所涉及地区、部门、单位总体情况进行综合分析,提出处置意见并制定处置方案,经审批按照谈话、函询、初步核实、暂存待查、予以了结等方式进行处置,或者按照职责移送调查部门处置。

函询应当以监察机关办公厅(室)名义发函给被反映人,并抄送其所在单位和派驻监察机构主要负责人。被函询人应当在收到函件后十五个工作日以内写出说明材料,由其所在单位主要负责人签署意见后发函回复。被函询人为所在单位主要负责人的,或者被函询人所作说明涉及所在单位主要负责人的,应当直接发函回复监察机关。

被函询人已经退休的,按照第二款规定程序办理。

监察机关根据工作需要,经审批可以对谈话、函询情况进行核实。

第一百七十五条 检举控告人使用本人真实姓名或者本单位名称,有电话等具体联系方式的,属于实名检举控告。监察机关对实名检举控告应当优先办理、优先处置,依法给予答复。虽有署名但不是检举控告人真实姓名(单位名称)或者无法验证的检举控告,按照匿名检举控告处理。

信访举报部门对属于本机关受理的实名检举控告,应当在收到检举控告之日起十五个工作日以内按规定告知实名检举控告人受理情况,并做好记录。

调查人员应当将实名检举控告的处理结果在办结之日起十五个工作日以内向检举控告人反馈,并记录反馈情况。对检举控告人提出异议的应当如实记录,并向其进行说明;对提供新证据材料的,应当依法核查处理。

第二节 初步核实

第一百七十六条 监察机关对具有可查性的职务违法和职务犯罪问题线索,应当按规定报批后,依法开展初步核实工作。

第一百七十七条 采取初步核实方式处置问题线索,应当确定初步核实对象,制定工作方案,明确需要核实的问题和采取的措施,成立核查组。

在初步核实中应当注重收集客观性证据,确保真实性和准确性。

第一百七十八条 在初步核实中发现或者受理被核查人新的具有可查性的问题线索的,应当经审批纳入原初核方案开展核查。

第一百七十九条 核查组在初步核实工作结束后应当撰写初步核实情况报告,列明被核查人基本情况、反映的主要问题、办理依据、初步核实结果、存在疑点、处理建议,由全体人员签名。

承办部门应当综合分析初步核实情况,按照拟立案调查、予以了结、谈话提醒、暂存待查,或者移送有关部门、机关处理等方式提出处置建议,按照批准初步核实的程序报批。

第三节 立案

第一百八十条 监察机关经过初步核实,对于已经掌握监察对象涉嫌职务违法或者职务犯罪的部分事实和证据,认为需要追究其法律责任的,应当按规定报批后,依法立案调查。

第一百八十一条 监察机关立案调查职务违法或者职务犯罪案件,需要对涉嫌行贿犯罪、介绍贿赂犯罪或者共同职务犯罪的涉案人员立案调查的,应当一并办理立案手续。需要交由下级监察机关立案的,经审批交由下级监察机关办理立案手续。

对单位涉嫌受贿、行贿等职务犯罪,需要追究法律责任的,依法对该单位办理立案调查手续。对事故(事件)中存在职务违法或者职务犯罪问题,需要追究法律责任,但相关责任人员尚不明确的,可以以事立案。对单位立案或者以事立案后,经调查确定相关责任人员的,按照管理权限报批确定被调查人。

监察机关根据人民法院生效刑事判决、裁定和人民检察院不起诉决定认定的事实，需要对监察对象给予政务处分的，可以由相关监督检查部门依据司法机关的生效判决、裁定、决定及其认定的事实、性质和情节，提出给予政务处分的意见，按程序移送审理。对依法被追究行政法律责任的监察对象，需要给予政务处分的，应当依法办理立案手续。

第一百八十二条 对案情简单、经过初步核实已查清主要职务违法事实，应当追究监察对象法律责任，不再需要开展调查的，立案和移送审理可以一并报批，履行立案程序后再移送审理。

第一百八十三条 上级监察机关需要指定下级监察机关立案调查的，应当按规定报批，向被指定管辖的监察机关出具《指定管辖决定书》，由其办理立案手续。

第一百八十四条 批准立案后，应当由二名以上调查人员出示证件，向被调查人宣布立案决定。宣布立案决定后，应当及时向被调查人所在单位等相关组织送达《立案通知书》，并向被调查人所在单位主要负责人通报。

对涉嫌严重职务违法或者职务犯罪的公职人员立案调查并采取留置措施的，应当按规定通知被调查人家属，并向社会公开发布。

第四节 调　　查

第一百八十五条 监察机关对已经立案的职务违法或者职务犯罪案件应当依法进行调查，收集证据查明违法犯罪事实。

调查职务违法或者职务犯罪案件，对被调查人没有采取留置措施的，应当在立案后一年以内作出处理决定；对被调查人解除留置措施的，应当在解除留置措施后一年以内作出处理决定。案情重大复杂的案件，经上一级监察机关批准，可以适当延长，但延长期限不得超过六个月。

被调查人在监察机关立案调查以后逃匿的，调查期限自被调查人到案之日起重新计算。

第一百八十六条 案件立案后，监察机关主要负责人应当依照法定程序批准确定调查方案。

监察机关应当组成调查组依法开展调查。调查工作应当严格按照批准的方案执行，不得随意扩大调查范围、变更调查对象和事项，对重要事项应当及时请示报告。调查人员在调查工作期间，未经批准不得单独接触任何涉案人员及其特定关系人，不得擅自采取调查措施。

第一百八十七条 调查组应当将调查认定的涉嫌违法犯罪事实形成书面材料,交给被调查人核对,听取其意见。被调查人应当在书面材料上签署意见。对被调查人签署不同意见或者拒不签署意见的,调查组应当作出说明或者注明情况。对被调查人提出申辩的事实、理由和证据应当进行核实,成立的予以采纳。

调查组对于立案调查的涉嫌行贿犯罪、介绍贿赂犯罪或者共同职务犯罪的涉案人员,在查明其涉嫌犯罪问题后,依照前款规定办理。

对于按照本条例规定,对立案和移送审理一并报批的案件,应当在报批前履行本条第一款规定的程序。

第一百八十八条 调查组在调查工作结束后应当集体讨论,形成调查报告。调查报告应当列明被调查人基本情况、问题线索来源及调查依据、调查过程,涉嫌的主要职务违法或者职务犯罪事实,被调查人的态度和认识,处置建议及法律依据,并由调查组组长以及有关人员签名。

对调查过程中发现的重要问题和形成的意见建议,应当形成专题报告。

第一百八十九条 调查组对被调查人涉嫌职务犯罪拟依法移送人民检察院审查起诉的,应当起草《起诉建议书》。《起诉建议书》应当载明被调查人基本情况,调查简况,认罪认罚情况,采取留置措施的时间,涉嫌职务犯罪事实以及证据,对被调查人从重、从轻、减轻或者免除处罚等情节,提出对被调查人移送起诉的理由和法律依据,采取强制措施的建议,并注明移送案卷数及涉案财物等内容。

调查组应当形成被调查人到案经过及量刑情节方面的材料,包括案件来源、到案经过,自动投案、如实供述、立功等量刑情节,认罪悔罪态度、退赃、避免和减少损害结果发生等方面的情况说明及相关材料。被检举揭发的问题已被立案、查破,被检举揭发人已被采取调查措施或者刑事强制措施、起诉或者审判的,还应当附有关法律文书。

第一百九十条 经调查认为被调查人构成职务违法或者职务犯罪的,应当区分不同情况提出相应处理意见,经审批将调查报告、职务违法或者职务犯罪事实材料、涉案财物报告、涉案人员处理意见等材料,连同全部证据和文书手续移送审理。

对涉嫌职务犯罪的案件材料应当按照刑事诉讼要求单独立卷,与《起诉建议书》、涉案财物报告、同步录音录像资料及其自查报告等材料一并移送审理。

调查全过程形成的材料应当案结卷成、事毕归档。

第五节 审　　理

第一百九十一条 案件审理部门收到移送审理的案件后,应当审核材料是否齐全、手续是否完备。对被调查人涉嫌职务犯罪的,还应当审核相关案卷材料是否符合职务犯罪案件立卷要求,是否在调查报告中单独表述已查明的涉嫌犯罪问题,是否形成《起诉建议书》。

经审核符合移送条件的,应当予以受理;不符合移送条件的,经审批可以暂缓受理或者不予受理,并要求调查部门补充完善材料。

第一百九十二条 案件审理部门受理案件后,应当成立由二人以上组成的审理组,全面审理案卷材料。

案件审理部门对于受理的案件,应当以监察法、政务处分法、刑法、《中华人民共和国刑事诉讼法》等法律法规为准绳,对案件事实证据、性质认定、程序手续、涉案财物等进行全面审理。

案件审理部门应当强化监督制约职能,对案件严格审核把关,坚持实事求是、独立审理,依法提出审理意见。坚持调查与审理相分离的原则,案件调查人员不得参与审理。

第一百九十三条 审理工作应当坚持民主集中制原则,经集体审议形成审理意见。

第一百九十四条 审理工作应当在受理之日起一个月以内完成,重大复杂案件经批准可以适当延长。

第一百九十五条 案件审理部门根据案件审理情况,经审批可以与被调查人谈话,告知其在审理阶段的权利义务,核对涉嫌违法犯罪事实,听取其辩解意见,了解有关情况。与被调查人谈话时,案件审理人员不得少于二人。

具有下列情形之一的,一般应当与被调查人谈话:

(一)对被调查人采取留置措施,拟移送起诉的;

(二)可能存在以非法方法收集证据情形的;

(三)被调查人对涉嫌违法犯罪事实材料签署不同意见或者拒不签署意见的;

(四)被调查人要求向案件审理人员当面陈述的;

(五)其他有必要与被调查人进行谈话的情形。

第一百九十六条 经审理认为主要违法犯罪事实不清、证据不足的,应当经审批将案件退回承办部门重新调查。

有下列情形之一，需要补充完善证据的，经审批可以退回补充调查：

（一）部分事实不清、证据不足的；

（二）遗漏违法犯罪事实的；

（三）其他需要进一步查清案件事实的情形。

案件审理部门将案件退回重新调查或者补充调查的，应当出具审核意见，写明调查事项、理由、调查方向、需要补充收集的证据及其证明作用等，连同案卷材料一并送交承办部门。

承办部门补充调查结束后，应当经审批将补证情况报告及相关证据材料，连同案卷材料一并移送案件审理部门；对确实无法查明的事项或者无法补充的证据，应当作出书面说明。重新调查终结后，应当重新形成调查报告，依法移送审理。

重新调查完毕移送审理的，审理期限重新计算。补充调查期间不计入审理期限。

第一百九十七条　审理工作结束后应当形成审理报告，载明被调查人基本情况、调查简况、涉嫌违法或者犯罪事实、被调查人态度和认识、涉案财物处置、承办部门意见、审理意见等内容，提请监察机关集体审议。

对被调查人涉嫌职务犯罪需要追究刑事责任的，应当形成《起诉意见书》，作为审理报告附件。《起诉意见书》应当忠实于事实真象，载明被调查人基本情况，调查简况，采取留置措施的时间，依法查明的犯罪事实和证据，从重、从轻、减轻或者免除处罚等情节，涉案财物情况，涉嫌罪名和法律依据，采取强制措施的建议，以及其他需要说明的情况。

案件审理部门经审理认为现有证据不足以证明被调查人存在违法犯罪行为，且通过退回补充调查仍无法达到证明标准的，应当提出撤销案件的建议。

第一百九十八条　上级监察机关办理下级监察机关管辖案件的，可以经审理后按程序直接进行处置，也可以经审理形成处置意见后，交由下级监察机关办理。

第一百九十九条　被指定管辖的监察机关在调查结束后应当将案件移送审理，提请监察机关集体审议。

上级监察机关将其所管辖的案件指定管辖的，被指定管辖的下级监察机关应当按照前款规定办理后，将案件报上级监察机关依法作出政务处分决定。上级监察机关在作出决定前，应当进行审理。

上级监察机关将下级监察机关管辖的案件指定其他下级监察机关管辖的，

被指定管辖的监察机关应当按照第一款规定办理后，将案件送交有管理权限的监察机关依法作出政务处分决定。有管理权限的监察机关应当进行审理，审理意见与被指定管辖的监察机关意见不一致的，双方应当进行沟通；经沟通不能取得一致意见的，报请有权决定的上级监察机关决定。经协商，有管理权限的监察机关在被指定管辖的监察机关审理阶段可以提前阅卷，沟通了解情况。

对于前款规定的重大、复杂案件，被指定管辖的监察机关经集体审议后将处理意见报有权决定的上级监察机关审核同意的，有管理权限的监察机关可以经集体审议后依法处置。

第六节　处　　置

第二百条　监察机关根据监督、调查结果，依据监察法、政务处分法等规定进行处置。

第二百零一条　监察机关对于公职人员有职务违法行为但情节较轻的，可以依法进行谈话提醒、批评教育、责令检查，或者予以诫勉。上述方式可以单独使用，也可以依据规定合并使用。

谈话提醒、批评教育应当由监察机关相关负责人或者承办部门负责人进行，可以由被谈话提醒、批评教育人所在单位有关负责人陪同；经批准也可以委托其所在单位主要负责人进行。对谈话提醒、批评教育情况应当制作记录。

被责令检查的公职人员应当作出书面检查并进行整改。整改情况在一定范围内通报。

诫勉由监察机关以谈话或者书面方式进行。以谈话方式进行的，应当制作记录。

第二百零二条　对违法的公职人员依法需要给予政务处分的，应当根据情节轻重作出警告、记过、记大过、降级、撤职、开除的政务处分决定，制作政务处分决定书。

第二百零三条　监察机关应当将政务处分决定书在作出后一个月以内送达被处分人和被处分人所在机关、单位，并依法履行宣布、书面告知程序。

政务处分决定自作出之日起生效。有关机关、单位、组织应当依法及时执行处分决定，并将执行情况向监察机关报告。处分决定应当在作出之日起一个月以内执行完毕，特殊情况下经监察机关批准可以适当延长办理期限，最迟不得超过六个月。

第二百零四条　监察机关对不履行或者不正确履行职责造成严重后果或者

恶劣影响的领导人员,可以按照管理权限采取通报、诫勉、政务处分等方式进行问责;提出组织处理的建议。

第二百零五条 监察机关依法向监察对象所在单位提出监察建议的,应当经审批制作监察建议书。

监察建议书一般应当包括下列内容:

(一)监督调查情况;

(二)调查中发现的主要问题及其产生的原因;

(三)整改建议、要求和期限;

(四)向监察机关反馈整改情况的要求。

第二百零六条 监察机关经调查,对没有证据证明或者现有证据不足以证明被调查人存在违法犯罪行为的,应当依法撤销案件。省级以下监察机关撤销案件后,应当在七个工作日以内向上一级监察机关报送备案报告。上一级监察机关监督检查部门负责备案工作。

省级以下监察机关拟撤销上级监察机关指定管辖或者交办案件的,应当将《撤销案件意见书》连同案卷材料,在法定调查期限到期七个工作日前报指定管辖或者交办案件的监察机关审查。对于重大、复杂案件,在法定调查期限到期十个工作日前报指定管辖或者交办案件的监察机关审查。

指定管辖或者交办案件的监察机关由监督检查部门负责审查工作。指定管辖或者交办案件的监察机关同意撤销案件的,下级监察机关应当作出撤销案件决定,制作《撤销案件决定书》;指定管辖或者交办案件的监察机关不同意撤销案件的,下级监察机关应当执行该决定。

监察机关对于撤销案件的决定应当向被调查人宣布,由其在《撤销案件决定书》上签名、捺指印,立即解除留置措施,并通知其所在机关、单位。

撤销案件后又发现重要事实或者有充分证据,认为被调查人有违法犯罪事实需要追究法律责任的,应当重新立案调查。

第二百零七条 对于涉嫌行贿等犯罪的非监察对象,案件调查终结后依法移送起诉。综合考虑行为性质、手段、后果、时间节点、认罪悔罪态度等具体情况,对于情节较轻,经审批不予移送起诉的,应当采取批评教育、责令具结悔过等方式处置;应当给予行政处罚的,依法移送有关行政执法部门。

对于有行贿行为的涉案单位和人员,按规定记入相关信息记录,可以作为信用评价的依据。

对于涉案单位和人员通过行贿等非法手段取得的财物及孳息,应当依法予以没收、追缴或者责令退赔。对于违法取得的其他不正当利益,依照法律法规及有关规定予以纠正处理。

第二百零八条 对查封、扣押、冻结的涉嫌职务犯罪所得财物及孳息应当妥善保管,并制作《移送司法机关涉案财物清单》随案移送人民检察院。对作为证据使用的实物应当随案移送;对不宜移送的,应当将清单、照片和其他证明文件随案移送。

对于移送人民检察院的涉案财物,价值不明的,应当在移送起诉前委托进行价格认定。在价格认定过程中,需要对涉案财物先行作出真伪鉴定或者出具技术、质量检测报告的,应当委托有关鉴定机构或者检测机构进行真伪鉴定或者技术、质量检测。

对不属于犯罪所得但属于违法取得的财物及孳息,应当依法予以没收、追缴或者责令退赔,并出具有关法律文书。

对经认定不属于违法所得的财物及孳息,应当及时予以返还,并办理签收手续。

第二百零九条 监察机关经调查,对违法取得的财物及孳息决定追缴或者责令退赔的,可以依法要求公安、自然资源、住房城乡建设、市场监管、金融监管等部门以及银行等机构、单位予以协助。

追缴涉案财物以追缴原物为原则,原物已经转化为其他财物的,应当追缴转化后的财物;有证据证明依法应当追缴、没收的涉案财物无法找到、被他人善意取得、价值灭失减损或者与其他合法财产混合且不可分割的,可以依法追缴、没收其他等值财产。

追缴或者责令退赔应当自处置决定作出之日起一个月以内执行完毕。因被调查人的原因逾期执行的除外。

人民检察院、人民法院依法将不认定为犯罪所得的相关涉案财物退回监察机关的,监察机关应当依法处理。

第二百一十条 监察对象对监察机关作出的涉及本人的处理决定不服的,可以在收到处理决定之日起一个月以内,向作出决定的监察机关申请复审。复审机关应当依法受理,并在受理后一个月以内作出复审决定。监察对象对复审决定仍不服的,可以在收到复审决定之日起一个月以内,向上一级监察机关申请复核。复核机关应当依法受理,并在受理后二个月以内作出复核决定。

上一级监察机关的复核决定和国家监察委员会的复审、复核决定为最终决定。

第二百一十一条 复审、复核机关承办部门应当成立工作组，调阅原案卷宗，必要时可以进行调查取证。承办部门应当集体研究，提出办理意见，经审批作出复审、复核决定。决定应当送达申请人，抄送相关单位，并在一定范围内宣布。

复审、复核期间，不停止原处理决定的执行。复审、复核机关经审查认定处理决定有错误或者不当的，应当依法撤销、变更原处理决定，或者责令原处理机关及时予以纠正。复审、复核机关经审查认定处理决定事实清楚、适用法律正确的，应当予以维持。

坚持复审复核与调查审理分离，原案调查、审理人员不得参与复审复核。

第七节 移送审查起诉

第二百一十二条 监察机关决定对涉嫌职务犯罪的被调查人移送起诉的，应当出具《起诉意见书》，连同案卷材料、证据等，一并移送同级人民检察院。

监察机关案件审理部门负责与人民检察院审查起诉的衔接工作，调查、案件监督管理等部门应当予以协助。

国家监察委员会派驻或者派出的监察机构、监察专员调查的职务犯罪案件，应当依法移送省级人民检察院审查起诉。

第二百一十三条 涉嫌职务犯罪的被调查人和涉案人员符合监察法第三十一条、第三十二条规定情形的，结合其案发前的一贯表现、违法犯罪行为的情节、后果和影响等因素，监察机关经综合研判和集体审议，报上一级监察机关批准，可以在移送人民检察院时依法提出从轻、减轻或者免除处罚等从宽处罚建议。报请批准时，应当一并提供主要证据材料、忏悔反思材料。

上级监察机关相关监督检查部门负责审查工作，重点审核拟认定的从宽处罚情形、提出的从宽处罚建议，经审批在十五个工作日以内作出批复。

第二百一十四条 涉嫌职务犯罪的被调查人有下列情形之一，如实交代自己主要犯罪事实的，可以认定为监察法第三十一条第一项规定的自动投案，真诚悔罪悔过：

（一）职务犯罪问题未被监察机关掌握，向监察机关投案的；

（二）在监察机关谈话、函询过程中，如实交代监察机关未掌握的涉嫌职务犯罪问题的；

（三）在初步核实阶段，尚未受到监察机关谈话时投案的；

（四）职务犯罪问题虽被监察机关立案，但尚未受到讯问或者采取留置措施，向监察机关投案的；

（五）因伤病等客观原因无法前往投案，先委托他人代为表达投案意愿，或者以书信、网络、电话、传真等方式表达投案意愿，后到监察机关接受处理的；

（六）涉嫌职务犯罪潜逃后又投案，包括在被通缉、抓捕过程中投案的；

（七）经查实确已准备去投案，或者正在投案途中被有关机关抓获的；

（八）经他人规劝或者在他人陪同下投案的；

（九）虽未向监察机关投案，但向其所在党组织、单位或者有关负责人员投案，向有关巡视巡察机构投案，以及向公安机关、人民检察院、人民法院投案的；

（十）具有其他应当视为自动投案的情形的。

被调查人自动投案后不能如实交代自己的主要犯罪事实，或者自动投案并如实供述自己的罪行后又翻供的，不能适用前款规定。

第二百一十五条 涉嫌职务犯罪的被调查人有下列情形之一的，可以认定为监察法第三十一条第二项规定的积极配合调查工作，如实供述监察机关还未掌握的违法犯罪行为：

（一）监察机关所掌握线索针对的犯罪事实不成立，在此范围外被调查人主动交代其他罪行的；

（二）主动交代监察机关尚未掌握的犯罪事实，与监察机关已掌握的犯罪事实属不同种罪行的；

（三）主动交代监察机关尚未掌握的犯罪事实，与监察机关已掌握的犯罪事实属同种罪行的；

（四）监察机关掌握的证据不充分，被调查人如实交代有助于收集定案证据的。

前款所称同种罪行和不同种罪行，一般以罪名区分。被调查人如实供述其他罪行的罪名与监察机关已掌握犯罪的罪名不同，但属选择性罪名或者在法律、事实上密切关联的，应当认定为同种罪行。

第二百一十六条 涉嫌职务犯罪的被调查人有下列情形之一的，可以认定为监察法第三十一条第三项规定的积极退赃，减少损失：

（一）全额退赃的；

（二）退赃能力不足，但被调查人及其亲友在监察机关追缴赃款赃物过程中积极配合，且大部分已追缴到位的；

（三）犯罪后主动采取措施避免损失发生，或者积极采取有效措施减少、挽回大部分损失的。

第二百一十七条 涉嫌职务犯罪的被调查人有下列情形之一的，可以认定为监察法第三十一条第四项规定的具有重大立功表现：

（一）检举揭发他人重大犯罪行为且经查证属实的；

（二）提供其他重大案件的重要线索且经查证属实的；

（三）阻止他人重大犯罪活动的；

（四）协助抓捕其他重大职务犯罪案件被调查人、重大犯罪嫌疑人（包括同案犯）的；

（五）为国家挽回重大损失等对国家和社会有其他重大贡献的。

前款所称重大犯罪一般是指依法可能被判处无期徒刑以上刑罚的犯罪行为；重大案件一般是指在本省、自治区、直辖市或者全国范围内有较大影响的案件；查证属实一般是指有关案件已被监察机关或者司法机关立案调查、侦查，被调查人、犯罪嫌疑人被监察机关采取留置措施或者被司法机关采取强制措施，或者被告人被人民法院作出有罪判决，并结合案件事实、证据进行判断。

监察法第三十一条第四项规定的案件涉及国家重大利益，是指案件涉及国家主权和领土完整、国家安全、外交、社会稳定、经济发展等情形。

第二百一十八条 涉嫌行贿等犯罪的涉案人员有下列情形之一的，可以认定为监察法第三十二条规定的揭发有关被调查人职务违法犯罪行为，查证属实或者提供重要线索，有助于调查其他案件：

（一）揭发所涉案件以外的被调查人职务犯罪行为，经查证属实的；

（二）提供的重要线索指向具体的职务犯罪事实，对调查其他案件起到实质性推动作用的；

（三）提供的重要线索有助于加快其他案件办理进度，或者对其他案件固定关键证据、挽回损失、追逃追赃等起到积极作用的。

第二百一十九条 从宽处罚建议一般应当在移送起诉时作为《起诉意见书》内容一并提出，特殊情况下也可以在案件移送后、人民检察院提起公诉前，单独形成从宽处罚建议书移送人民检察院。对于从宽处罚建议所依据的证据材料，应当一并移送人民检察院。

监察机关对于被调查人在调查阶段认罪认罚，但不符合监察法规定的提出从宽处罚建议条件，在移送起诉时没有提出从宽处罚建议的，应当在《起诉意见书》中写明其自愿认罪认罚的情况。

第二百二十条 监察机关一般应当在正式移送起诉十日前，向拟移送的人民检察院采取书面通知等方式预告移送事宜。对于已采取留置措施的案件，发现被调查人因身体等原因存在不适宜羁押等可能影响刑事强制措施执行情形的，应当通报人民检察院。对于未采取留置措施的案件，可以根据案件具体情况，向人民检察院提出对被调查人采取刑事强制措施的建议。

第二百二十一条 监察机关办理的职务犯罪案件移送起诉，需要指定起诉、审判管辖的，应当与同级人民检察院协商有关程序事宜。需要由同级人民检察院的上级人民检察院指定管辖的，应当商请同级人民检察院办理指定管辖事宜。

监察机关一般应当在移送起诉二十日前，将商请指定管辖函送交同级人民检察院。商请指定管辖函应当附案件基本情况，对于被调查人已被其他机关立案侦查的犯罪认为需要并案审查起诉的，一并进行说明。

派驻或者派出的监察机构、监察专员调查的职务犯罪案件需要指定起诉、审判管辖的，应当报派出机关办理指定管辖手续。

第二百二十二条 上级监察机关指定下级监察机关进行调查，移送起诉时需要人民检察院依法指定管辖的，应当在移送起诉前由上级监察机关与同级人民检察院协商有关程序事宜。

第二百二十三条 监察机关对已经移送起诉的职务犯罪案件，发现遗漏被调查人罪行需要补充移送起诉的，应当经审批出具《补充起诉意见书》，连同相关案卷材料、证据等一并移送同级人民检察院。

对于经人民检察院指定管辖的案件需要补充移送起诉的，可以直接移送原受理移送起诉的人民检察院；需要追加犯罪嫌疑人、被告人的，应当再次商请人民检察院办理指定管辖手续。

第二百二十四条 对于涉嫌行贿犯罪、介绍贿赂犯罪或者共同职务犯罪等关联案件的涉案人员，移送起诉时一般应当随主案确定管辖。

主案与关联案件由不同监察机关立案调查的，调查关联案件的监察机关在移送起诉前，应当报告或者通报调查主案的监察机关，由其统一协调案件管辖事宜。因特殊原因，关联案件不宜随主案确定管辖的，调查主案的监察机关应当及时通报和协调有关事项。

第二百二十五条 监察机关对于人民检察院在审查起诉中书面提出的下列要求应当予以配合：

（一）认为可能存在以非法方法收集证据情形，要求监察机关对证据收集的合法性作出说明或者提供相关证明材料的；

（二）排除非法证据后，要求监察机关另行指派调查人员重新取证的；

（三）对物证、书证、视听资料、电子数据及勘验检查、辨认、调查实验等笔录

存在疑问,要求调查人员提供获取、制作的有关情况的;

(四)要求监察机关对案件中某些专门性问题进行鉴定,或者对勘验检查进行复验、复查的;

(五)认为主要犯罪事实已经查清,仍有部分证据需要补充完善,要求监察机关补充提供证据的;

(六)人民检察院依法提出的其他工作要求。

第二百二十六条 监察机关对于人民检察院依法退回补充调查的案件,应当向主要负责人报告,并积极开展补充调查工作。

第二百二十七条 对人民检察院退回补充调查的案件,经审批分别作出下列处理:

(一)认定犯罪事实的证据不够充分的,应当在补充证据后,制作补充调查报告书,连同相关材料一并移送人民检察院审查,对无法补充完善的证据,应当作出书面情况说明,并加盖监察机关或者承办部门公章;

(二)在补充调查中发现新的同案犯或者增加、变更犯罪事实,需要追究刑事责任的,应当重新提出处理意见,移送人民检察院审查;

(三)犯罪事实的认定出现重大变化,认为不应当追究被调查人刑事责任的,应当重新提出处理意见,将处理结果书面通知人民检察院并说明理由;

(四)认为移送起诉的犯罪事实清楚,证据确实、充分的,应当说明理由,移送人民检察院依法审查。

第二百二十八条 人民检察院在审查起诉过程中发现新的职务违法或者职务犯罪问题线索并移送监察机关的,监察机关应当依法处置。

第二百二十九条 在案件审判过程中,人民检察院书面要求监察机关补充提供证据,对证据进行补正、解释,或者协助人民检察院补充侦查的,监察机关应当予以配合。监察机关不能提供有关证据材料的,应当书面说明情况。

人民法院在审判过程中就证据收集合法性问题要求有关调查人员出庭说明情况时,监察机关应当依法予以配合。

第二百三十条 监察机关认为人民检察院不起诉决定有错误的,应当在收到不起诉决定书后三十日以内,依法向其上一级人民检察院提请复议。监察机关应当将上述情况及时向上一级监察机关书面报告。

第二百三十一条 对于监察机关移送起诉的案件,人民检察院作出不起诉决定,人民法院作出无罪判决,或者监察机关经人民检察院退回补充调查后不再移送起诉,涉及对被调查人已生效政务处分事实认定的,监察机关应当依法对政务处分决定进行审核。认为原政务处分决定认定事实清楚、适用法律正确的，不再改变；认为原政务处分决定确有错误或者不当的，依法予以撤销或者变更。

第二百三十二条 对于贪污贿赂、失职渎职等职务犯罪案件，被调查人逃匿，在通缉一年后不能到案，或者被调查人死亡，依法应当追缴其违法所得及其他涉案财产的，承办部门在调查终结后应当依法移送审理。

监察机关应当经集体审议，出具《没收违法所得意见书》，连同案卷材料、证据等，一并移送人民检察院依法提出没收违法所得的申请。

监察机关将《没收违法所得意见书》移送人民检察院后，在逃的被调查人自动投案或者被抓获的，监察机关应当及时通知人民检察院。

第二百三十三条 监察机关立案调查拟适用缺席审判程序的贪污贿赂犯罪案件，应当逐级报送国家监察委员会同意。

监察机关承办部门认为在境外的被调查人犯罪事实已经查清，证据确实、充分，依法应当追究刑事责任的，应当依法移送审理。

监察机关应当经集体审议，出具《起诉意见书》，连同案卷材料、证据等，一并移送人民检察院审查起诉。

在审查起诉或者缺席审判过程中，犯罪嫌疑人、被告人向监察机关自动投案或者被抓获的，监察机关应当立即通知人民检察院、人民法院。

第六章　反腐败国际合作

第一节　工作职责和领导体制

第二百三十四条 国家监察委员会统筹协调与其他国家、地区、国际组织开展反腐败国际交流、合作。

国家监察委员会组织《联合国反腐败公约》等反腐败国际条约的实施以及履约审议等工作，承担《联合国反腐败公约》司法协助中央机关有关工作。

国家监察委员会组织协调有关单位建立集中统一、高效顺畅的反腐败国际追逃追赃和防逃协调机制，统筹协调、督促指导各级监察机关反腐败国际追逃追赃等涉外案件办理工作，具体履行下列职责：

（一）制定反腐败国际追逃追赃和防逃工作计划，研究工作中的重要问题；

（二）组织协调反腐败国际追逃追赃等重大涉外案件办理工作；

（三）办理由国家监察委员会管辖的涉外案件；

（四）指导地方各级监察机关依法开展涉外案件办理工作；

（五）汇总和通报全国职务犯罪外逃案件信息和追逃追赃工作信息；

（六）建立健全反腐败国际追逃追赃和防逃合作网络；

（七）承担监察机关开展国际刑事司法协助的主管机关职责；

（八）承担其他与反腐败国际追逃追赃等涉外案件办理工作相关的职责。

第二百三十五条 地方各级监察机关在国家监察委员会领导下，统筹协调、督促指导本地区反腐败国际追逃追赃等涉外案件办理工作，具体履行下列职责：

（一）落实上级监察机关关于反腐败国际追逃追赃和防逃工作部署，制定工作计划；

（二）按照管辖权限或者上级监察机关指定管辖，办理涉外案件；

（三）按照上级监察机关要求，协助配合其他监察机关开展涉外案件办理工作；

（四）汇总和通报本地区职务犯罪外逃案件信息和追逃追赃工作信息；

（五）承担本地区其他与反腐败国际追逃追赃等涉外案件办理工作相关的职责。

省级监察委员会应当会同有关单位，建立健全本地区反腐败国际追逃追赃和防逃协调机制。

国家监察委员会派驻或者派出的监察机构、监察专员统筹协调、督促指导本部门反腐败国际追逃追赃等涉外案件办理工作，参照第一款规定执行。

第二百三十六条 国家监察委员会国际合作局归口管理监察机关反腐败国际追逃追赃等涉外案件办理工作。地方各级监察委员会应当明确专责部门，归口管理本地区涉外案件办理工作。

国家监察委员会派驻或者派出的监察机构、监察专员和地方各级监察机关办理涉外案件中有关执法司法国际合作事项，应当逐级报送国家监察委员会审批。由国家监察委员会依法直接或者协调有关单位与有关国家（地区）相关机构沟通，以双方认可的方式实施。

第二百三十七条 监察机关应当建立追逃追赃和防逃工作内部联络机制。承办部门在调查过程中，发现被调查人或者重要涉案人员外逃、违法所得及其他涉案财产被转移到境外的，可以请追逃追赃部门提供工作协助。监察机关将案件移送人民检察院审查起诉后，仍有重要涉案人员外逃或者未追缴的违法所得及其他涉案财产的，应当由追逃追赃部门继续办理，或者由追逃追赃部门指定协调有关单位办理。

第二节 国(境)内工作

第二百三十八条 监察机关应当将防逃工作纳入日常监督内容,督促相关机关、单位建立健全防逃责任机制。

监察机关在监督、调查工作中,应当根据情况制定对监察对象、重要涉案人员的防逃方案,防范人员外逃和资金外流风险。监察机关应当会同同级组织人事、外事、公安、移民管理等单位健全防逃预警机制,对存在外逃风险的监察对象早发现、早报告、早处置。

第二百三十九条 监察机关应当加强与同级人民银行、公安等单位的沟通协作,推动预防、打击利用离岸公司和地下钱庄等向境外转移违法所得及其他涉案财产,对涉及职务违法和职务犯罪的行为依法进行调查。

第二百四十条 国家监察委员会派驻或者派出的监察机构、监察专员和地方各级监察委员会发现监察对象出逃、失踪、出走,或者违法所得及其他涉案财产被转移至境外的,应当在二十四小时以内将有关信息逐级报送至国家监察委员会国际合作局,并迅速开展相关工作。

第二百四十一条 监察机关追逃追赃部门统一接收巡视巡察机构、审计机关、行政执法部门、司法机关等单位移交的外逃信息。

监察机关对涉嫌职务违法和职务犯罪的外逃人员,应当明确承办部门,建立案件档案。

第二百四十二条 监察机关应当依法全面收集外逃人员涉嫌职务违法和职务犯罪证据。

第二百四十三条 开展反腐败国际追逃追赃等涉外案件办理工作,应当把思想教育贯穿始终,落实宽严相济刑事政策,依法适用认罪认罚从宽制度,促使外逃人员回国投案或者配合调查、主动退赃。开展相关工作,应当尊重所在国家(地区)的法律规定。

第二百四十四条 外逃人员归案、违法所得及其他涉案财产被追缴后,承办案件的监察机关应当将情况逐级报送国家监察委员会国际合作局。监察机关应当依法对涉案人员和违法所得及其他涉案财产作出处置,或者请有关单位依法处置。对不需要继续采取相关措施的,应当及时解除或者撤销。

第三节 对外合作

第二百四十五条 监察机关对依法应当留置或者已经决定留置的外逃人

员，需要申请发布国际刑警组织红色通报的，应当逐级报送国家监察委员会审核。国家监察委员会审核后，依法通过公安部向国际刑警组织提出申请。

需要延期、暂停、撤销红色通报的，申请发布红色通报的监察机关应当逐级报送国家监察委员会审核，由国家监察委员会依法通过公安部联系国际刑警组织办理。

第二百四十六条 地方各级监察机关通过引渡方式办理相关涉外案件的，应当按照引渡法、相关双边及多边国际条约等规定准备引渡请求书及相关材料，逐级报送国家监察委员会审核。由国家监察委员会依法通过外交等渠道向外国提出引渡请求。

第二百四十七条 地方各级监察机关通过刑事司法协助方式办理相关涉外案件的，应当按照国际刑事司法协助法、相关双边及多边国际条约等规定准备刑事司法协助请求书及相关材料，逐级报送国家监察委员会审核。由国家监察委员会依法直接或者通过对外联系机关等渠道，向外国提出刑事司法协助请求。

国家监察委员会收到外国提出的刑事司法协助请求书及所附材料，经审查认为符合有关规定的，作出决定并交由省级监察机关执行，或者转交其他有关主管机关。省级监察机关应当立即执行，或者交由下级监察机关执行，并将执行结果或者妨碍执行的情形及时报送国家监察委员会。在执行过程中，需要依法采取查询、调取、查封、扣押、冻结等措施或者需要返还涉案财物的，根据我国法律规定和国家监察委员会的执行决定办理有关法律手续。

第二百四十八条 地方各级监察机关通过执法合作方式办理相关涉外案件的，应当将合作事项及相关材料逐级报送国家监察委员会审核。由国家监察委员会依法直接或者协调有关单位，向有关国家（地区）相关机构提交并开展合作。

第二百四十九条 地方各级监察机关通过境外追诉方式办理相关涉外案件的，应当提供外逃人员相关违法线索和证据，逐级报送国家监察委员会审核。由国家监察委员会依法直接或者协调有关单位向有关国家（地区）相关机构提交，请其依法对外逃人员调查、起诉和审判，并商有关国家（地区）遣返外逃人员。

第二百五十条 监察机关对依法应当追缴的境外违法所得及其他涉案财产，应当责令涉案人员以合法方式退赔。涉案人员拒不退赔的，可以依法通过下列方式追缴：

（一）在开展引渡等追逃合作时，随附请求有关国家（地区）移交相关违法所得及其他涉案财产；

（二）依法启动违法所得没收程序，由人民法院对相关违法所得及其他涉案财产作出冻结、没收裁定，请有关国家(地区)承认和执行，并予以返还；

(三)请有关国家(地区)依法追缴相关违法所得及其他涉案财产，并予以返还；

(四)通过其他合法方式追缴。

第七章　对监察机关和监察人员的监督

第二百五十一条　监察机关和监察人员必须自觉坚持党的领导，在党组织的管理、监督下开展工作，依法接受本级人民代表大会及其常务委员会的监督，接受民主监督、司法监督、社会监督、舆论监督，加强内部监督制约机制建设，确保权力受到严格的约束和监督。

第二百五十二条　各级监察委员会应当按照监察法第五十三条第二款规定，由主任在本级人民代表大会常务委员会全体会议上报告专项工作。

在报告专项工作前，应当与本级人民代表大会有关专门委员会沟通协商，并配合开展调查研究等工作。各级人民代表大会常务委员会审议专项工作报告时，本级监察委员会应当根据要求派出领导成员列席相关会议，听取意见。

各级监察委员会应当认真研究办理本级人民代表大会常务委员会反馈的审议意见，并按照要求书面报告办理情况。

第二百五十三条　各级监察委员会应当积极接受、配合本级人民代表大会常务委员会组织的执法检查。对本级人民代表大会常务委员会的执法检查报告，应当认真研究处理，并向其报告处理情况。

第二百五十四条　各级监察委员会在本级人民代表大会常务委员会会议审议与监察工作有关的议案和报告时，应当派相关负责人到会听取意见，回答询问。

监察机关对依法交由监察机关答复的质询案应当按照要求进行答复。口头答复的，由监察机关主要负责人或者委派相关负责人到会答复。书面答复的，由监察机关主要负责人签署。

第二百五十五条　各级监察机关应当通过互联网政务媒体、报刊、广播、电视等途径，向社会及时准确公开下列监察工作信息：

(一)监察法规；

(二)依法应当向社会公开的案件调查信息；

(三)检举控告地址、电话、网站等信息；

(四)其他依法应当公开的信息。

第二百五十六条 各级监察机关可以根据工作需要,按程序选聘特约监察员履行监督、咨询等职责。特约监察员名单应当向社会公布。

监察机关应当为特约监察员依法开展工作提供必要条件和便利。

第二百五十七条 监察机关实行严格的人员准入制度,严把政治关、品行关、能力关、作风关、廉洁关。监察人员必须忠诚坚定、担当尽责、遵纪守法、清正廉洁。

第二百五十八条 监察机关应当建立监督检查、调查、案件监督管理、案件审理等部门相互协调制约的工作机制。

监督检查和调查部门实行分工协作、相互制约。监督检查部门主要负责联系地区、部门、单位的日常监督检查和对涉嫌一般违法问题线索处置。调查部门主要负责对涉嫌严重职务违法和职务犯罪问题线索进行初步核实和立案调查。

案件监督管理部门负责对监督检查、调查工作全过程进行监督管理,做好线索管理、组织协调、监督检查、督促办理、统计分析等工作。案件监督管理部门发现监察人员在监督检查、调查中有违规办案行为的,及时督促整改;涉嫌违纪违法的,根据管理权限移交相关部门处理。

第二百五十九条 监察机关应当对监察权运行关键环节进行经常性监督检查,适时开展专项督查。案件监督管理、案件审理等部门应当按照各自职责,对问题线索处置、调查措施使用、涉案财物管理等进行监督检查,建立常态化、全覆盖的案件质量评查机制。

第二百六十条 监察机关应当加强对监察人员执行职务和遵纪守法情况的监督,按照管理权限依法对监察人员涉嫌违法犯罪问题进行调查处置。

第二百六十一条 监察机关及其监督检查、调查部门负责人应当定期检查调查期间的录音录像、谈话笔录、涉案财物登记资料,加强对调查全过程的监督,发现问题及时纠正并报告。

第二百六十二条 对监察人员打听案情、过问案件、说情干预的,办理监察事项的监察人员应当及时向上级负责人报告。有关情况应当登记备案。

发现办理监察事项的监察人员未经批准接触被调查人、涉案人员及其特定关系人,或者存在交往情形的,知情的监察人员应当及时向上级负责人报告。有关情况应当登记备案。

第二百六十三条 办理监察事项的监察人员有监察法第五十八条所列情形之一的,应当自行提出回避;没有自行提出回避的,监察机关应当依法决定其回避,监察对象、检举人及其他有关人员也有权要求其回避。

选用借调人员、看护人员、调查场所,应当严格执行回避制度。

第二百六十四条 监察人员自行提出回避,或者监察对象、检举人及其他有关人员要求监察人员回避的,应当书面或者口头提出,并说明理由。口头提出的,应当形成记录。

监察机关主要负责人的回避,由上级监察机关主要负责人决定;其他监察人员的回避,由本级监察机关主要负责人决定。

第二百六十五条 上级监察机关应当通过专项检查、业务考评、开展复查等方式,强化对下级监察机关及监察人员执行职务和遵纪守法情况的监督。

第二百六十六条 监察机关应当对监察人员有计划地进行政治、理论和业务培训。培训应当坚持理论联系实际、按需施教、讲求实效,突出政治机关特色,建设高素质专业化监察队伍。

第二百六十七条 监察机关应当严格执行保密制度,控制监察事项知悉范围和时间。监察人员不准私自留存、隐匿、查阅、摘抄、复制、携带问题线索和涉案资料,严禁泄露监察工作秘密。

监察机关应当建立健全检举控告保密制度,对检举控告人的姓名(单位名称)、工作单位、住址、电话和邮箱等有关情况以及检举控告内容必须严格保密。

第二百六十八条 监察机关涉密人员离岗离职后,应当遵守脱密期管理规定,严格履行保密义务,不得泄露相关秘密。

第二百六十九条 监察人员离任三年以内,不得从事与监察和司法工作相关联且可能发生利益冲突的职业。

监察人员离任后,不得担任原任职监察机关办理案件的诉讼代理人或者辩护人,但是作为当事人的监护人或者近亲属代理诉讼或者进行辩护的除外。

第二百七十条 监察人员应当严格遵守有关规范领导干部配偶、子女及其配偶经商办企业行为的规定。

第二百七十一条 监察机关在履行职责过程中应当依法保护企业产权和自主经营权,严禁利用职权非法干扰企业生产经营。需要企业经营者协助调查的,应当依法保障其合法的人身、财产等权益,避免或者减少对涉案企业正常生产、经营活动的影响。

查封企业厂房、机器设备等生产资料,企业继续使用对该财产价值无重大影响的,可以允许其使用。对于正在运营或者正在用于科技创新、产品研发的设备和技术资料等,一般不予查封、扣押,确需调取违法犯罪证据的,可以采取拍照、复制等方式。

第二百七十二条 被调查人及其近亲属认为监察机关及监察人员存在监察法第六十条第一款规定的有关情形,向监察机关提出申诉的,由监察机关案件监督管理部门依法受理,并按照法定的程序和时限办理。

第二百七十三条 监察机关在维护监督执法调查工作纪律方面失职失责的,依法追究责任。监察人员涉嫌严重职务违法、职务犯罪或者对案件处置出现重大失误的,既应当追究直接责任,还应当严肃追究负有责任的领导人员责任。

监察机关应当建立办案质量责任制,对滥用职权、失职失责造成严重后果的,实行终身责任追究。

第八章 法律责任

第二百七十四条 有关单位拒不执行监察机关依法作出的下列处理决定的,应当由其主管部门、上级机关责令改正,对单位给予通报批评,对负有责任的领导人员和直接责任人员依法给予处理:

(一)政务处分决定;

(二)问责决定;

(三)谈话提醒、批评教育、责令检查,或者予以诫勉的决定;

(四)采取调查措施的决定;

(五)复审、复核决定;

(六)监察机关依法作出的其他处理决定。

第二百七十五条 监察对象对控告人、申诉人、批评人、检举人、证人、监察人员进行打击、压制等报复陷害的,监察机关应当依法给予政务处分。构成犯罪的,依法追究刑事责任。

第二百七十六条 控告人、检举人、证人采取捏造事实、伪造材料等方式诬告陷害的,监察机关应当依法给予政务处分,或者移送有关机关处理。构成犯罪的,依法追究刑事责任。

监察人员因依法履行职责遭受不实举报、诬告陷害、侮辱诽谤,致使名誉受到损害的,监察机关应当会同有关部门及时澄清事实,消除不良影响,并依法追究相关单位或者个人的责任。

第二百七十七条 监察机关应当建立健全办案安全责任制。承办部门主要负责人和调查组组长是调查安全第一责任人。调查组应当指定专人担任安全员。

地方各级监察机关履行管理、监督职责不力发生严重办案安全事故的,或者办案中存在严重违规违纪违法行为的，省级监察机关主要负责人应当向国家监察委员会作出检讨，并予以通报、严肃追责问责。

案件监督管理部门应当对办案安全责任制落实情况组织经常性检查和不定期抽查，发现问题及时报告并督促整改。

第二百七十八条 监察人员在履行职责中有下列行为之一的，依法严肃处理；构成犯罪的，依法追究刑事责任：

（一）贪污贿赂、徇私舞弊的；

（二）不履行或者不正确履行监督职责，应当发现的问题没有发现，或者发现问题不报告、不处置，造成严重影响的；

（三）未经批准、授权处置问题线索，发现重大案情隐瞒不报，或者私自留存、处理涉案材料的；

（四）利用职权或者职务上的影响干预调查工作的；

（五）违法窃取、泄露调查工作信息，或者泄露举报事项、举报受理情况以及举报人信息的；

（六）对被调查人或者涉案人员逼供、诱供，或者侮辱、打骂、虐待、体罚或者变相体罚的；

（七）违反规定处置查封、扣押、冻结的财物的；

（八）违反规定导致发生办案安全事故，或者发生安全事故后隐瞒不报、报告失实、处置不当的；

（九）违反规定采取留置措施的；

（十）违反规定限制他人出境，或者不按规定解除出境限制的；

（十一）其他职务违法和职务犯罪行为。

第二百七十九条 对监察人员在履行职责中存在违法行为的，可以根据情节轻重，依法进行谈话提醒、批评教育、责令检查、诫勉，或者给予政务处分。构成犯罪的，依法追究刑事责任。

第二百八十条 监察机关及其工作人员在行使职权时，有下列情形之一的，受害人可以申请国家赔偿：

（一）采取留置措施后，决定撤销案件的；

（二）违法没收、追缴或者违法查封、扣押、冻结财物造成损害的；

（三）违法行使职权，造成被调查人、涉案人员或者证人身体伤害或者死亡的；

（四）非法剥夺他人人身自由的；

(五)其他侵犯公民、法人和其他组织合法权益造成损害的。

受害人死亡的,其继承人和其他有扶养关系的亲属有权要求赔偿;受害的法人或者其他组织终止的,其权利承受人有权要求赔偿。

第二百八十一条 监察机关及其工作人员违法行使职权侵犯公民、法人和其他组织的合法权益造成损害的,该机关为赔偿义务机关。申请赔偿应当向赔偿义务机关提出,由该机关负责复审复核工作的部门受理。

赔偿以支付赔偿金为主要方式。能够返还财产或者恢复原状的,予以返还财产或者恢复原状。

第九章 附 则

第二百八十二条 本条例所称监察机关,包括各级监察委员会及其派驻或者派出监察机构、监察专员。

第二百八十三条 本条例所称"近亲属",是指夫、妻、父、母、子、女、同胞兄弟姊妹。

第二百八十四条 本条例所称以上、以下、以内,包括本级、本数。

第二百八十五条 期间以时、日、月、年计算,期间开始的时和日不算在期间以内。本条例另有规定的除外。

按照年、月计算期间的,到期月的对应日为期间的最后一日;没有对应日的,月末日为期间的最后一日。

期间的最后一日是法定休假日的,以法定休假日结束的次日为期间的最后一日。但被调查人留置期间应当至到期之日为止,不得因法定休假日而延长。

第二百八十六条 本条例由国家监察委员会负责解释。

第二百八十七条 本条例自发布之日起施行。

中华人民共和国公职人员政务处分法

（2020 年 6 月 20 日第十三届全国人民代表大会常务委员会第十九次会议通过　2020 年 6 月 20 日中华人民共和国主席令第 46 号公布）

第一章　总　　则

第一条　为了规范政务处分，加强对所有行使公权力的公职人员的监督，促进公职人员依法履职、秉公用权、廉洁从政从业、坚持道德操守，根据《中华人民共和国监察法》，制定本法。

第二条　本法适用于监察机关对违法的公职人员给予政务处分的活动。

本法第二章、第三章适用于公职人员任免机关、单位对违法的公职人员给予处分。处分的程序、申诉等适用其他法律、行政法规、国务院部门规章和国家有关规定。

本法所称公职人员，是指《中华人民共和国监察法》第十五条规定的人员。

第三条　监察机关应当按照管理权限，加强对公职人员的监督，依法给予违法的公职人员政务处分。

公职人员任免机关、单位应当按照管理权限，加强对公职人员的教育、管理、监督，依法给予违法的公职人员处分。

监察机关发现公职人员任免机关、单位应当给予处分而未给予，或者给予的处分违法、不当的，应当及时提出监察建议。

第四条　给予公职人员政务处分，坚持党管干部原则，集体讨论决定；坚持法律面前一律平等，以事实为根据，以法律为准绳，给予的政务处分与违法行为的性质、情节、危害程度相当；坚持惩戒与教育相结合，宽严相济。

第五条　给予公职人员政务处分，应当事实清楚、证据确凿、定性准确、处理恰当、程序合法、手续完备。

第六条　公职人员依法履行职责受法律保护，非因法定事由、非经法定程序，不受政务处分。

第二章　政务处分的种类和适用

第七条　政务处分的种类为：

(一)警告；

(二)记过；

(三)记大过；

(四)降级；

(五)撤职；

(六)开除。

第八条　政务处分的期间为：

(一)警告，六个月；

(二)记过，十二个月；

(三)记大过，十八个月；

(四)降级、撤职，二十四个月。

政务处分决定自作出之日起生效，政务处分期自政务处分决定生效之日起计算。

第九条　公职人员二人以上共同违法，根据各自在违法行为中所起的作用和应当承担的法律责任，分别给予政务处分。

第十条　有关机关、单位、组织集体作出的决定违法或者实施违法行为的，对负有责任的领导人员和直接责任人员中的公职人员依法给予政务处分。

第十一条　公职人员有下列情形之一的，可以从轻或者减轻给予政务处分：

(一)主动交代本人应当受到政务处分的违法行为的；

(二)配合调查，如实说明本人违法事实的；

(三)检举他人违纪违法行为，经查证属实的；

(四)主动采取措施，有效避免、挽回损失或者消除不良影响的；

(五)在共同违法行为中起次要或者辅助作用的；

(六)主动上交或者退赔违法所得的；

(七)法律、法规规定的其他从轻或者减轻情节。

第十二条　公职人员违法行为情节轻微，且具有本法第十一条规定的情形之一的，可以对其进行谈话提醒、批评教育、责令检查或者予以诫勉，免予或者不予政务处分。

公职人员因不明真相被裹挟或者被胁迫参与违法活动，经批评教育后确有悔改表现的，可以减轻、免予或者不予政务处分。

第十三条 公职人员有下列情形之一的，应当从重给予政务处分：

（一）在政务处分期内再次故意违法，应当受到政务处分的；

（二）阻止他人检举、提供证据的；

（三）串供或者伪造、隐匿、毁灭证据的；

（四）包庇同案人员的；

（五）胁迫、唆使他人实施违法行为的；

（六）拒不上交或者退赔违法所得的；

（七）法律、法规规定的其他从重情节。

第十四条 公职人员犯罪，有下列情形之一的，予以开除：

（一）因故意犯罪被判处管制、拘役或者有期徒刑以上刑罚（含宣告缓刑）的；

（二）因过失犯罪被判处有期徒刑，刑期超过三年的；

（三）因犯罪被单处或者并处剥夺政治权利的。

因过失犯罪被判处管制、拘役或者三年以下有期徒刑的，一般应当予以开除；案件情况特殊，予以撤职更为适当的，可以不予开除，但是应当报请上一级机关批准。

公职人员因犯罪被单处罚金，或者犯罪情节轻微，人民检察院依法作出不起诉决定或者人民法院依法免予刑事处罚的，予以撤职；造成不良影响的，予以开除。

第十五条 公职人员有两个以上违法行为的，应当分别确定政务处分。应当给予两种以上政务处分的，执行其中最重的政务处分；应当给予撤职以下多个相同政务处分的，可以在一个政务处分期以上、多个政务处分期之和以下确定政务处分期，但是最长不得超过四十八个月。

第十六条 对公职人员的同一违法行为，监察机关和公职人员任免机关、单位不得重复给予政务处分和处分。

第十七条 公职人员有违法行为，有关机关依照规定给予组织处理的，监察机关可以同时给予政务处分。

第十八条 担任领导职务的公职人员有违法行为，被罢免、撤销、免去或者辞去领导职务的，监察机关可以同时给予政务处分。

第十九条 公务员以及参照《中华人民共和国公务员法》管理的人员在政务处分期内，不得晋升职务、职级、衔级和级别；其中，被记过、记大过、降级、撤职的，不得晋升工资档次。被撤职的，按照规定降低职务、职级、衔级和级别，同时降低工资和待遇。

第二十条 法律、法规授权或者受国家机关依法委托管理公共事务的组织中从事公务的人员，以及公办的教育、科研、文化、医疗卫生、体育等单位中从事管理的人员，在政务处分期内，不得晋升职务、岗位和职员等级、职称；其中，被记过、记大过、降级、撤职的，不得晋升薪酬待遇等级。被撤职的，降低职务、岗位或者职员等级，同时降低薪酬待遇。

第二十一条 国有企业管理人员在政务处分期内，不得晋升职务、岗位等级和职称；其中，被记过、记大过、降级、撤职的，不得晋升薪酬待遇等级。被撤职的，降低职务或者岗位等级，同时降低薪酬待遇。

第二十二条 基层群众性自治组织中从事管理的人员有违法行为的，监察机关可以予以警告、记过、记大过。

基层群众性自治组织中从事管理的人员受到政务处分的，应当由县级或者乡镇人民政府根据具体情况减发或者扣发补贴、奖金。

第二十三条 《中华人民共和国监察法》第十五条第六项规定的人员有违法行为的，监察机关可以予以警告、记过、记大过。情节严重的，由所在单位直接给予或者监察机关建议有关机关、单位给予降低薪酬待遇、调离岗位、解除人事关系或者劳动关系等处理。

《中华人民共和国监察法》第十五条第二项规定的人员，未担任公务员、参照《中华人民共和国公务员法》管理的人员、事业单位工作人员或者国有企业人员职务的，对其违法行为依照前款规定处理。

第二十四条 公职人员被开除，或者依照本法第二十三条规定，受到解除人事关系或者劳动关系处理的，不得录用为公务员以及参照《中华人民共和国公务员法》管理的人员。

第二十五条 公职人员违法取得的财物和用于违法行为的本人财物，除依法应当由其他机关没收、追缴或者责令退赔的，由监察机关没收、追缴或者责令退赔；应当退还原所有人或者原持有人的，依法予以退还；属于国家财产或者不应当退还以及无法退还的，上缴国库。

公职人员因违法行为获得的职务、职级、衔级、级别、岗位和职员等级、职称、待遇、资格、学历、学位、荣誉、奖励等其他利益，监察机关应当建议有关机关、单位、组织按规定予以纠正。

第二十六条 公职人员被开除的，自政务处分决定生效之日起，应当解除其与所在机关、单位的人事关系或者劳动关系。

公职人员受到开除以外的政务处分,在政务处分期内有悔改表现,并且没有再发生应当给予政务处分的违法行为的,政务处分期满后自动解除,晋升职务、职级、衔级、级别、岗位和职员等级、职称、薪酬待遇不再受原政务处分影响。但是,解除降级、撤职的,不恢复原职务、职级、衔级、级别、岗位和职员等级、职称、薪酬待遇。

第二十七条 已经退休的公职人员退休前或者退休后有违法行为的,不再给予政务处分,但是可以对其立案调查;依法应当予以降级、撤职、开除的,应当按照规定相应调整其享受的待遇,对其违法取得的财物和用于违法行为的本人财物依照本法第二十五条的规定处理。

已经离职或者死亡的公职人员在履职期间有违法行为的,依照前款规定处理。

第三章 违法行为及其适用的政务处分

第二十八条 有下列行为之一的,予以记过或者记大过;情节较重的,予以降级或者撤职;情节严重的,予以开除:

(一)散布有损宪法权威、中国共产党领导和国家声誉的言论的;

(二)参加旨在反对宪法、中国共产党领导和国家的集会、游行、示威等活动的;

(三)拒不执行或者变相不执行中国共产党和国家的路线方针政策、重大决策部署的;

(四)参加非法组织、非法活动的;

(五)挑拨、破坏民族关系,或者参加民族分裂活动的;

(六)利用宗教活动破坏民族团结和社会稳定的;

(七)在对外交往中损害国家荣誉和利益的。

有前款第二项、第四项、第五项和第六项行为之一的,对策划者、组织者和骨干分子,予以开除。

公开发表反对宪法确立的国家指导思想,反对中国共产党领导,反对社会主义制度,反对改革开放的文章、演说、宣言、声明等的,予以开除。

第二十九条 不按照规定请示、报告重大事项,情节较重的,予以警告、记过或者记大过;情节严重的,予以降级或者撤职。

违反个人有关事项报告规定,隐瞒不报,情节较重的,予以警告、记过或者记大过。

篡改、伪造本人档案资料的，予以记过或者记大过；情节严重的，予以降级或者撤职。

第三十条 有下列行为之一的，予以警告、记过或者记大过；情节严重的，予以降级或者撤职：

（一）违反民主集中制原则，个人或者少数人决定重大事项，或者拒不执行、擅自改变集体作出的重大决定的；

（二）拒不执行或者变相不执行、拖延执行上级依法作出的决定、命令的。

第三十一条 违反规定出境或者办理因私出境证件的，予以记过或者记大过；情节严重的，予以降级或者撤职。

违反规定取得外国国籍或者获取境外永久居留资格、长期居留许可的，予以撤职或者开除。

第三十二条 有下列行为之一的，予以警告、记过或者记大过；情节较重的，予以降级或者撤职；情节严重的，予以开除：

（一）在选拔任用、录用、聘用、考核、晋升、评选等干部人事工作中违反有关规定的；

（二）弄虚作假，骗取职务、职级、衔级、级别、岗位和职员等级、职称、待遇、资格、学历、学位、荣誉、奖励或者其他利益的；

（三）对依法行使批评、申诉、控告、检举等权利的行为进行压制或者打击报复的；

（四）诬告陷害，意图使他人受到名誉损害或者责任追究等不良影响的；

（五）以暴力、威胁、贿赂、欺骗等手段破坏选举的。

第三十三条 有下列行为之一的，予以警告、记过或者记大过；情节较重的，予以降级或者撤职；情节严重的，予以开除：

（一）贪污贿赂的；

（二）利用职权或者职务上的影响为本人或者他人谋取私利的；

（三）纵容、默许特定关系人利用本人职权或者职务上的影响谋取私利的。

拒不按照规定纠正特定关系人违规任职、兼职或者从事经营活动，且不服从职务调整的，予以撤职。

第三十四条 收受可能影响公正行使公权力的礼品、礼金、有价证券等财物的，予以警告、记过或者记大过；情节较重的，予以降级或者撤职；情节严重的，予以开除。

向公职人员及其特定关系人赠送可能影响公正行使公权力的礼品、礼金、有价证券等财物，或者接受、提供可能影响公正行使公权力的宴请、旅游、健身、娱乐等活动安排，情节较重的，予以警告、记过或者记大过；情节严重的，予以降级或者撤职。

第三十五条 有下列行为之一，情节较重的，予以警告、记过或者记大过；情节严重的，予以降级或者撤职：

（一）违反规定设定、发放薪酬或者津贴、补贴、奖金的；

（二）违反规定，在公务接待、公务交通、会议活动、办公用房以及其他工作生活保障等方面超标准、超范围的；

（三）违反规定公款消费的。

第三十六条 违反规定从事或者参与营利性活动，或者违反规定兼任职务、领取报酬的，予以警告、记过或者记大过；情节较重的，予以降级或者撤职；情节严重的，予以开除。

第三十七条 利用宗族或者黑恶势力等欺压群众，或者纵容、包庇黑恶势力活动的，予以撤职；情节严重的，予以开除。

第三十八条 有下列行为之一，情节较重的，予以警告、记过或者记大过；情节严重的，予以降级或者撤职：

（一）违反规定向管理服务对象收取、摊派财物的；

（二）在管理服务活动中故意刁难、吃拿卡要的；

（三）在管理服务活动中态度恶劣粗暴，造成不良后果或者影响的；

（四）不按照规定公开工作信息，侵犯管理服务对象知情权，造成不良后果或者影响的；

（五）其他侵犯管理服务对象利益的行为，造成不良后果或者影响的。

有前款第一项、第二项和第五项行为，情节特别严重的，予以开除。

第三十九条 有下列行为之一，造成不良后果或者影响的，予以警告、记过或者记大过；情节较重的，予以降级或者撤职；情节严重的，予以开除：

（一）滥用职权，危害国家利益、社会公共利益或者侵害公民、法人、其他组织合法权益的；

（二）不履行或者不正确履行职责，玩忽职守，贻误工作的；

（三）工作中有形式主义、官僚主义行为的；

（四）工作中有弄虚作假，误导、欺骗行为的；

（五）泄露国家秘密、工作秘密，或者泄露因履行职责掌握的商业秘密、个人隐私的。

第四十条 有下列行为之一的，予以警告、记过或者记大过；情节较重的，予以降级或者撤职；情节严重的，予以开除：

（一）违背社会公序良俗，在公共场所有不当行为，造成不良影响的；

（二）参与或者支持迷信活动，造成不良影响的；

（三）参与赌博的；

（四）拒不承担赡养、抚养、扶养义务的；

（五）实施家庭暴力，虐待、遗弃家庭成员的；

（六）其他严重违反家庭美德、社会公德的行为。

吸食、注射毒品，组织赌博，组织、支持、参与卖淫、嫖娼、色情淫乱活动的，予以撤职或者开除。

第四十一条 公职人员有其他违法行为，影响公职人员形象，损害国家和人民利益的，可以根据情节轻重给予相应政务处分。

第四章 政务处分的程序

第四十二条 监察机关对涉嫌违法的公职人员进行调查，应当由二名以上工作人员进行。监察机关进行调查时，有权依法向有关单位和个人了解情况，收集、调取证据。有关单位和个人应当如实提供情况。

严禁以威胁、引诱、欺骗及其他非法方式收集证据。以非法方式收集的证据不得作为给予政务处分的依据。

第四十三条 作出政务处分决定前，监察机关应当将调查认定的违法事实及拟给予政务处分的依据告知被调查人，听取被调查人的陈述和申辩，并对其陈述的事实、理由和证据进行核实，记录在案。被调查人提出的事实、理由和证据成立的，应予采纳。不得因被调查人的申辩而加重政务处分。

第四十四条 调查终结后，监察机关应当根据下列不同情况，分别作出处理：

（一）确有应受政务处分的违法行为的，根据情节轻重，按照政务处分决定权限，履行规定的审批手续后，作出政务处分决定；

（二）违法事实不能成立的，撤销案件；

（三）符合免予、不予政务处分条件的，作出免予、不予政务处分决定；

（四）被调查人涉嫌其他违法或者犯罪行为的，依法移送主管机关处理。

第四十五条 决定给予政务处分的，应当制作政务处分决定书。

政务处分决定书应当载明下列事项：

（一）被处分人的姓名、工作单位和职务；

（二）违法事实和证据；

（三）政务处分的种类和依据；

（四）不服政务处分决定，申请复审、复核的途径和期限；

（五）作出政务处分决定的机关名称和日期。

政务处分决定书应当盖有作出决定的监察机关的印章。

第四十六条 政务处分决定书应当及时送达被处分人和被处分人所在机关、单位，并在一定范围内宣布。

作出政务处分决定后，监察机关应当根据被处分人的具体身份书面告知相关的机关、单位。

第四十七条 参与公职人员违法案件调查、处理的人员有下列情形之一的，应当自行回避，被调查人、检举人及其他有关人员也有权要求其回避：

（一）是被调查人或者检举人的近亲属的；

（二）担任过本案的证人的；

（三）本人或者其近亲属与调查的案件有利害关系的；

（四）可能影响案件公正调查、处理的其他情形。

第四十八条 监察机关负责人的回避，由上级监察机关决定；其他参与违法案件调查、处理人员的回避，由监察机关负责人决定。

监察机关或者上级监察机关发现参与违法案件调查、处理人员有应当回避情形的，可以直接决定该人员回避。

第四十九条 公职人员依法受到刑事责任追究的，监察机关应当根据司法机关的生效判决、裁定、决定及其认定的事实和情节，依照本法规定给予政务处分。

公职人员依法受到行政处罚，应当给予政务处分的，监察机关可以根据行政处罚决定认定的事实和情节，经立案调查核实后，依照本法给予政务处分。

监察机关根据本条第一款、第二款的规定作出政务处分后，司法机关、行政机关依法改变原生效判决、裁定、决定等，对原政务处分决定产生影响的，监察机关应当根据改变后的判决、裁定、决定等重新作出相应处理。

第五十条 监察机关对经各级人民代表大会、县级以上各级人民代表大会常务委员会选举或者决定任命的公职人员予以撤职、开除的，应当先依法罢免、撤销或者免去其职务，再依法作出政务处分决定。

监察机关对经中国人民政治协商会议各级委员会全体会议或者其常务委员会选举或者决定任命的公职人员予以撤职、开除的，应当先依章程免去其职务，再依法作出政务处分决定。

监察机关对各级人民代表大会代表、中国人民政治协商会议各级委员会委员给予政务处分的，应当向有关的人民代表大会常务委员会，乡、民族乡、镇的人民代表大会主席团或者中国人民政治协商会议委员会常务委员会通报。

第五十一条 下级监察机关根据上级监察机关的指定管辖决定进行调查的案件，调查终结后，对不属于本监察机关管辖范围内的监察对象，应当交有管理权限的监察机关依法作出政务处分决定。

第五十二条 公职人员涉嫌违法，已经被立案调查，不宜继续履行职责的，公职人员任免机关、单位可以决定暂停其履行职务。

公职人员在被立案调查期间，未经监察机关同意，不得出境、辞去公职；被调查公职人员所在机关、单位及上级机关、单位不得对其交流、晋升、奖励、处分或者办理退休手续。

第五十三条 监察机关在调查中发现公职人员受到不实检举、控告或者诬告陷害，造成不良影响的，应当按照规定及时澄清事实，恢复名誉，消除不良影响。

第五十四条 公职人员受到政务处分的，应当将政务处分决定书存入其本人档案。对于受到降级以上政务处分的，应当由人事部门按照管理权限在作出政务处分决定后一个月内办理职务、工资及其他有关待遇等的变更手续；特殊情况下，经批准可以适当延长办理期限，但是最长不得超过六个月。

第五章 复审、复核

第五十五条 公职人员对监察机关作出的涉及本人的政务处分决定不服的，可以依法向作出决定的监察机关申请复审；公职人员对复审决定仍不服的，可以向上一级监察机关申请复核。

监察机关发现本机关或者下级监察机关作出的政务处分决定确有错误的，应当及时予以纠正或者责令下级监察机关及时予以纠正。

第五十六条 复审、复核期间，不停止原政务处分决定的执行。

公职人员不因提出复审、复核而被加重政务处分。

第五十七条 有下列情形之一的，复审、复核机关应当撤销原政务处分决定，重新作出决定或者责令原作出决定的监察机关重新作出决定：

（一）政务处分所依据的违法事实不清或者证据不足的；

（二）违反法定程序，影响案件公正处理的；

（三）超越职权或者滥用职权作出政务处分决定的。

第五十八条 有下列情形之一的，复审、复核机关应当变更原政务处分决定，或者责令原作出决定的监察机关予以变更：

（一）适用法律、法规确有错误的；

（二）对违法行为的情节认定确有错误的；

（三）政务处分不当的。

第五十九条 复审、复核机关认为政务处分决定认定事实清楚，适用法律正确的，应当予以维持。

第六十条 公职人员的政务处分决定被变更，需要调整该公职人员的职务、职级、衔级、级别、岗位和职员等级或者薪酬待遇等的，应当按照规定予以调整。政务处分决定被撤销的，应当恢复该公职人员的级别、薪酬待遇，按照原职务、职级、衔级、岗位和职员等级安排相应的职务、职级、衔级、岗位和职员等级，并在原政务处分决定公布范围内为其恢复名誉。没收、追缴财物错误的，应当依法予以返还、赔偿。

公职人员因有本法第五十七条、第五十八条规定的情形被撤销政务处分或者减轻政务处分的，应当对其薪酬待遇受到的损失予以补偿。

第六章 法律责任

第六十一条 有关机关、单位无正当理由拒不采纳监察建议的，由其上级机关、主管部门责令改正，对该机关、单位给予通报批评，对负有责任的领导人员和直接责任人员依法给予处理。

第六十二条 有关机关、单位、组织或者人员有下列情形之一的，由其上级机关，主管部门，任免机关、单位或者监察机关责令改正，依法给予处理：

（一）拒不执行政务处分决定的；

（二）拒不配合或者阻碍调查的；

（三）对检举人、证人或者调查人员进行打击报复的；

（四）诬告陷害公职人员的；

（五）其他违反本法规定的情形。

第六十三条 监察机关及其工作人员有下列情形之一的，对负有责任的领导人员和直接责任人员依法给予处理：

（一）违反规定处置问题线索的；

（二）窃取、泄露调查工作信息，或者泄露检举事项、检举受理情况以及检举人信息的；

（三）对被调查人或者涉案人员逼供、诱供，或者侮辱、打骂、虐待、体罚或者变相体罚的；

（四）收受被调查人或者涉案人员的财物以及其他利益的；

（五）违反规定处置涉案财物的；

（六）违反规定采取调查措施的；

（七）利用职权或者职务上的影响干预调查工作、以案谋私的；

（八）违反规定发生办案安全事故，或者发生安全事故后隐瞒不报、报告失实、处置不当的；

（九）违反回避等程序规定，造成不良影响的；

（十）不依法受理和处理公职人员复审、复核的；

（十一）其他滥用职权、玩忽职守、徇私舞弊的行为。

第六十四条 违反本法规定，构成犯罪的，依法追究刑事责任。

第七章 附 则

第六十五条 国务院及其相关主管部门根据本法的原则和精神，结合事业单位、国有企业等的实际情况，对事业单位、国有企业等的违法的公职人员处分事宜作出具体规定。

第六十六条 中央军事委员会可以根据本法制定相关具体规定。

第六十七条 本法施行前，已结案的案件如果需要复审、复核，适用当时的规定。尚未结案的案件，如果行为发生时的规定不认为是违法的，适用当时的规定；如果行为发生时的规定认为是违法的，依照当时的规定处理，但是如果本法不认为是违法或者根据本法处理较轻的，适用本法。

第六十八条 本法自 2020 年 7 月 1 日起施行。

中华人民共和国公务员法

（2005年4月27日第十届全国人民代表大会常务委员会第十五次会议通过　根据2017年9月1日第十二届全国人民代表大会常务委员会第二十九次会议《关于修改〈中华人民共和国法官法〉等八部法律的决定》修正　2018年12月29日第十三届全国人民代表大会常务委员会第七次会议修订）

第一章　总　　则

第一条　为了规范公务员的管理，保障公务员的合法权益，加强对公务员的监督，促进公务员正确履职尽责，建设信念坚定、为民服务、勤政务实、敢于担当、清正廉洁的高素质专业化公务员队伍，根据宪法，制定本法。

第二条　本法所称公务员，是指依法履行公职、纳入国家行政编制、由国家财政负担工资福利的工作人员。

公务员是干部队伍的重要组成部分，是社会主义事业的中坚力量，是人民的公仆。

第三条　公务员的义务、权利和管理，适用本法。

法律对公务员中领导成员的产生、任免、监督以及监察官、法官、检察官等的义务、权利和管理另有规定的，从其规定。

第四条　公务员制度坚持中国共产党领导，坚持以马克思列宁主义、毛泽东思想、邓小平理论、“三个代表”重要思想、科学发展观、习近平新时代中国特色社会主义思想为指导，贯彻社会主义初级阶段的基本路线，贯彻新时代中国共产党的组织路线，坚持党管干部原则。

第五条　公务员的管理，坚持公开、平等、竞争、择优的原则，依照法定的权限、条件、标准和程序进行。

第六条　公务员的管理，坚持监督约束与激励保障并重的原则。

第七条　公务员的任用，坚持德才兼备、以德为先，坚持五湖四海、任人唯贤，坚持事业为上、公道正派，突出政治标准，注重工作实绩。

第八条 国家对公务员实行分类管理，提高管理效能和科学化水平。

第九条 公务员就职时应当依照法律规定公开进行宪法宣誓。

第十条 公务员依法履行职责的行为，受法律保护。

第十一条 公务员工资、福利、保险以及录用、奖励、培训、辞退等所需经费，列入财政预算，予以保障。

第十二条 中央公务员主管部门负责全国公务员的综合管理工作。县级以上地方各级公务员主管部门负责本辖区内公务员的综合管理工作。上级公务员主管部门指导下级公务员主管部门的公务员管理工作。各级公务员主管部门指导同级各机关的公务员管理工作。

第二章 公务员的条件、义务与权利

第十三条 公务员应当具备下列条件：

（一）具有中华人民共和国国籍；

（二）年满十八周岁；

（三）拥护中华人民共和国宪法，拥护中国共产党领导和社会主义制度；

（四）具有良好的政治素质和道德品行；

（五）具有正常履行职责的身体条件和心理素质；

（六）具有符合职位要求的文化程度和工作能力；

（七）法律规定的其他条件。

第十四条 公务员应当履行下列义务：

（一）忠于宪法，模范遵守、自觉维护宪法和法律，自觉接受中国共产党领导；

（二）忠于国家，维护国家的安全、荣誉和利益；

（三）忠于人民，全心全意为人民服务，接受人民监督；

（四）忠于职守，勤勉尽责，服从和执行上级依法作出的决定和命令，按照规定的权限和程序履行职责，努力提高工作质量和效率；

（五）保守国家秘密和工作秘密；

（六）带头践行社会主义核心价值观，坚守法治，遵守纪律，恪守职业道德，模范遵守社会公德、家庭美德；

（七）清正廉洁，公道正派；

（八）法律规定的其他义务。

第十五条 公务员享有下列权利：

(一)获得履行职责应当具有的工作条件;
(二)非因法定事由、非经法定程序,不被免职、降职、辞退或者处分;
(三)获得工资报酬,享受福利、保险待遇;
(四)参加培训;
(五)对机关工作和领导人员提出批评和建议;
(六)提出申诉和控告;
(七)申请辞职;
(八)法律规定的其他权利。

第三章 职务、职级与级别

第十六条 国家实行公务员职位分类制度。

公务员职位类别按照公务员职位的性质、特点和管理需要,划分为综合管理类、专业技术类和行政执法类等类别。根据本法,对于具有职位特殊性,需要单独管理的,可以增设其他职位类别。各职位类别的适用范围由国家另行规定。

第十七条 国家实行公务员职务与职级并行制度,根据公务员职位类别和职责设置公务员领导职务、职级序列。

第十八条 公务员领导职务根据宪法、有关法律和机构规格设置。

领导职务层次分为:国家级正职、国家级副职、省部级正职、省部级副职、厅局级正职、厅局级副职、县处级正职、县处级副职、乡科级正职、乡科级副职。

第十九条 公务员职级在厅局级以下设置。

综合管理类公务员职级序列分为:一级巡视员、二级巡视员、一级调研员、二级调研员、三级调研员、四级调研员、一级主任科员、二级主任科员、三级主任科员、四级主任科员、一级科员、二级科员。

综合管理类以外其他职位类别公务员的职级序列,根据本法由国家另行规定。

第二十条 各机关依照确定的职能、规格、编制限额、职数以及结构比例,设置本机关公务员的具体职位,并确定各职位的工作职责和任职资格条件。

第二十一条 公务员的领导职务、职级应当对应相应的级别。公务员领导职务、职级与级别的对应关系,由国家规定。

根据工作需要和领导职务与职级的对应关系,公务员担任的领导职务和职级可以互相转任、兼任;符合规定资格条件的,可以晋升领导职务或者职级。

公务员的级别根据所任领导职务、职级及其德才表现、工作实绩和资历确定。公务员在同一领导职务、职级上,可以按照国家规定晋升级别。

公务员的领导职务、职级与级别是确定公务员工资以及其他待遇的依据。

第二十二条 国家根据人民警察、消防救援人员以及海关、驻外外交机构等公务员的工作特点,设置与其领导职务、职级相对应的衔级。

第四章 录 用

第二十三条 录用担任一级主任科员以下及其他相当职级层次的公务员,采取公开考试、严格考察、平等竞争、择优录取的办法。

民族自治地方依照前款规定录用公务员时,依照法律和有关规定对少数民族报考者予以适当照顾。

第二十四条 中央机关及其直属机构公务员的录用,由中央公务员主管部门负责组织。地方各级机关公务员的录用,由省级公务员主管部门负责组织,必要时省级公务员主管部门可以授权设区的市级公务员主管部门组织。

第二十五条 报考公务员,除应当具备本法第十三条规定的条件以外,还应当具备省级以上公务员主管部门规定的拟任职位所要求的资格条件。

国家对行政机关中初次从事行政处罚决定审核、行政复议、行政裁决、法律顾问的公务员实行统一法律职业资格考试制度,由国务院司法行政部门商有关部门组织实施。

第二十六条 下列人员不得录用为公务员:

(一)因犯罪受过刑事处罚的;

(二)被开除中国共产党党籍的;

(三)被开除公职的;

(四)被依法列为失信联合惩戒对象的;

(五)有法律规定不得录用为公务员的其他情形的。

第二十七条 录用公务员,应当在规定的编制限额内,并有相应的职位空缺。

第二十八条 录用公务员,应当发布招考公告。招考公告应当载明招考的职位、名额、报考资格条件、报考需要提交的申请材料以及其他报考须知事项。

招录机关应当采取措施,便利公民报考。

第二十九条 招录机关根据报考资格条件对报考申请进行审查。报考者提交的申请材料应当真实、准确。

第三十条 公务员录用考试采取笔试和面试等方式进行,考试内容根据公务员应当具备的基本能力和不同职位类别、不同层级机关分别设置。

第三十一条 招录机关根据考试成绩确定考察人选，并进行报考资格复审、考察和体检。

体检的项目和标准根据职位要求确定。具体办法由中央公务员主管部门会同国务院卫生健康行政部门规定。

第三十二条 招录机关根据考试成绩、考察情况和体检结果，提出拟录用人员名单，并予以公示。公示期不少于五个工作日。

公示期满，中央一级招录机关应当将拟录用人员名单报中央公务员主管部门备案；地方各级招录机关应当将拟录用人员名单报省级或者设区的市级公务员主管部门审批。

第三十三条 录用特殊职位的公务员，经省级以上公务员主管部门批准，可以简化程序或者采用其他测评办法。

第三十四条 新录用的公务员试用期为一年。试用期满合格的，予以任职；不合格的，取消录用。

第五章 考 核

第三十五条 公务员的考核应当按照管理权限，全面考核公务员的德、能、勤、绩、廉，重点考核政治素质和工作实绩。考核指标根据不同职位类别、不同层级机关分别设置。

第三十六条 公务员的考核分为平时考核、专项考核和定期考核等方式。定期考核以平时考核、专项考核为基础。

第三十七条 非领导成员公务员的定期考核采取年度考核的方式。先由个人按照职位职责和有关要求进行总结，主管领导在听取群众意见后，提出考核等次建议，由本机关负责人或者授权的考核委员会确定考核等次。

领导成员的考核由主管机关按照有关规定办理。

第三十八条 定期考核的结果分为优秀、称职、基本称职和不称职四个等次。

定期考核的结果应当以书面形式通知公务员本人。

第三十九条 定期考核的结果作为调整公务员职位、职务、职级、级别、工资以及公务员奖励、培训、辞退的依据。

第六章　职务、职级任免

第四十条　公务员领导职务实行选任制、委任制和聘任制。公务员职级实行委任制和聘任制。

领导成员职务按照国家规定实行任期制。

第四十一条　选任制公务员在选举结果生效时即任当选职务；任期届满不再连任或者任期内辞职、被罢免、被撤职的，其所任职务即终止。

第四十二条　委任制公务员试用期满考核合格，职务、职级发生变化，以及其他情形需要任免职务、职级的，应当按照管理权限和规定的程序任免。

第四十三条　公务员任职应当在规定的编制限额和职数内进行，并有相应的职位空缺。

第四十四条　公务员因工作需要在机关外兼职，应当经有关机关批准，并不得领取兼职报酬。

第七章　职务、职级升降

第四十五条　公务员晋升领导职务，应当具备拟任职务所要求的政治素质、工作能力、文化程度和任职经历等方面的条件和资格。

公务员领导职务应当逐级晋升。特别优秀的或者工作特殊需要的，可以按照规定破格或者越级晋升。

第四十六条　公务员晋升领导职务，按照下列程序办理：

（一）动议；

（二）民主推荐；

（三）确定考察对象，组织考察；

（四）按照管理权限讨论决定；

（五）履行任职手续。

第四十七条　厅局级正职以下领导职务出现空缺且本机关没有合适人选的，可以通过适当方式面向社会选拔任职人选。

第四十八条　公务员晋升领导职务的，应当按照有关规定实行任职前公示制度和任职试用期制度。

第四十九条　公务员职级应当逐级晋升，根据个人德才表现、工作实绩和任职资历，参考民主推荐或者民主测评结果确定人选，经公示后，按照管理权限审批。

第五十条 公务员的职务、职级实行能上能下。对不适宜或者不胜任现任职务、职级的,应当进行调整。

公务员在年度考核中被确定为不称职的,按照规定程序降低一个职务或者职级层次任职。

第八章 奖 励

第五十一条 对工作表现突出,有显著成绩和贡献,或者有其他突出事迹的公务员或者公务员集体,给予奖励。奖励坚持定期奖励与及时奖励相结合,精神奖励与物质奖励相结合、以精神奖励为主的原则。

公务员集体的奖励适用于按照编制序列设置的机构或者为完成专项任务组成的工作集体。

第五十二条 公务员或者公务员集体有下列情形之一的,给予奖励:

(一)忠于职守,积极工作,勇于担当,工作实绩显著的;

(二)遵纪守法,廉洁奉公,作风正派,办事公道,模范作用突出的;

(三)在工作中有发明创造或者提出合理化建议,取得显著经济效益或者社会效益的;

(四)为增进民族团结,维护社会稳定做出突出贡献的;

(五)爱护公共财产,节约国家资财有突出成绩的;

(六)防止或者消除事故有功,使国家和人民群众利益免受或者减少损失的;

(七)在抢险、救灾等特定环境中做出突出贡献的;

(八)同违纪违法行为作斗争有功绩的;

(九)在对外交往中为国家争得荣誉和利益的;

(十)有其他突出功绩的。

第五十三条 奖励分为:嘉奖、记三等功、记二等功、记一等功、授予称号。

对受奖励的公务员或者公务员集体予以表彰,并对受奖励的个人给予一次性奖金或者其他待遇。

第五十四条 给予公务员或者公务员集体奖励,按照规定的权限和程序决定或者审批。

第五十五条 按照国家规定,可以向参与特定时期、特定领域重大工作的公务员颁发纪念证书或者纪念章。

第五十六条 公务员或者公务员集体有下列情形之一的,撤销奖励:

（一）弄虚作假，骗取奖励的；

（二）申报奖励时隐瞒严重错误或者严重违反规定程序的；

（三）有严重违纪违法等行为，影响称号声誉的；

（四）有法律、法规规定应当撤销奖励的其他情形的。

第九章　监督与惩戒

第五十七条　机关应当对公务员的思想政治、履行职责、作风表现、遵纪守法等情况进行监督，开展勤政廉政教育，建立日常管理监督制度。

对公务员监督发现问题的，应当区分不同情况，予以谈话提醒、批评教育、责令检查、诫勉、组织调整、处分。

对公务员涉嫌职务违法和职务犯罪的，应当依法移送监察机关处理。

第五十八条　公务员应当自觉接受监督，按照规定请示报告工作、报告个人有关事项。

第五十九条　公务员应当遵纪守法，不得有下列行为：

（一）散布有损宪法权威、中国共产党和国家声誉的言论，组织或者参加旨在反对宪法、中国共产党领导和国家的集会、游行、示威等活动；

（二）组织或者参加非法组织，组织或者参加罢工；

（三）挑拨、破坏民族关系，参加民族分裂活动或者组织、利用宗教活动破坏民族团结和社会稳定；

（四）不担当，不作为，玩忽职守，贻误工作；

（五）拒绝执行上级依法作出的决定和命令；

（六）对批评、申诉、控告、检举进行压制或者打击报复；

（七）弄虚作假，误导、欺骗领导和公众；

（八）贪污贿赂，利用职务之便为自己或者他人谋取私利；

（九）违反财经纪律，浪费国家资财；

（十）滥用职权，侵害公民、法人或者其他组织的合法权益；

（十一）泄露国家秘密或者工作秘密；

（十二）在对外交往中损害国家荣誉和利益；

（十三）参与或者支持色情、吸毒、赌博、迷信等活动；

（十四）违反职业道德、社会公德和家庭美德；

（十五）违反有关规定参与禁止的网络传播行为或者网络活动；

（十六）违反有关规定从事或者参与营利性活动，在企业或者其他营利性组织中兼任职务；

（十七）旷工或者因公外出、请假期满无正当理由逾期不归；

（十八）违纪违法的其他行为。

第六十条 公务员执行公务时，认为上级的决定或者命令有错误的，可以向上级提出改正或者撤销该决定或者命令的意见；上级不改变该决定或者命令，或者要求立即执行的，公务员应当执行该决定或者命令，执行的后果由上级负责，公务员不承担责任；但是，公务员执行明显违法的决定或者命令的，应当依法承担相应的责任。

第六十一条 公务员因违纪违法应当承担纪律责任的，依照本法给予处分或者由监察机关依法给予政务处分；违纪违法行为情节轻微，经批评教育后改正的，可以免予处分。

对同一违纪违法行为，监察机关已经作出政务处分决定的，公务员所在机关不再给予处分。

第六十二条 处分分为：警告、记过、记大过、降级、撤职、开除。

第六十三条 对公务员的处分，应当事实清楚、证据确凿、定性准确、处理恰当、程序合法、手续完备。

公务员违纪违法的，应当由处分决定机关决定对公务员违纪违法的情况进行调查，并将调查认定的事实以及拟给予处分的依据告知公务员本人。公务员有权进行陈述和申辩；处分决定机关不得因公务员申辩而加重处分。

处分决定机关认为对公务员应当给予处分的，应当在规定的期限内，按照管理权限和规定的程序作出处分决定。处分决定应当以书面形式通知公务员本人。

第六十四条 公务员在受处分期间不得晋升职务、职级和级别，其中受记过、记大过、降级、撤职处分的，不得晋升工资档次。

受处分的期间为：警告，六个月；记过，十二个月；记大过，十八个月；降级、撤职，二十四个月。

受撤职处分的，按照规定降低级别。

第六十五条 公务员受开除以外的处分，在受处分期间有悔改表现，并且没有再发生违纪违法行为的，处分期满后自动解除。

解除处分后，晋升工资档次、级别和职务、职级不再受原处分的影响。但是，解除降级、撤职处分的，不视为恢复原级别、原职务、原职级。

第十章　培　　训

第六十六条　机关根据公务员工作职责的要求和提高公务员素质的需要，对公务员进行分类分级培训。

国家建立专门的公务员培训机构。机关根据需要也可以委托其他培训机构承担公务员培训任务。

第六十七条　机关对新录用人员应当在试用期内进行初任培训；对晋升领导职务的公务员应当在任职前或者任职后一年内进行任职培训；对从事专项工作的公务员应当进行专门业务培训；对全体公务员应当进行提高政治素质和工作能力、更新知识的在职培训，其中对专业技术类公务员应当进行专业技术培训。

国家有计划地加强对优秀年轻公务员的培训。

第六十八条　公务员的培训实行登记管理。

公务员参加培训的时间由公务员主管部门按照本法第六十七条规定的培训要求予以确定。

公务员培训情况、学习成绩作为公务员考核的内容和任职、晋升的依据之一。

第十一章　交流与回避

第六十九条　国家实行公务员交流制度。

公务员可以在公务员和参照本法管理的工作人员队伍内部交流，也可以与国有企业和不参照本法管理的事业单位中从事公务的人员交流。

交流的方式包括调任、转任。

第七十条　国有企业、高等院校和科研院所以及其他不参照本法管理的事业单位中从事公务的人员，可以调入机关担任领导职务或者四级调研员以上及其他相当层次的职级。

调任人选应当具备本法第十三条规定的条件和拟任职位所要求的资格条件，并不得有本法第二十六条规定的情形。调任机关应当根据上述规定，对调任人选进行严格考察，并按照管理权限审批，必要时可以对调任人选进行考试。

第七十一条　公务员在不同职位之间转任应当具备拟任职位所要求的资格条件，在规定的编制限额和职数内进行。

对省部级正职以下的领导成员应当有计划、有重点地实行跨地区、跨部门转任。

对担任机关内设机构领导职务和其他工作性质特殊的公务员,应当有计划地在本机关内转任。

上级机关应当注重从基层机关公开遴选公务员。

第七十二条 根据工作需要,机关可以采取挂职方式选派公务员承担重大工程、重大项目、重点任务或者其他专项工作。

公务员在挂职期间,不改变与原机关的人事关系。

第七十三条 公务员应当服从机关的交流决定。

公务员本人申请交流的,按照管理权限审批。

第七十四条 公务员之间有夫妻关系、直系血亲关系、三代以内旁系血亲关系以及近姻亲关系的,不得在同一机关双方直接隶属于同一领导人员的职位或者有直接上下级领导关系的职位工作,也不得在其中一方担任领导职务的机关从事组织、人事、纪检、监察、审计和财务工作。

公务员不得在其配偶、子女及其配偶经营的企业、营利性组织的行业监管或者主管部门担任领导成员。

因地域或者工作性质特殊,需要变通执行任职回避的,由省级以上公务员主管部门规定。

第七十五条 公务员担任乡级机关、县级机关、设区的市级机关及其有关部门主要领导职务的,应当按照有关规定实行地域回避。

第七十六条 公务员执行公务时,有下列情形之一的,应当回避:

(一)涉及本人利害关系的;

(二)涉及与本人有本法第七十四条第一款所列亲属关系人员的利害关系的;

(三)其他可能影响公正执行公务的。

第七十七条 公务员有应当回避情形的,本人应当申请回避;利害关系人有权申请公务员回避。其他人员可以向机关提供公务员需要回避的情况。

机关根据公务员本人或者利害关系人的申请,经审查后作出是否回避的决定,也可以不经申请直接作出回避决定。

第七十八条 法律对公务员回避另有规定的,从其规定。

第十二章 工资、福利与保险

第七十九条 公务员实行国家统一规定的工资制度。

公务员工资制度贯彻按劳分配的原则，体现工作职责、工作能力、工作实绩、资历等因素，保持不同领导职务、职级、级别之间的合理工资差距。

国家建立公务员工资的正常增长机制。

第八十条 公务员工资包括基本工资、津贴、补贴和奖金。

公务员按照国家规定享受地区附加津贴、艰苦边远地区津贴、岗位津贴等津贴。

公务员按照国家规定享受住房、医疗等补贴、补助。

公务员在定期考核中被确定为优秀、称职的，按照国家规定享受年终奖金。

公务员工资应当按时足额发放。

第八十一条 公务员的工资水平应当与国民经济发展相协调、与社会进步相适应。

国家实行工资调查制度，定期进行公务员和企业相当人员工资水平的调查比较，并将工资调查比较结果作为调整公务员工资水平的依据。

第八十二条 公务员按照国家规定享受福利待遇。国家根据经济社会发展水平提高公务员的福利待遇。

公务员执行国家规定的工时制度，按照国家规定享受休假。公务员在法定工作日之外加班的，应当给予相应的补休，不能补休的按照国家规定给予补助。

第八十三条 公务员依法参加社会保险，按照国家规定享受保险待遇。

公务员因公牺牲或者病故的，其亲属享受国家规定的抚恤和优待。

第八十四条 任何机关不得违反国家规定自行更改公务员工资、福利、保险政策，擅自提高或者降低公务员的工资、福利、保险待遇。任何机关不得扣减或者拖欠公务员的工资。

第十三章 辞职与辞退

第八十五条 公务员辞去公职，应当向任免机关提出书面申请。任免机关应当自接到申请之日起三十日内予以审批，其中对领导成员辞去公职的申请，应当自接到申请之日起九十日内予以审批。

第八十六条 公务员有下列情形之一的，不得辞去公职：

（一）未满国家规定的最低服务年限的；

（二）在涉及国家秘密等特殊职位任职或者离开上述职位不满国家规定的脱密期限的；

（三）重要公务尚未处理完毕，且须由本人继续处理的；

（四）正在接受审计、纪律审查、监察调查，或者涉嫌犯罪，司法程序尚未终结的；

（五）法律、行政法规规定的其他不得辞去公职的情形。

第八十七条 担任领导职务的公务员，因工作变动依照法律规定需要辞去现任职务的，应当履行辞职手续。

担任领导职务的公务员，因个人或者其他原因，可以自愿提出辞去领导职务。

领导成员因工作严重失误、失职造成重大损失或者恶劣社会影响的，或者对重大事故负有领导责任的，应当引咎辞去领导职务。

领导成员因其他原因不再适合担任现任领导职务的，或者应当引咎辞职本人不提出辞职的，应当责令其辞去领导职务。

第八十八条 公务员有下列情形之一的，予以辞退：

（一）在年度考核中，连续两年被确定为不称职的；

（二）不胜任现职工作，又不接受其他安排的；

（三）因所在机关调整、撤销、合并或者缩减编制员额需要调整工作，本人拒绝合理安排的；

（四）不履行公务员义务，不遵守法律和公务员纪律，经教育仍无转变，不适合继续在机关工作，又不宜给予开除处分的；

（五）旷工或者因公外出、请假期满无正当理由逾期不归连续超过十五天，或者一年内累计超过三十天的。

第八十九条 对有下列情形之一的公务员，不得辞退：

（一）因公致残，被确认丧失或者部分丧失工作能力的；

（二）患病或者负伤，在规定的医疗期内的；

（三）女性公务员在孕期、产假、哺乳期内的；

（四）法律、行政法规规定的其他不得辞退的情形。

第九十条 辞退公务员，按照管理权限决定。辞退决定应当以书面形式通知被辞退的公务员，并应当告知辞退依据和理由。

被辞退的公务员，可以领取辞退费或者根据国家有关规定享受失业保险。

第九十一条 公务员辞职或者被辞退，离职前应当办理公务交接手续，必要时按照规定接受审计。

第十四章　退　　休

第九十二条 公务员达到国家规定的退休年龄或者完全丧失工作能力的，

应当退休。

第九十三条 公务员符合下列条件之一的,本人自愿提出申请,经任免机关批准,可以提前退休:

(一)工作年限满三十年的;

(二)距国家规定的退休年龄不足五年,且工作年限满二十年的;

(三)符合国家规定的可以提前退休的其他情形的。

第九十四条 公务员退休后,享受国家规定的养老金和其他待遇,国家为其生活和健康提供必要的服务和帮助,鼓励发挥个人专长,参与社会发展。

第十五章 申诉与控告

第九十五条 公务员对涉及本人的下列人事处理不服的,可以自知道该人事处理之日起三十日内向原处理机关申请复核;对复核结果不服的,可以自接到复核决定之日起十五日内,按照规定向同级公务员主管部门或者作出该人事处理的机关的上一级机关提出申诉;也可以不经复核,自知道该人事处理之日起三十日内直接提出申诉:

(一)处分;

(二)辞退或者取消录用;

(三)降职;

(四)定期考核定为不称职;

(五)免职;

(六)申请辞职、提前退休未予批准;

(七)不按照规定确定或者扣减工资、福利、保险待遇;

(八)法律、法规规定可以申诉的其他情形。

对省级以下机关作出的申诉处理决定不服的,可以向作出处理决定的上一级机关提出再申诉。

受理公务员申诉的机关应当组成公务员申诉公正委员会,负责受理和审理公务员的申诉案件。

公务员对监察机关作出的涉及本人的处理决定不服向监察机关申请复审、复核的,按照有关规定办理。

第九十六条 原处理机关应当自接到复核申请书后的三十日内作出复核决定,并以书面形式告知申请人。受理公务员申诉的机关应当自受理之日起六十日内作出处理决定;案情复杂的,可以适当延长,但是延长时间不得超过三十日。

复核、申诉期间不停止人事处理的执行。

公务员不因申请复核、提出申诉而被加重处理。

第九十七条 公务员申诉的受理机关审查认定人事处理有错误的,原处理机关应当及时予以纠正。

第九十八条 公务员认为机关及其领导人员侵犯其合法权益的,可以依法向上级机关或者监察机关提出控告。受理控告的机关应当按照规定及时处理。

第九十九条 公务员提出申诉、控告,应当尊重事实,不得捏造事实,诬告、陷害他人。对捏造事实,诬告、陷害他人的,依法追究法律责任。

第十六章 职位聘任

第一百条 机关根据工作需要,经省级以上公务员主管部门批准,可以对专业性较强的职位和辅助性职位实行聘任制。

前款所列职位涉及国家秘密的,不实行聘任制。

第一百零一条 机关聘任公务员可以参照公务员考试录用的程序进行公开招聘,也可以从符合条件的人员中直接选聘。

机关聘任公务员应当在规定的编制限额和工资经费限额内进行。

第一百零二条 机关聘任公务员,应当按照平等自愿、协商一致的原则,签订书面的聘任合同,确定机关与所聘公务员双方的权利、义务。聘任合同经双方协商一致可以变更或者解除。

聘任合同的签订、变更或者解除,应当报同级公务员主管部门备案。

第一百零三条 聘任合同应当具备合同期限,职位及其职责要求,工资、福利、保险待遇,违约责任等条款。

聘任合同期限为一年至五年。聘任合同可以约定试用期,试用期为一个月至十二个月。

聘任制公务员实行协议工资制,具体办法由中央公务员主管部门规定。

第一百零四条 机关依据本法和聘任合同对所聘公务员进行管理。

第一百零五条 聘任制公务员与所在机关之间因履行聘任合同发生争议的,可以自争议发生之日起六十日内申请仲裁。

省级以上公务员主管部门根据需要设立人事争议仲裁委员会,受理仲裁申请。人事争议仲裁委员会由公务员主管部门的代表、聘用机关的代表、聘任制公务员的代表以及法律专家组成。

当事人对仲裁裁决不服的,可以自接到仲裁裁决书之日起十五日内向人民法院提起诉讼。仲裁裁决生效后，一方当事人不履行的，另一方当事人可以申请人民法院执行。

第十七章　法 律 责 任

第一百零六条　对有下列违反本法规定情形的，由县级以上领导机关或者公务员主管部门按照管理权限，区别不同情况，分别予以责令纠正或者宣布无效；对负有责任的领导人员和直接责任人员，根据情节轻重，给予批评教育、责令检查、诫勉、组织调整、处分；构成犯罪的，依法追究刑事责任：

（一）不按照编制限额、职数或者任职资格条件进行公务员录用、调任、转任、聘任和晋升的；

（二）不按照规定条件进行公务员奖惩、回避和办理退休的；

（三）不按照规定程序进行公务员录用、调任、转任、聘任、晋升以及考核、奖惩的；

（四）违反国家规定，更改公务员工资、福利、保险待遇标准的；

（五）在录用、公开遴选等工作中发生泄露试题、违反考场纪律以及其他严重影响公开、公正行为的；

（六）不按照规定受理和处理公务员申诉、控告的；

（七）违反本法规定的其他情形的。

第一百零七条　公务员辞去公职或者退休的，原系领导成员、县处级以上领导职务的公务员在离职三年内，其他公务员在离职两年内，不得到与原工作业务直接相关的企业或者其他营利性组织任职，不得从事与原工作业务直接相关的营利性活动。

公务员辞去公职或者退休后有违反前款规定行为的，由其原所在机关的同级公务员主管部门责令限期改正；逾期不改正的，由县级以上市场监管部门没收该人员从业期间的违法所得，责令接收单位将该人员予以清退，并根据情节轻重，对接收单位处以被处罚人员违法所得一倍以上五倍以下的罚款。

第一百零八条　公务员主管部门的工作人员，违反本法规定，滥用职权、玩忽职守、徇私舞弊，构成犯罪的，依法追究刑事责任；尚不构成犯罪的，给予处分或者由监察机关依法给予政务处分。

第一百零九条　在公务员录用、聘任等工作中，有隐瞒真实信息、弄虚作假、考试作弊、扰乱考试秩序等行为的，由公务员主管部门根据情节作出考试成绩无效、取消资格、限制报考等处理；情节严重的，依法追究法律责任。

第一百一十条 机关因错误的人事处理对公务员造成名誉损害的,应当赔礼道歉、恢复名誉、消除影响;造成经济损失的,应当依法给予赔偿。

第十八章 附 则

第一百一十一条 本法所称领导成员,是指机关的领导人员,不包括机关内设机构担任领导职务的人员。

第一百一十二条 法律、法规授权的具有公共事务管理职能的事业单位中除工勤人员以外的工作人员,经批准参照本法进行管理。

第一百一十三条 本法自 2019 年 6 月 1 日起施行。

中华人民共和国刑法(节录)

(1979年7月1日第五届全国人民代表大会第二次会议通过　1997年3月14日第八届全国人民代表大会第五次会议修订　根据1998年12月29日第九届全国人民代表大会常务委员会第六次会议通过的《关于惩治骗购外汇、逃汇和非法买卖外汇犯罪的决定》、1999年12月25日第九届全国人民代表大会常务委员会第十三次会议通过的《中华人民共和国刑法修正案》、2001年8月31日第九届全国人民代表大会常务委员会第二十三次会议通过的《中华人民共和国刑法修正案(二)》、2001年12月29日第九届全国人民代表大会常务委员会第二十五次会议通过的《中华人民共和国刑法修正案(三)》、2002年12月28日第九届全国人民代表大会常务委员会第三十一次会议通过的《中华人民共和国刑法修正案(四)》、2005年2月28日第十届全国人民代表大会常务委员会第十四次会议通过的《中华人民共和国刑法修正案(五)》、2006年6月29日第十届全国人民代表大会常务委员会第二十二次会议通过的《中华人民共和国刑法修正案(六)》、2009年2月28日第十一届全国人民代表大会常务委员会第七次会议通过的《中华人民共和国刑法修正案(七)》、2009年8月27日第十一届全国人民代表大会常务委员会第十次会议通过的《关于修改部分法律的决定》、2011年2月25日第十一届全国人民代表大会常务委员会第十九次会议通过的《中华人民共和国刑法修正案(八)》、2015年8月29日第十二届全国人民代表大会常务委员会第十六次会议通过的《中华人民共和国刑法修正案(九)》、2017年11月4日第十二届全国人民代表大会常务委员会第三十次会议通过的《中华人民共和国刑法修正案(十)》、2020 年 12 月 26 日第十三届全国人民代表大会常务委员会第二十四次会议通过的《中华人民共和国刑法修正案(十一)》修正)

第一百三十一条 航空人员违反规章制度,致使发生重大飞行事故,造成严重后果的,处三年以下有期徒刑或者拘役;造成飞机坠毁或者人员死亡的,处三年以上七年以下有期徒刑。

第一百三十二条 铁路职工违反规章制度,致使发生铁路运营安全事故,造成严重后果的,处三年以下有期徒刑或者拘役;造成特别严重后果的,处三年以上七年以下有期徒刑。

第一百三十四条 在生产、作业中违反有关安全管理的规定,因而发生重大伤亡事故或者造成其他严重后果的,处三年以下有期徒刑或者拘役;情节特别恶劣的,处三年以上七年以下有期徒刑。

强令他人违章冒险作业,或者明知存在重大事故隐患而不排除,仍冒险组织作业,因而发生重大伤亡事故或者造成其他严重后果的,处五年以下有期徒刑或者拘役;情节特别恶劣的,处五年以上有期徒刑。

第一百三十四条之一 在生产、作业中违反有关安全管理的规定,有下列情形之一,具有发生重大伤亡事故或者其他严重后果的现实危险的,处一年以下有期徒刑、拘役或者管制:

(一)关闭、破坏直接关系生产安全的监控、报警、防护、救生设备、设施,或者篡改、隐瞒、销毁其相关数据、信息的;

(二)因存在重大事故隐患被依法责令停产停业、停止施工、停止使用有关设备、设施、场所或者立即采取排除危险的整改措施,而拒不执行的;

(三)涉及安全生产的事项未经依法批准或者许可,擅自从事矿山开采、金属冶炼、建筑施工,以及危险物品生产、经营、储存等高度危险的生产作业活动的。

第一百三十五条 安全生产设施或者安全生产条件不符合国家规定,因而发生重大伤亡事故或者造成其他严重后果的,对直接负责的主管人员和其他直接责任人员,处三年以下有期徒刑或者拘役;情节特别恶劣的,处三年以上七年以下有期徒刑。

第一百三十五条之一 举办大型群众性活动违反安全管理规定，因而发生重大伤亡事故或者造成其他严重后果的，对直接负责的主管人员和其他直接责任人员，处三年以下有期徒刑或者拘役；情节特别恶劣的，处三年以上七年以下有期徒刑。

第一百三十六条 违反爆炸性、易燃性、放射性、毒害性、腐蚀性物品的管理规定，在生产、储存、运输、使用中发生重大事故，造成严重后果的，处三年以下有期徒刑或者拘役；后果特别严重的，处三年以上七年以下有期徒刑。

第一百三十七条 建设单位、设计单位、施工单位、工程监理单位违反国家规定，降低工程质量标准，造成重大安全事故的，对直接责任人员，处五年以下有期徒刑或者拘役，并处罚金；后果特别严重的，处五年以上十年以下有期徒刑，并处罚金。

第一百三十八条 明知校舍或者教育教学设施有危险，而不采取措施或者不及时报告，致使发生重大伤亡事故的，对直接责任人员，处三年以下有期徒刑或者拘役；后果特别严重的，处三年以上七年以下有期徒刑。

第一百三十九条 违反消防管理法规，经消防监督机构通知采取改正措施而拒绝执行，造成严重后果的，对直接责任人员，处三年以下有期徒刑或者拘役；后果特别严重的，处三年以上七年以下有期徒刑。

第一百三十九条之一 在安全事故发生后，负有报告职责的人员不报或者谎报事故情况，贻误事故抢救，情节严重的，处三年以下有期徒刑或者拘役；情节特别严重的，处三年以上七年以下有期徒刑。

第一百六十三条 公司、企业或者其他单位的工作人员，利用职务上的便利，索取他人财物或者非法收受他人财物，为他人谋取利益，数额较大的，处三年以下有期徒刑或者拘役，并处罚金；数额巨大或者有其他严重情节的，处三年以上十年以下有期徒刑，并处罚金；数额特别巨大或者有其他特别严重情节的，处十年以上有期徒刑或者无期徒刑，并处罚金。

公司、企业或者其他单位的工作人员在经济往来中，利用职务上的便利，违反国家规定，收受各种名义的回扣、手续费，归个人所有的，依照前款的规定处罚。

国有公司、企业或者其他国有单位中从事公务的人员和国有公司、企业或者其他国有单位委派到非国有公司、企业以及其他单位从事公务的人员有前两款行为的，依照本法第三百八十五条、第三百八十六条的规定定罪处罚。

第一百六十四条 为谋取不正当利益，给予公司、企业或者其他单位的工作人员以财物，数额较大的，处三年以下有期徒刑或者拘役，并处罚金；数额巨大的，处三年以上十年以下有期徒刑，并处罚金。

为谋取不正当商业利益，给予外国公职人员或者国际公共组织官员以财物的，依照前款的规定处罚。

单位犯前两款罪的，对单位判处罚金，并对其直接负责的主管人员和其他直接责任人员，依照第一款的规定处罚。

行贿人在被追诉前主动交待行贿行为的，可以减轻处罚或者免除处罚。

第一百六十五条 国有公司、企业的董事、经理利用职务便利，自己经营或者为他人经营与其所任职公司、企业同类的营业，获取非法利益，数额巨大的，处三年以下有期徒刑或者拘役，并处或者单处罚金；数额特别巨大的，处三年以上七年以下有期徒刑，并处罚金。

第一百六十六条 国有公司、企业、事业单位的工作人员，利用职务便利，有下列情形之一，使国家利益遭受重大损失的，处三年以下有期徒刑或者拘役，并处或者单处罚金；致使国家利益遭受特别重大损失的，处三年以上七年以下有期徒刑，并处罚金：

（一）将本单位的盈利业务交由自己的亲友进行经营的；

（二）以明显高于市场的价格向自己的亲友经营管理的单位采购商品或者以明显低于市场的价格向自己的亲友经营管理的单位销售商品的；

（三）向自己的亲友经营管理的单位采购不合格商品的。

第一百六十七条 国有公司、企业、事业单位直接负责的主管人员，在签订、履行合同过程中，因严重不负责任被诈骗，致使国家利益遭受重大损失的，处三年以下有期徒刑或者拘役；致使国家利益遭受特别重大损失的，处三年以上七年以下有期徒刑。

第一百六十八条 国有公司、企业的工作人员，由于严重不负责任或者滥用职权，造成国有公司、企业破产或者严重损失，致使国家利益遭受重大损失的，处三年以下有期徒刑或者拘役；致使国家利益遭受特别重大损失的，处三年以上七年以下有期徒刑。

国有事业单位的工作人员有前款行为，致使国家利益遭受重大损失的，依照前款的规定处罚。

国有公司、企业、事业单位的工作人员，徇私舞弊，犯前两款罪的，依照第一款的规定从重处罚。

第一百六十九条 国有公司、企业或者其上级主管部门直接负责的主管人员，徇私舞弊，将国有资产低价折股或者低价出售，致使国家利益遭受重大损失的，处三年以下有期徒刑或者拘役；致使国家利益遭受特别重大损失的，处三年以上七年以下有期徒刑。

第一百六十九条之一 上市公司的董事、监事、高级管理人员违背对公司的忠实义务，利用职务便利，操纵上市公司从事下列行为之一，致使上市公司利益遭受重大损失的，处三年以下有期徒刑或者拘役，并处或者单处罚金；致使上市公司利益遭受特别重大损失的，处三年以上七年以下有期徒刑，并处罚金：

（一）无偿向其他单位或者个人提供资金、商品、服务或者其他资产的；

（二）以明显不公平的条件，提供或者接受资金、商品、服务或者其他资产的；

（三）向明显不具有清偿能力的单位或者个人提供资金、商品、服务或者其他资产的；

（四）为明显不具有清偿能力的单位或者个人提供担保，或者无正当理由为其他单位或者个人提供担保的；

（五）无正当理由放弃债权、承担债务的；

（六）采用其他方式损害上市公司利益的。

上市公司的控股股东或者实际控制人，指使上市公司董事、监事、高级管理人员实施前款行为的，依照前款的规定处罚。

犯前款罪的上市公司的控股股东或者实际控制人是单位的，对单位判处罚金，并对其直接负责的主管人员和其他直接责任人员，依照第一款的规定处罚。

第一百七十一条第二款 银行或者其他金融机构的工作人员购买伪造的货币或者利用职务上的便利，以伪造的货币换取货币的，处三年以上十年以下有期徒刑，并处二万元以上二十万元以下罚金；数额巨大或者有其他严重情节的，处十年以上有期徒刑或者无期徒刑，并处二万元以上二十万元以下罚金或者没收财产；情节较轻的，处三年以下有期徒刑或者拘役，并处或者单处一万元以上十万元以下罚金。

第一百八十条第四款 证券交易所、期货交易所、证券公司、期货经纪公司、基金管理公司、商业银行、保险公司等金融机构的从业人员以及有关监管部门或者行业协会的工作人员，利用因职务便利获取的内幕信息以外的其他未公开的信息，违反规定，从事与该信息相关的证券、期货交易活动，或者明示、暗示他人从事相关交易活动，情节严重的，依照第一款的规定处罚。

第一百八十一条第二款、第三款 证券交易所、期货交易所、证券公司、期货经纪公司的从业人员，证券业协会、期货业协会或者证券期货监督管理部门的工作人员，故意提供虚假信息或者伪造、变造、销毁交易记录，诱骗投资者买卖证券、期货合约，造成严重后果的，处五年以下有期徒刑或者拘役，并处或者单处一万元以上十万元以下罚金；情节特别恶劣的，处五年以上十年以下有期徒刑，并处二万元以上二十万元以下罚金。

单位犯前两款罪的，对单位判处罚金，并对其直接负责的主管人员和其他直接责任人员，处五年以下有期徒刑或者拘役。

第一百八十三条 保险公司的工作人员利用职务上的便利，故意编造未曾发生的保险事故进行虚假理赔，骗取保险金归自己所有的，依照本法第二百七十一条的规定定罪处罚。

国有保险公司工作人员和国有保险公司委派到非国有保险公司从事公务的人员有前款行为的，依照本法第三百八十二条、第三百八十三条的规定定罪处罚。

第一百八十四条 银行或者其他金融机构的工作人员在金融业务活动中索取他人财物或者非法收受他人财物，为他人谋取利益的，或者违反国家规定，收受各种名义的回扣、手续费，归个人所有的，依照本法第一百六十三条的规定定罪处罚。

国有金融机构工作人员和国有金融机构委派到非国有金融机构从事公务的人员有前款行为的，依照本法第三百八十五条、第三百八十六条的规定定罪处罚。

第一百八十五条 商业银行、证券交易所、期货交易所、证券公司、期货经纪公司、保险公司或者其他金融机构的工作人员利用职务上的便利，挪用本单位或者客户资金的，依照本法第二百七十二条的规定定罪处罚。

国有商业银行、证券交易所、期货交易所、证券公司、期货经纪公司、保险公司或者其他国有金融机构的工作人员和国有商业银行、证券交易所、期货交易所、证券公司、期货经纪公司、保险公司或者其他国有金融机构委派到前款规定中的非国有机构从事公务的人员有前款行为的，依照本法第三百八十四条的规定定罪处罚。

第一百八十五条之一 商业银行、证券交易所、期货交易所、证券公司、期货经纪公司、保险公司或者其他金融机构，违背受托义务，擅自运用客户资金或者其他委托、信托的财产，情节严重的，对单位判处罚金，并对其直接负责的主管人员和其他直接责任人员，处三年以下有期徒刑或者拘役，并处三万元以上三十万元以下罚金；情节特别严重的，处三年以上十年以下有期徒刑，并处五万元以上五十万元以下罚金。

社会保障基金管理机构、住房公积金管理机构等公众资金管理机构，以及保险公司、保险资产管理公司、证券投资基金管理公司，违反国家规定运用资金的，对其直接负责的主管人员和其他直接责任人员，依照前款的规定处罚。

第一百八十六条 银行或者其他金融机构的工作人员违反国家规定发放贷款，数额巨大或者造成重大损失的，处五年以下有期徒刑或者拘役，并处一万元以上十万元以下罚金；数额特别巨大或者造成特别重大损失的，处五年以上有期徒刑，并处二万元以上二十万元以下罚金。

银行或者其他金融机构的工作人员违反国家规定，向关系人发放贷款的，依照前款的规定从重处罚。

单位犯前两款罪的，对单位判处罚金，并对其直接负责的主管人员和其他直接责任人员，依照前两款的规定处罚。

关系人的范围，依照《中华人民共和国商业银行法》和有关金融法规确定。

第一百八十七条 银行或者其他金融机构的工作人员吸收客户资金不入帐，数额巨大或者造成重大损失的，处五年以下有期徒刑或者拘役，并处二万元以上二十万元以下罚金；数额特别巨大或者造成特别重大损失的，处五年以上有期徒刑，并处五万元以上五十万元以下罚金。

单位犯前款罪的，对单位判处罚金，并对其直接负责的主管人员和其他直接责任人员，依照前款的规定处罚。

第一百八十八条 银行或者其他金融机构的工作人员违反规定，为他人出具信用证或者其他保函、票据、存单、资信证明，情节严重的，处五年以下有期徒刑或者拘役；情节特别严重的，处五年以上有期徒刑。

单位犯前款罪的，对单位判处罚金，并对其直接负责的主管人员和其他直接责任人员，依照前款的规定处罚。

第一百八十九条 银行或者其他金融机构的工作人员在票据业务中，对违反票据法规定的票据予以承兑、付款或者保证，造成重大损失的，处五年以下有期徒刑或者拘役；造成特别重大损失的，处五年以上有期徒刑。

单位犯前款罪的，对单位判处罚金，并对其直接负责的主管人员和其他直接责任人员，依照前款的规定处罚。

第二百二十八条 以牟利为目的，违反土地管理法规，非法转让、倒卖土地使用权，情节严重的，处三年以下有期徒刑或者拘役，并处或者单处非法转让、倒卖土地使用权价额百分之五以上百分之二十以下罚金；情节特别严重的，处三年以上七年以下有期徒刑，并处非法转让、倒卖土地使用权价额百分之五以上百分之二十以下罚金。

第二百三十八条 非法拘禁他人或者以其他方法非法剥夺他人人身自由的，处三年以下有期徒刑、拘役、管制或者剥夺政治权利。具有殴打、侮辱情节的，从重处罚。

犯前款罪，致人重伤的，处三年以上十年以下有期徒刑；致人死亡的，处十年以上有期徒刑。使用暴力致人伤残、死亡的，依照本法第二百三十四条、第二百三十二条的规定定罪处罚。

为索取债务非法扣押、拘禁他人的，依照前两款的规定处罚。

国家机关工作人员利用职权犯前三款罪的，依照前三款的规定从重处罚。

第二百四十五条 非法搜查他人身体、住宅，或者非法侵入他人住宅的，处三年以下有期徒刑或者拘役。

司法工作人员滥用职权，犯前款罪的，从重处罚。

第二百四十七条 司法工作人员对犯罪嫌疑人、被告人实行刑讯逼供或者使用暴力逼取证人证言的，处三年以下有期徒刑或者拘役。致人伤残、死亡的，依照本法第二百三十四条、第二百三十二条的规定定罪从重处罚。

第二百四十八条 监狱、拘留所、看守所等监管机构的监管人员对被监管人进行殴打或者体罚虐待，情节严重的，处三年以下有期徒刑或者拘役；情节特别严重的，处三年以上十年以下有期徒刑。致人伤残、死亡的，依照本法第二百三十四条、第二百三十二条的规定定罪从重处罚。

监管人员指使被监管人殴打或者体罚虐待其他被监管人的，依照前款的规定处罚。

第二百五十一条 国家机关工作人员非法剥夺公民的宗教信仰自由和侵犯少数民族风俗习惯，情节严重的，处二年以下有期徒刑或者拘役。

第二百五十三条第一款 邮政工作人员私自开拆或者隐匿、毁弃邮件、电报的，处二年以下有期徒刑或者拘役。

第二百五十四条 国家机关工作人员滥用职权、假公济私，对控告人、申诉人、批评人、举报人实行报复陷害的，处二年以下有期徒刑或者拘役；情节严重的，处二年以上七年以下有期徒刑。

第二百五十五条 公司、企业、事业单位、机关、团体的领导人，对依法履行职责、抵制违反会计法、统计法行为的会计、统计人员实行打击报复，情节恶劣的，处三年以下有期徒刑或者拘役。

第二百五十六条 在选举各级人民代表大会代表和国家机关领导人员时，以暴力、威胁、欺骗、贿赂、伪造选举文件、虚报选举票数等手段破坏选举或者妨害选民和代表自由行使选举权和被选举权，情节严重的，处三年以下有期徒刑、拘役或者剥夺政治权利。

第二百七十一条 公司、企业或者其他单位的工作人员，利用职务上的便利，将本单位财物非法占为己有，数额较大的，处三年以下有期徒刑或者拘役，并处罚金；数额巨大的，处三年以上十年以下有期徒刑，并处罚金；数额特别巨大的，处十年以上有期徒刑或者无期徒刑，并处罚金。

国有公司、企业或者其他国有单位中从事公务的人员和国有公司、企业或者其他国有单位委派到非国有公司、企业以及其他单位从事公务的人员有前款行为的，依照本法第三百八十二条、第三百八十三条的规定定罪处罚。

第二百七十二条 公司、企业或者其他单位的工作人员，利用职务上的便利，挪用本单位资金归个人使用或者借贷给他人，数额较大、超过三个月未还的，或者虽未超过三个月，但数额较大、进行营利活动的，或者进行非法活动的，处三年以下有期徒刑或者拘役；挪用本单位资金数额巨大的，处三年以上七年以下有期徒刑；数额特别巨大的，处七年以上有期徒刑。

国有公司、企业或者其他国有单位中从事公务的人员和国有公司、企业或者其他国有单位委派到非国有公司、企业以及其他单位从事公务的人员有前款行为的，依照本法第三百八十四条的规定定罪处罚。

有第一款行为，在提起公诉前将挪用的资金退还的，可以从轻或者减轻处罚。其中，犯罪较轻的，可以减轻或者免除处罚。

第二百七十三条 挪用用于救灾、抢险、防汛、优抚、扶贫、移民、救济款物，情节严重，致使国家和人民群众利益遭受重大损害的，对直接责任人员，处三年以下有期徒刑或者拘役；情节特别严重的，处三年以上七年以下有期徒刑。

第三百零四条 邮政工作人员严重不负责任，故意延误投递邮件，致使公共财产、国家和人民利益遭受重大损失的，处二年以下有期徒刑或者拘役。

第三百零八条之一 司法工作人员、辩护人、诉讼代理人或者其他诉讼参与人，泄露依法不公开审理的案件中不应当公开的信息，造成信息公开传播或者其他严重后果的，处三年以下有期徒刑、拘役或者管制，并处或者单处罚金。

有前款行为，泄露国家秘密的，依照本法第三百九十八条的规定定罪处罚。

公开披露、报道第一款规定的案件信息，情节严重的，依照第一款的规定处罚。

单位犯前款罪的，对单位判处罚金，并对其直接负责的主管人员和其他直接责任人员，依照第一款的规定处罚。

第三百七十四条 在征兵工作中徇私舞弊，接送不合格兵员，情节严重的，处三年以下有期徒刑或者拘役；造成特别严重后果的，处三年以上七年以下有期徒刑。

第三百八十二条 国家工作人员利用职务上的便利，侵吞、窃取、骗取或者以其他手段非法占有公共财物的，是贪污罪。

受国家机关、国有公司、企业、事业单位、人民团体委托管理、经营国有财产的人员，利用职务上的便利，侵吞、窃取、骗取或者以其他手段非法占有国有财物的，以贪污论。

与前两款所列人员勾结，伙同贪污的，以共犯论处。

第三百八十三条 对犯贪污罪的，根据情节轻重，分别依照下列规定处罚：

（一）贪污数额较大或者有其他较重情节的，处三年以下有期徒刑或者拘役，并处罚金。

（二）贪污数额巨大或者有其他严重情节的，处三年以上十年以下有期徒刑，并处罚金或者没收财产。

（三）贪污数额特别巨大或者有其他特别严重情节的，处十年以上有期徒刑或者无期徒刑，并处罚金或者没收财产；数额特别巨大，并使国家和人民利益遭受特别重大损失的，处无期徒刑或者死刑，并处没收财产。

对多次贪污未经处理的，按照累计贪污数额处罚。

犯第一款罪，在提起公诉前如实供述自己罪行、真诚悔罪、积极退赃，避免、减少损害结果的发生，有第一项规定情形的，可以从轻、减轻或者免除处罚；有第二项、第三项规定情形的，可以从轻处罚。

犯第一款罪，有第三项规定情形被判处死刑缓期执行的，人民法院根据犯罪情节等情况可以同时决定在其死刑缓期执行二年期满依法减为无期徒刑后，终身监禁，不得减刑、假释。

第三百八十四条 国家工作人员利用职务上的便利，挪用公款归个人使用，进行非法活动的，或者挪用公款数额较大、进行营利活动的，或者挪用公款数额较大、超过三个月未还的，是挪用公款罪，处五年以下有期徒刑或者拘役；情节严重的，处五年以上有期徒刑。挪用公款数额巨大不退还的，处十年以上有期徒刑或者无期徒刑。

挪用用于救灾、抢险、防汛、优抚、扶贫、移民、救济款物归个人使用的，从重处罚。

第三百八十五条 国家工作人员利用职务上的便利，索取他人财物的，或者非法收受他人财物，为他人谋取利益的，是受贿罪。

国家工作人员在经济往来中，违反国家规定，收受各种名义的回扣、手续费，归个人所有的，以受贿论处。

第三百八十六条 对犯受贿罪的，根据受贿所得数额及情节，依照本法第三百八十三条的规定处罚。索贿的从重处罚。

第三百八十七条 国家机关、国有公司、企业、事业单位、人民团体，索取、非法收受他人财物，为他人谋取利益，情节严重的，对单位判处罚金，并对其直接负责的主管人员和其他直接责任人员，处五年以下有期徒刑或者拘役。

前款所列单位，在经济往来中，在帐外暗中收受各种名义的回扣、手续费的，以受贿论，依照前款的规定处罚。

第三百八十八条 国家工作人员利用本人职权或者地位形成的便利条件，通过其他国家工作人员职务上的行为，为请托人谋取不正当利益，索取请托人财物或者收受请托人财物的，以受贿论处。

第三百八十八条之一 国家工作人员的近亲属或者其他与该国家工作人员关系密切的人，通过该国家工作人员职务上的行为，或者利用该国家工作人员职权或者地位形成的便利条件，通过其他国家工作人员职务上的行为，为请托人谋取不正当利益，索取请托人财物或者收受请托人财物，数额较大或者有其他较重情节的，处三年以下有期徒刑或者拘役，并处罚金；数额巨大或者有其他严重情节的，处三年以上七年以下有期徒刑，并处罚金；数额特别巨大或者有其他特别严重情节的，处七年以上有期徒刑，并处罚金或者没收财产。

离职的国家工作人员或者其近亲属以及其他与其关系密切的人，利用该离职的国家工作人员原职权或者地位形成的便利条件实施前款行为的，依照前款的规定定罪处罚。

第三百八十九条 为谋取不正当利益，给予国家工作人员以财物的，是行贿罪。

在经济往来中，违反国家规定，给予国家工作人员以财物，数额较大的，或者违反国家规定，给予国家工作人员以各种名义的回扣、手续费的，以行贿论处。

因被勒索给予国家工作人员以财物，没有获得不正当利益的，不是行贿。

第三百九十条 对犯行贿罪的，处五年以下有期徒刑或者拘役，并处罚金；因行贿谋取不正当利益，情节严重的，或者使国家利益遭受重大损失的，处五年以上十年以下有期徒刑，并处罚金；情节特别严重的，或者使国家利益遭受特别重大损失的，处十年以上有期徒刑或者无期徒刑，并处罚金或者没收财产。

行贿人在被追诉前主动交待行贿行为的，可以从轻或者减轻处罚。其中，犯罪较轻的，对侦破重大案件起关键作用的，或者有重大立功表现的，可以减轻或者免除处罚。

第三百九十条之一 为谋取不正当利益，向国家工作人员的近亲属或者其他与该国家工作人员关系密切的人，或者向离职的国家工作人员或者其近亲属以及其他与其关系密切的人行贿的，处三年以下有期徒刑或者拘役，并处罚金；情节严重的，或者使国家利益遭受重大损失的，处三年以上七年以下有期徒刑，并处罚金；情节特别严重的，或者使国家利益遭受特别重大损失的，处七年以上十年以下有期徒刑，并处罚金。

单位犯前款罪的，对单位判处罚金，并对其直接负责的主管人员和其他直接责任人员，处三年以下有期徒刑或者拘役，并处罚金。

第三百九十一条 为谋取不正当利益，给予国家机关、国有公司、企业、事业单位、人民团体以财物的，或者在经济往来中，违反国家规定，给予各种名义的回扣、手续费的，处三年以下有期徒刑或者拘役，并处罚金。

单位犯前款罪的，对单位判处罚金，并对其直接负责的主管人员和其他直接责任人员，依照前款的规定处罚。

第三百九十二条 向国家工作人员介绍贿赂，情节严重的，处三年以下有期徒刑或者拘役，并处罚金。

介绍贿赂人在被追诉前主动交待介绍贿赂行为的，可以减轻处罚或者免除处罚。

第三百九十三条 单位为谋取不正当利益而行贿，或者违反国家规定，给予国家工作人员以回扣、手续费，情节严重的，对单位判处罚金，并对其直接负责的主管人员和其他直接责任人员，处五年以下有期徒刑或者拘役，并处罚金。因行贿取得的违法所得归个人所有的，依照本法第三百八十九条、第三百九十条的规定定罪处罚。

第三百九十四条 国家工作人员在国内公务活动或者对外交往中接受礼物，依照国家规定应当交公而不交公，数额较大的，依照本法第三百八十二条、第三百八十三条的规定定罪处罚。

第三百九十五条 国家工作人员的财产、支出明显超过合法收入，差额巨大的，可以责令该国家工作人员说明来源，不能说明来源的，差额部分以非法所得论,处五年以下有期徒刑或者拘役;差额特别巨大的,处五年以上十年以下有期徒刑。财产的差额部分予以追缴。

国家工作人员在境外的存款,应当依照国家规定申报。数额较大、隐瞒不报的,处二年以下有期徒刑或者拘役;情节较轻的,由其所在单位或者上级主管机关酌情给予行政处分。

第三百九十六条 国家机关、国有公司、企业、事业单位、人民团体,违反国家规定,以单位名义将国有资产集体私分给个人,数额较大的,对其直接负责的主管人员和其他直接责任人员,处三年以下有期徒刑或者拘役,并处或者单处罚金;数额巨大的,处三年以上七年以下有期徒刑,并处罚金。

司法机关、行政执法机关违反国家规定,将应当上缴国家的罚没财物,以单位名义集体私分给个人的,依照前款的规定处罚。

第三百九十七条 国家机关工作人员滥用职权或者玩忽职守,致使公共财产、国家和人民利益遭受重大损失的,处三年以下有期徒刑或者拘役;情节特别严重的,处三年以上七年以下有期徒刑。本法另有规定的,依照规定。

国家机关工作人员徇私舞弊,犯前款罪的,处五年以下有期徒刑或者拘役;情节特别严重的,处五年以上十年以下有期徒刑。本法另有规定的,依照规定。

第三百九十八条 国家机关工作人员违反保守国家秘密法的规定,故意或者过失泄露国家秘密,情节严重的,处三年以下有期徒刑或者拘役;情节特别严重的,处三年以上七年以下有期徒刑。

非国家机关工作人员犯前款罪的,依照前款的规定酌情处罚。

第三百九十九条 司法工作人员徇私枉法、徇情枉法,对明知是无罪的人而使他受追诉、对明知是有罪的人而故意包庇不使他受追诉,或者在刑事审判活动中故意违背事实和法律作枉法裁判的,处五年以下有期徒刑或者拘役;情节严重的,处五年以上十年以下有期徒刑;情节特别严重的,处十年以上有期徒刑。

在民事、行政审判活动中故意违背事实和法律作枉法裁判,情节严重的,处五年以下有期徒刑或者拘役;情节特别严重的,处五年以上十年以下有期徒刑。

在执行判决、裁定活动中,严重不负责任或者滥用职权,不依法采取诉讼保全措施、不履行法定执行职责,或者违法采取诉讼保全措施、强制执行措施,致使当事人或者其他人的利益遭受重大损失的,处五年以下有期徒刑或者拘役;致使当事人或者其他人的利益遭受特别重大损失的,处五年以上十年以下有期徒刑。

司法工作人员收受贿赂,有前三款行为的,同时又构成本法第三百八十五条规定之罪的,依照处罚较重的规定定罪处罚。

第三百九十九条之一 依法承担仲裁职责的人员,在仲裁活动中故意违背事实和法律作枉法裁决,情节严重的,处三年以下有期徒刑或者拘役;情节特别严重的,处三年以上七年以下有期徒刑。

第四百条 司法工作人员私放在押的犯罪嫌疑人、被告人或者罪犯的,处五年以下有期徒刑或者拘役;情节严重的,处五年以上十年以下有期徒刑;情节特别严重的,处十年以上有期徒刑。

司法工作人员由于严重不负责任,致使在押的犯罪嫌疑人、被告人或者罪犯脱逃,造成严重后果的,处三年以下有期徒刑或者拘役;造成特别严重后果的,处三年以上十年以下有期徒刑。

第四百零一条 司法工作人员徇私舞弊,对不符合减刑、假释、暂予监外执行条件的罪犯,予以减刑、假释或者暂予监外执行的,处三年以下有期徒刑或者拘役;情节严重的,处三年以上七年以下有期徒刑。

第四百零二条 行政执法人员徇私舞弊,对依法应当移交司法机关追究刑事责任的不移交,情节严重的,处三年以下有期徒刑或者拘役;造成严重后果的,处三年以上七年以下有期徒刑。

第四百零三条 国家有关主管部门的国家机关工作人员,徇私舞弊,滥用职权,对不符合法律规定条件的公司设立、登记申请或者股票、债券发行、上市申请,予以批准或者登记,致使公共财产、国家和人民利益遭受重大损失的,处五年以下有期徒刑或者拘役。

上级部门强令登记机关及其工作人员实施前款行为的,对其直接负责的主管人员,依照前款的规定处罚。

第四百零四条 税务机关的工作人员徇私舞弊,不征或者少征应征税款,致使国家税收遭受重大损失的,处五年以下有期徒刑或者拘役;造成特别重大损失的,处五年以上有期徒刑。

第四百零五条 税务机关的工作人员违反法律、行政法规的规定,在办理发售发票、抵扣税款、出口退税工作中,徇私舞弊,致使国家利益遭受重大损失的,处五年以下有期徒刑或者拘役;致使国家利益遭受特别重大损失的,处五年以上有期徒刑。

其他国家机关工作人员违反国家规定,在提供出口货物报关单、出口收汇核销单等出口退税凭证的工作中,徇私舞弊,致使国家利益遭受重大损失的,依照前款的规定处罚。

第四百零六条 国家机关工作人员在签订、履行合同过程中,因严重不负责任被诈骗,致使国家利益遭受重大损失的,处三年以下有期徒刑或者拘役;致使国家利益遭受特别重大损失的,处三年以上七年以下有期徒刑。

第四百零七条 林业主管部门的工作人员违反森林法的规定,超过批准的年采伐限额发放林木采伐许可证或者违反规定滥发林木采伐许可证,情节严重,致使森林遭受严重破坏的,处三年以下有期徒刑或者拘役。

第四百零八条 负有环境保护监督管理职责的国家机关工作人员严重不负责任,导致发生重大环境污染事故,致使公私财产遭受重大损失或者造成人身伤亡的严重后果的,处三年以下有期徒刑或者拘役。

第四百零八条之一 负有食品药品安全监督管理职责的国家机关工作人员,滥用职权或者玩忽职守,有下列情形之一,造成严重后果或者有其他严重情节的,处五年以下有期徒刑或者拘役;造成特别严重后果或者有其他特别严重情节的,处五年以上十年以下有期徒刑:

(一)瞒报、谎报食品安全事故、药品安全事件的;

(二)对发现的严重食品药品安全违法行为未按规定查处的;

(三)在药品和特殊食品审批审评过程中,对不符合条件的申请准予许可的;

(四)依法应当移交司法机关追究刑事责任不移交的;

(五)有其他滥用职权或者玩忽职守行为的。

徇私舞弊犯前款罪的,从重处罚。

第四百零九条 从事传染病防治的政府卫生行政部门的工作人员严重不负责任,导致传染病传播或者流行,情节严重的,处三年以下有期徒刑或者拘役。

第四百一十条 国家机关工作人员徇私舞弊,违反土地管理法规,滥用职权,非法批准征收、征用、占用土地,或者非法低价出让国有土地使用权,情节严重的,处三年以下有期徒刑或者拘役;致使国家或者集体利益遭受特别重大损失的,处三年以上七年以下有期徒刑。

第四百一十一条 海关工作人员徇私舞弊,放纵走私,情节严重的,处五年以下有期徒刑或者拘役;情节特别严重的,处五年以上有期徒刑。

第四百一十二条 国家商检部门、商检机构的工作人员徇私舞弊,伪造检验结果的,处五年以下有期徒刑或者拘役;造成严重后果的,处五年以上十年以下有期徒刑。

前款所列人员严重不负责任,对应当检验的物品不检验,或者延误检验出证、错误出证,致使国家利益遭受重大损失的,处三年以下有期徒刑或者拘役。

第四百一十三条 动植物检疫机关的检疫人员徇私舞弊,伪造检疫结果的,处五年以下有期徒刑或者拘役;造成严重后果的,处五年以上十年以下有期徒刑。

前款所列人员严重不负责任,对应当检疫的检疫物不检疫,或者延误检疫出证、错误出证,致使国家利益遭受重大损失的,处三年以下有期徒刑或者拘役。

第四百一十四条 对生产、销售伪劣商品犯罪行为负有追究责任的国家机关工作人员,徇私舞弊,不履行法律规定的追究职责,情节严重的,处五年以下有期徒刑或者拘役。

第四百一十五条 负责办理护照、签证以及其他出入境证件的国家机关工作人员,对明知是企图偷越国(边)境的人员,予以办理出入境证件的,或者边防、海关等国家机关工作人员,对明知是偷越国(边)境的人员,予以放行的,处三年以下有期徒刑或者拘役;情节严重的,处三年以上七年以下有期徒刑。

第四百一十六条 对被拐卖、绑架的妇女、儿童负有解救职责的国家机关工作人员,接到被拐卖、绑架的妇女、儿童及其家属的解救要求或者接到其他人的举报,而对被拐卖、绑架的妇女、儿童不进行解救,造成严重后果的,处五年以下有期徒刑或者拘役。

负有解救职责的国家机关工作人员利用职务阻碍解救的,处二年以上七年以下有期徒刑;情节较轻的,处二年以下有期徒刑或者拘役。

第四百一十七条 有查禁犯罪活动职责的国家机关工作人员,向犯罪分子通风报信、提供便利,帮助犯罪分子逃避处罚的,处三年以下有期徒刑或者拘役;情节严重的,处三年以上十年以下有期徒刑。

第四百一十八条 国家机关工作人员在招收公务员、学生工作中徇私舞弊,情节严重的,处三年以下有期徒刑或者拘役。

第四百一十九条 国家机关工作人员严重不负责任,造成珍贵文物损毁或者流失,后果严重的,处三年以下有期徒刑或者拘役。

自测试题

《中华人民共和国监察官法》自测试题

一、判断题(每题2分,共30分)

1. 监察官独立履行职责,不受干涉。(　　)

2. 监察官履行职责受法律保护,不受行政机关、司法机关和个人的干涉。(　　)

3. 监察官不得兼职。(　　)

4. 监察官担任县级、设区的市级、省级监察委员会主任的,应当按照有关规定实行地域回避。(　　)

5. 监察官等级分为十二级,依次为总监察官、一级副总监察官、二级副总监察官,一级高级监察官、二级高级监察官、三级高级监察官、四级高级监察官,一级监察官、二级监察官、三级监察官、四级监察官、五级监察官。(　　)

6. 任何单位和个人对监察官的违纪违法行为,有权检举、控告。受理检举、控告的机关应当及时调查处理,并将结果书面告知检举人、控告人。(　　)

7. 监察官不得打听案情、过问案件、说情干预。对于上述行为,办理监察事项的监察官应当及时向本单位领导报告。有关情况应当登记备案。(　　)

8. 监察官离任二年内,不得从事与监察和司法工作相关联且可能发生利益冲突的职业。(　　)

9. 监察官离任后,绝对不得担任原任职监察机关办理案件的诉讼代理人或者辩护人。( )

10. 监察官被开除后,不得担任诉讼代理人或者辩护人。( )

11. 监察官的配偶、父母、子女及其配偶不得以律师身份担任该监察官所任职监察机关办理案件的诉讼代理人、辩护人,或者提供其他有偿法律服务。( )

12. 监察官法规定实行监察官责任追究制度,对滥用职权、失职失责造成一定后果的,终身追究责任或者进行问责。( )

13. 监察官履行职责要坚持民主集中制,重大事项集体研究。这意味着监察官在职权范围内对所办理的监察事项由集体负责,不需要监察官个人负责。( )

14. 监察官因依法履行职责遭受不实举报、诬告陷害、侮辱诽谤,致使名誉受到损害的,监察机关应当会同有关部门及时通报澄清事实,消除不良影响,并依法追究相关单位或者个人的责任。( )

15. 监察官因依法履行职责,本人及其特定关系人人身安全面临危险的,监察机关、公安机关应当对监察官及其特定关系人采取人身保护、禁止特定人员接触等必要保护措施。( )

二、多选题(每题 3 分,共 30 分)

1. 制定监察官法的目的有:( )

A. 为了加强对监察官的管理和监督

B. 保障监察官依法履行职责

C. 维护监察官合法权益

D. 推进高素质专业化监察官队伍建设

E. 推进监察工作规范化、法治化

2. 监察官依法履行下列职责:( )

A. 对公职人员开展廉政教育

B. 对公职人员依法履职、秉公用权、廉洁从政从业以及道德操守情况进行监督检查

C. 对法律规定由监察机关管辖的职务违法和职务犯罪进行调查

D. 根据监督、调查的结果,对办理的监察事项提出处置意见

E. 开展反腐败国际合作方面的工作

F. 法律规定的其他职责

3. 监察官包括下列人员:(　　)

A. 各级监察委员会的主任、副主任、委员

B. 各级监察委员会机关中的监察人员

C. 各级监察委员会派驻或者派出到中国共产党机关、国家机关、法律法规授权或者委托管理公共事务的组织和单位以及所管辖的行政区域等的监察机构中的监察人员、监察专员

D. 其他依法行使监察权的监察机构中的监察人员

4. 监察官应当履行下列义务:(　　)

A. 自觉坚持中国共产党领导,严格执行中国共产党和国家的路线方针政策、重大决策部署

B. 模范遵守宪法和法律

C. 维护国家和人民利益,秉公执法,勇于担当、敢于监督,坚决同腐败现象作斗争

D. 依法保障监察对象及有关人员的合法权益

E. 保守国家秘密和监察工作秘密,对履行职责中知悉的商业秘密和个人隐私、个人信息予以保密

F. 自觉接受监督

5. 监察官享有下列权利:(　　)

A. 履行监察官职责应当具有的职权和工作条件

B. 严守纪律,恪守职业道德,模范遵守社会公德、家庭美德

C. 履行监察官职责应当享有的职业保障和福利待遇

D. 人身、财产和住所安全受法律保护

E. 提出申诉或者控告

6. 担任监察官应当具备下列条件:(　　)

A. 是中国共产党党员

B. 具有良好的政治素质、道德品行和廉洁作风

C. 熟悉法律、法规、政策,具有履行监督、调查、处置等职责的专业知识和能力

D. 具备高等学校本科及以上学历

E. 从事纪检监察工作满五年

7. 有下列情形之一的,不得担任监察官:(　　)

A. 因犯罪受过刑事处罚,以及因犯罪情节轻微被人民检察院依法作出不起诉决定或者被人民法院依法免予刑事处罚的

B. 被撤销中国共产党党内职务、留党察看、开除党籍的

C. 被撤职或者开除公职的

D. 被给予党纪政务轻处分,且在影响期内

E. 配偶已移居国(境)外,或者没有配偶但是子女均已移居国(境)外的

8. 监察官有下列情形之一的,应当免去其监察官职务:(　　)

A. 丧失中华人民共和国国籍的

B. 职务变动不需要保留监察官职务的

C. 退休的

D. 辞职或者依法应当予以辞退的

E. 因违纪违法被调离或者开除的

9. 除下列情形外,不得将监察官调离:(　　)

A. 按规定需要任职回避的

B. 按规定实行任职交流的

C. 因机构、编制调整需要调整工作的

D. 因违纪违法不适合继续从事监察工作的

10. 按照管理权限和规定的程序,暂时停止监察官履行职务的法定情形:(　　)

A. 监察官涉嫌违纪违法,已经被初核,不宜继续履行职责的

B. 监察官涉嫌违纪违法,已经被立案审查,不宜继续履行职责的

C. 监察官涉嫌违纪违法,已经被调查,不宜继续履行职责的

D. 监察官涉嫌违纪违法,已经被侦查,不宜继续履行职责的

三、简答题(每题20分,共40分)

1. 简述监察官工作回避的法定情形。

2.《监察官法》为防范监察官违纪违法,采取哪些监督措施?(至少列举三项措施)

参 考 答 案

一、判断题

1. ×

解析:《监察官法》第六条规定,监察官应当严格按照规定的权限和程序履行职责,坚持民主集中制,重大事项集体研究。

2. ×

解析:《监察官法》第八条规定,监察官依法履行职责受法律保护,不受行政机关、社会团体和个人的干涉。

3. ×

解析:《监察官法》第二十二条规定,监察官因工作需要兼职的,应当按照管理权限批准,但是不得领取兼职报酬。

4. ×

解析:《监察官法》第二十三条规定,监察官担任县级、设区的市级监察委员会主任的,应当按照有关规定实行地域回避。

5. ×

解析:《监察官法》第二十五条规定,监察官等级分为十三级。

6. ×

解析:《监察官法》第四十三条第一款规定:“任何单位和个人对监察官的违纪违法行为,有权检举、控告。受理检举、控告的机关应当及时调查处理,并将结果告知检举人、控告人。”没有要求“书面”告知。

7. ×

解析:《监察官法》第四十六条规定,监察官不得打听案情、过问案件、说情干预。对于上述行为,办理监察事项的监察官应当及时向“上级”报告。有关情况应当登记备案。

8. ×

解析:《监察官法》第四十九条规定,监察官离任“三年”内,不得从事与监察和司法工作相关联且可能发生利益冲突的职业。

9. ×

解析:《监察官法》第四十九条第二款规定:“监察官离任后,不得担任原任职监察机关办理案件的诉讼代理人或者辩护人,但是作为当事人的监护人或者近亲属代理诉讼、进行辩护的除外。”注意此处的除外规定。

10. ×

解析:《监察官法》第四十九条第三款规定:“监察官被开除后,不得担任诉讼代理人或者辩护人,但是作为当事人的监护人或者近亲属代理诉讼、进行辩护的除外。”注意此处的除外规定。

11. √

解析:参见《监察官法》第五十一条。

12. ×

解析:《监察官法》第五十四条规定,实行监察官责任追究制度,对滥用职权、失职失责造成“严重后果”的,终身追究责任或者进行问责。

13. ×

解析:《监察官法》第九条规定,监察官在职权范围内对所办理的监察事项负责。

14. ×

解析:根据《关于做好失实检举控告澄清工作的意见》的规

定，澄清的主要方式包括书面澄清、当面澄清、会议澄清、通报澄清等，其中，使用当面澄清、会议澄清、通报澄清等方式的，应当同时使用书面澄清。《监察官法》第五十八条规定，监察官因依法履行职责遭受不实举报、诬告陷害、侮辱诽谤，致使名誉受到损害的，监察机关应当会同有关部门及时“澄清”事实，消除不良影响，并依法追究相关单位或者个人的责任。并未强调使用通报澄清的方式。

15. ×

解析：《监察官法》第五十九条规定，监察官因依法履行职责，本人及其“近亲属”人身安全面临危险的，监察机关、公安机关应当对监察官及其“近亲属”采取人身保护、禁止特定人员接触等必要保护措施。

二、多选题

1. ABCDE　2. ABCDEF　3. ABCD　4. ABCDEF

5. ACDE　6. BCD　7. ABCE　8. ABCDE

9. ABCD　10. BCD

三、简答题

1. 答：《监察官法》第五十九条规定：“办理监察事项的监察官有下列情形之一的，应当自行回避，监察对象、检举人、控告人及其他有关人员也有权要求其回避；没有主动申请回避的，监察机关应当依法决定其回避：(一)是监察对象或者检举人、控告人的近亲属的；(二)担任过本案的证人的；(三)本人或者其近亲属与办理的监察事项有利害关系的；(四)有可能影响监察事项公正处理的其他情形的。”

2. 答：为防范监察官违纪违法，《监察官法》在制度设计上采取如下防范措施：

(1)内部监督。《监察官法》第四十二条规定，监察机关应当规范工作流程,加强内部监督制约机制建设,强化对监察官执行职务和遵守法律情况的监督。

(2)司法执法监督。《监察官法》第四十四条规定,对于审判机关、检察机关、执法部门等移送的监察官违纪违法履行职责的问题线索,监察机关应当及时调查处理。

(3)特约监察员的监督。《监察官法》第四十五条规定监察委员会根据工作需要,按照规定从各方面代表中聘请特约监察员等监督人员,对监察官履行职责情况进行监督,提出加强和改进监察工作的意见、建议。

(4)规定事项报告备案。《监察官法》第四十六条规定,监察官不得打听案情、过问案件、说情干预。对于上述行为,办理监察事项的监察官应当及时向上级报告。有关情况应当登记备案。办理监察事项的监察官未经批准不得接触被调查人、涉案人员及其特定关系人,或者与其进行交往。对于上述行为,知悉情况的监察官应当及时向上级报告。有关情况应当登记备案。

(5)工作回避。《监察官法》第四十七条规定:“办理监察事项的监察官有下列情形之一的,应当自行回避,监察对象、检举人、控告人及其他有关人员也有权要求其回避;没有主动申请回避的,监察机关应当依法决定其回避:(一)是监察对象或者检举人、控告人的近亲属的;(二)担任过本案的证人的;(三)本人或者其近亲属与办理的监察事项有利害关系的;(四)有可能影响监察事项公正处理的其他情形的。”

(6)保密规定。《监察官法》第四十八条规定,监察官应当严格执行保密制度,控制监察事项知悉范围和时间,不得私自留存、隐匿、查阅、摘抄、复制、携带问题线索和涉案资料,严禁泄露监察工作秘密。监察官离岗离职后,应当遵守脱密期管理规定,严格履行保密义务,不得泄露相关秘密。

(7)离任回避。《监察官法》第四十九条规定:“监察官离任三年内,不得从事与监察和司法工作相关联且可能发生利益冲突的职业。监察官离任后,不得担任原任职监察机关办理案件的诉讼代理人或者辩护人,但是作为当事人的监护人或者近亲属代理诉讼、进行辩护的除外。监察官被开除后,不得担任诉讼代理人或者辩护人,但是作为当事人的监护人或者近亲属代理诉讼、进行辩护的除外。”

(8)规范亲属经商办企业。《监察官法》第五十条规定,监察官应当遵守有关规范领导干部配偶、子女及其配偶经商办企业行为的规定。违反规定的,予以处理。

(9)亲属从业回避。《监察官法》第五十一条规定,监察官的配偶、父母、子女及其配偶不得以律师身份担任该监察官所任职监察机关办理案件的诉讼代理人、辩护人,或者提供其他有偿法律服务。